マネロン・テロ資金供与

Money laundering
Terrorist financing

リスクと金融機関の実務対応

今野雅司 ［著］

中央経済社

序　文

　マネロン・テロ資金供与対策は，従前より金融機関等及び金融当局双方にとって重要な課題の１つであったが，これまでは犯収法や外為法等の個別の法令への形式的な遵守が中心であった側面は否めない。

　しかしながら，2001年の米国同時多発テロ等を機運に，国際的にはテロ資金供与対策も含んだリスクベースに基づくマネロン・テロ資金供与対策が強化されるようになった。

　我が国では，2014年の犯罪収益移転防止法の改正（2016年10月施行）等により，法令上もリスクベース・アプローチに係る規定が導入された。また，金融庁は，リスクベース・アプローチを金融機関等が少なくとも実践すべきミニマム・スタンダードとすること等を内容とする「マネー・ローンダリング及びテロ資金供与対策に関するガイドライン」を2018年２月に策定・公表した。

　リスクベース・アプローチに基づくマネロン・テロ資金供与対策の高度化のためには，法規制等の改正に併せて担当部門のみが当該法規制等への形式的対処をするのみでは限界があり，法規制等の改正等によらずに国際情勢や他の金融機関等の動向をフォワード・ルッキングに見据えながら，経営上の問題として組織全体で対応していく必要がある。

　こうした流れは，金融庁により2018年６月に公表された「金融検査・監督の考え方と進め方（検査・監督基本方針）」等において，金融当局及び金融機関等双方ともが「形式・過去・部分」から「実質・未来・全体」へと視野を広げることの重要性が強調され，また2018年10月に公表された「コンプライアンス・リスク管理に関する検査・監督の考え方と進め方（「コンプライアンス・リスク管理基本方針」）」において，コンプライアンス・リスクの管理にもリスクベース・アプローチに基づくリスク管理態勢を前提としている流れにも沿うものである。

　本書は，2019年に迫るFATF第４次対日相互審査も見据えながら，「マネー・ローンダリング及びテロ資金供与対策に関するガイドライン」の概説を中心に，

マネロン・テロ資金供与リスクに対する金融機関等の実務対応について説明を試みたものである。基本的にはガイドラインの構成に沿って順番に説明しているが，一部説明の便宜等の観点から，項目立てを若干整理している。また，第9章として，それまでの記載のまとめの意味も兼ねて，実効的なマネロン・テロ資金供与対策の高度化に向けて金融機関等にとって重要と思われる点につき整理を試みた上，第10章では，ガイドライン策定・公表後の動きにつき若干言及している。本書がマネロン・テロ資金供与対策に関わるすべての方々の一助となり，我が国のマネロン・テロ資金供与対策の高度化に少しでも貢献できれば幸いである。

　なお，本書のうち意見にわたる部分は，筆者の個人的見解であり，筆者がこれまでに所属し，また現在所属しているいかなる組織・団体の見解を述べているものではない。また，本書において，具体的なマネロン・テロ資金供与対策として参考となる事例・イメージ等に言及している部分があるが，これらはあくまで1つの参考にすぎない。リスクベース・アプローチの下では，各金融機関等において，自らが直面し，かつ常に変動するマネロン・テロ資金供与リスクを適時適切に特定・評価し，これに見合った低減措置を講じていくことが重要であり，金融機関等ごとの特性等に応じて，個別具体的な取組みを工夫されたい。

　本書の執筆に当たっては，筆者がこれまでの業務でお世話になった方々をはじめ，マネロン・テロ資金供与対策に知見を有する有識者・実務家の方々から多数の有益なご意見をいただいた。紙面の関係上，すべての方を列挙することはできないが，ここに謝意を申し上げる。もとより，最終的な文責は筆者にあることは言うまでもない。

　また，筆者の無理なお願いにもかかわらず，辛抱強く編集作業にご協力いただき，本書を完成していただいた露本敦氏をはじめ，中央経済社の皆さまにも，改めて感謝申し上げる。

　2018年11月

　　　　　　　　　　　　　　　　　　　　　　　　今野　雅司

目　　次

第1章　マネロン・テロ資金供与対策の現状と基本的考え方 ——— 1

1．マネロン・テロ資金供与対策の現状と基本的考え方……1

2．ガイドラインの構成・位置付け……2

　⑴　ガイドラインの構成／2

　⑵　ガイドラインの位置付け／3

　⑶　ガイドラインと他の法令・監督指針等との関係／5

　⑷　ガイドラインの適用対象となる事業者／6

　⑸　ガイドラインの見直し／7

3．マネロン・テロ資金供与対策をめぐる国際的な動き……9

　⑴　FATFとは／9

　⑵　FATF第4次相互審査／11

　⑶　諸外国の動向／21

第2章　リスクベース・アプローチの意義 ——— 23

1．リスクベース・アプローチとは……23

2．マネロン・テロ資金供与対策におけるリスクベース・アプローチ……24

3．犯収法におけるリスクベース・アプローチに係る規定……28

第3章　リスクの特定 ——— 33

1．犯罪収益移転危険度調査書の勘案……34

2．自らの個別具体的特性の考慮……35

3．取引に係る国・地域の検証……36

4．新商品・サービス等の留意点……37

5．経営陣の主体的・積極的関与，関係部門の連携・協働……38

　　6．定量的な指標の活用……38

　　7．疑わしい取引の届出の活用……39

第4章　リスクの評価 —————————————————— 43

　　1．犯罪収益移転危険度調査書の勘案……44

　　2．自らの個別具体的特性の考慮……44

　　3．取引に係る国・地域の検証……44

　　4．新商品・サービス等の留意点……45

　　5．経営陣の主体的・積極的関与，関係部門の連携・協働……45

　　6．リスク評価の全社的方針・具体的手法の確立……46

　　7．リスク評価結果の文書化……46

　　8．リスク評価の見直し……51

　　9．リスク評価への経営陣の関与・承認……52

　　10．定量的な指標の活用……53

　　11．疑わしい取引の届出の活用……54

　　12．リスク評価の結果の「見える化」（リスク・マップ）……55

第5章　リスクの低減 —————————————————— 57

　　1．リスク低減措置の意義……57

　　　⑴　リスクの特定・評価結果を踏まえた個々の顧客・取引への低
　　　　減措置の判断・実施／57

　　　⑵　リスクの大きさに応じた低減措置／58

　　　⑶　他事例や内外当局等からの情報等の参照／59

　　2．顧客管理（カスタマー・デュー・ディリジェンス：CDD）
　　　……59

　　　⑴　顧客受入方針の策定／61

　　　⑵　リスクベースでの顧客及び取引目的等の調査／62

　　　⑶　国内外の制裁に係る法規制等の遵守／64

　　　⑷　高リスク顧客を検知する枠組みの構築／65

目　次　iii

　　　⑸　厳格な顧客管理（EDD）／ **66**

　　　⑹　簡素な顧客管理（SDD）／ **71**

　　　⑺　継続的顧客管理／ **74**

　　　⑻　リスク遮断の検討／ **77**

　　　⑼　顧客リスク格付／ **79**

　　　⑽　顧客との面談・実地調査等／ **80**

　　3．取引モニタリング・フィルタリング……81

　　4．記録の保存……82

　　5．疑わしい取引の届出……83

　　　⑴　届出に関する態勢整備と届出状況のリスク管理態勢強化への
　　　　活用／ **84**

　　　⑵　ITシステムやマニュアル等の活用／ **84**

　　　⑶　疑わしい取引の該当性の考慮要素／ **85**

　　　⑷　顧客区分・取引区分等ごとの判断／ **85**

　　　⑸　疑わしい取引の届出を直ちに行う態勢の構築／ **86**

　　　⑹　届出後の検証・見直し／ **86**

　　　⑺　疑わしい取引を契機とする高リスク顧客への対応／ **86**

　　6．ITシステムの活用……87

　　　⑴　ITシステムの早期導入／ **88**

　　　⑵　ITシステムの有効性検証／ **89**

　　　⑶　共通のITシステムの利用／ **90**

　　　⑷　FinTech等の活用／ **91**

　　7．データ管理（データ・ガバナンス）……91

第6章　海外送金等を行う場合の留意点 ───────── 93

　　1．海外送金等のリスクベース・アプローチ上の位置付け……94

　　2．送金人・受取人に係る情報の伝達……97

　　3．コルレス契約の管理……97

　　4．海外送金等を受託等している場合の留意点……98

　　5．海外送金等を委託等している場合の留意点……99

iv

第7章　管理態勢とその有効性の検証・見直し ——————— 101

1．マネロン・テロ資金供与対策に係る方針・手続・計画等の策定・実施・検証・見直し（PDCA）……102

(1) マネロン・テロ資金供与対策に係る方針・手続・計画等の策定・実施／102

(2) マネロン・テロ資金供与対策に係る方針・手続・計画等の検証／103

(3) 残存リスクの評価／103

(4) 内部情報等の活用／105

(5) マネロン・テロ資金供与対策に係る方針・手続・計画等の見直し／105

(6) 専担部室の設置・外部専門家等によるレビュー／105

2．経営陣の関与・理解……106

(1) マネロン・テロ資金供与対策の経営戦略上の位置付け／107

(2) マネロン・テロ資金供与対策担当役員の任命／107

(3) 適切な資源配分／108

(4) 役員・部門間での連携の枠組みの構築／109

(5) 経営陣の研修等への関与／109

3．経営管理（三つの防衛線等）……110

(1) 第1の防衛線／111

(2) 第2の防衛線／112

(3) 第3の防衛線／113

4．グループベースの管理態勢……114

(1) グループとして一貫したマネロン・テロ資金供与対策に係る方針・手続・計画等の策定／114

(2) グループ内での情報共有態勢の整備／116

(3) 海外拠点等を有する金融機関等グループの留意点／119

(4) 外国金融グループの在日拠点について／120

5．職員の確保，育成等……120

目　次　v

第8章　金融庁によるモニタリング等 ————— 123

1．金融庁によるモニタリング……123
2．官民連携・関係当局との連携等……124

第9章　実効的なマネロン・テロ資金供与対策の高度化に向けて ————— 125

1．現状の確認とギャップの分析・解消……125
2．既存の法令等の確認……126
3．既存のリスク管理の枠組み等の参照・差異の理解……127
4．他の金融機関等との情報交換・連携等……128
5．当局との連携・情報収集……130

第10章　ガイドライン策定・公表後及び今後の動き ————— 133

1．ガイドラインに基づく諸施策の実施……133
　　(1)　ガイドラインとのギャップ分析の要請／**133**
　　(2)　3メガバンクグループ向けベンチマークの策定／**134**
　　(3)　送金取引に係る窓口業務及び管理体制の緊急点検（緊急チェックシート）／**135**
　　(4)　取引等実態報告／**137**
2．金融機関等におけるマネロン・テロ資金供与リスク管理態勢の現状……139
　　(1)　地域金融機関／**140**
　　(2)　3メガバンク／**142**
　　(3)　保険会社／**143**
　　(4)　金融商品取引業者／**145**
　　(5)　仮想通貨交換業者／**146**
　　(6)　その他の事業者／**148**
3．ガイドライン以外の法規制等をめぐる動き……151
　　(1)　新たな本人特定事項の確認方法等を定める犯収法施行規則の

改正／151

⑵　法人の実質的支配者の申告に関する公証人法施行規則の改正
　　／155

⑶　外国為替検査ガイドラインの新設／156

⑷　疑わしい取引の届出における入力要領の改訂／158

4．FATF第4次対日相互審査に向けて……159

資料1：「マネー・ローンダリング及びテロ資金供与対策に関するガイドライ
　　　ン」【対応が求められる事項】【対応が期待される事項】【先進的な取
　　　組み事例】（2018年2月6日公表）………………………………164
資料2：FATF勧告（2018年2月現在）………………………………179

索　　引／217

第1章 マネロン・テロ資金供与対策の現状と基本的考え方

1．マネロン・テロ資金供与対策の現状と基本的考え方

　国際的なテロの脅威の高まりや北朝鮮・イランに対する制裁を巡る政治的動向等，マネー・ローンダリング及びテロ資金供与（「マネロン・テロ資金供与」）に関する国際情勢の変化のスピードは早まっている。また，ICT技術の進展等もあいまって，犯罪者集団・テロリストによる資金移転の広域化・国際化・高度化が進んでおり，またこれに対峙する金融機関等の対応も複雑化・高度化がみられる。マネロン・テロ資金供与事案は，他の金融機関等と比較して対応に不備がある金融機関等がターゲットとされる傾向にあり，金融機関等がマネロン・テロ資金供与事案に巻き込まれるリスクは日に日に高まっている。

　このような状況にあるなか，我が国でも犯罪による収益の移転防止に関する法律（「犯収法」）の改正等がなされ，2016年10月に施行された現行犯収法では，後述するリスクベース・アプローチに係る規定の整備がなされるなど，法令上のマネロン・テロ資金供与対策の強化は一定程度図られてきた。

　しかしながら，このような法令の改正を受けて個々の規定に対して形式的・事後的かつ個別に対応するのみでは，上記のように国際情勢や他の金融機関等の動向等に応じて常に変動し得る「ムービング・ターゲット」としてのマネロン・テロ資金供与リスクを的確に把握した上，適時適切に対応していくことは困難である。

　犯罪収益やテロ資金は，金融システムを利用して容易に移転され，その捕捉はより困難なものとなる。金融機関等は，金融システムの参加者として，法令への形式的・事後的対応に終始することなく，金融システムを犯罪者集団やテロリストに利用されることのないよう，実効的なマネロン・テロ資金供与対策

を自ら講じていく必要がある。

このような経緯から，金融庁は，ミニマム・スタンダードとしてのリスクベース・アプローチや実効的な管理態勢等をその内容とする「マネー・ローンダリング及びテロ資金供与対策に関するガイドライン」（「ガイドライン」）を策定し，パブリックコメントを経て，2018年2月6日に公表[1]，同日より適用が開始された。

上記のようなマネロン・テロ資金供与対策の基本的考え方については，ガイドライン1頁に記載があるほか，ガイドライン策定の狙いやガイドライン策定・公表後の動向等については，金融庁より2018年8月に公表された「マネー・ローンダリング及びテロ資金供与対策の現状と課題」（「現状と課題」）[2]に記載されている[3]。

2．ガイドラインの構成・位置付け

(1) ガイドラインの構成

ガイドラインは，大きく4部構成となっている。冒頭で，「Ⅰ　基本的考え方」として，マネロン・テロ資金供与対策に係る基本的考え方のほか，金融機関等に求められる取組み，業界団体や中央機関等の役割，ガイドラインの位置付け・監督上の対応に言及している。

次に，実効的なマネロン・テロ資金供与対策の中核をなし，FATF（Financial Action Task Force）勧告においても第1の勧告とされている「Ⅱ　リスクベース・アプローチ」につき，リスクの特定・評価・低減の順に説明している。

続けて，リスクベース・アプローチに基づく実効的なマネロン・テロ資金供

---

1) https://www.fsa.go.jp/news/30/20180206/fsa_maneron3001.html。
2) https://www.fsa.go.jp/news/30/20180817amlcft/20180817amlcft-1.pdf。
3) その他，ガイドライン策定の狙いについては，佐々木清隆「「ガイドライン」に基づき経営目線での態勢構築が不可欠に」金融財政事情2017年12月18日号13頁，昆野明子・今野雅司・高橋良輔・西田勇樹「「マネー・ローンダリング及びテロ資金供与対策に関するガイドライン」の概要と送金取引に係る留意点」銀行法務21・828号（2018年）4，5頁等にも記載がある。

与対策を下支えするものとしてのPDCAや経営陣の関与，三線管理等につき，「Ⅲ　管理態勢とその有効性の検証・見直し」としてまとめて記載している。

最後に，金融庁によるモニタリングや，官民連携・関係当局との連携等につき，「Ⅳ　金融庁によるモニタリング等」として論じている。

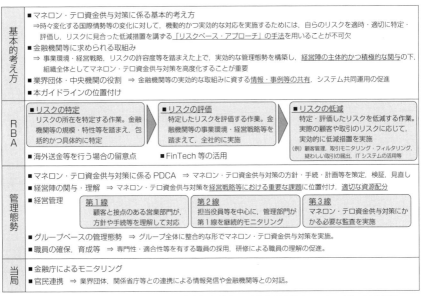

〔金融庁「マネー・ローンダリング及びテロ資金供与対策の現状と課題」（2018年8月）3頁参照〕

(2) ガイドラインの位置付け

ガイドラインは，金融機関等による実効的なマネロン・テロ資金供与対策に関する具体的な取組みを，「対応が求められる事項」「対応が期待される事項」「先進的な取組み事例」の3つに区別して記載している。

このうち，「対応が求められる事項」について，ガイドラインは，「本ガイドラインにおける「対応が求められる事項」に係る措置が不十分であるなど，マネロン・テロ資金供与リスク管理態勢に問題があると認められる場合には，業態ごとに定められている監督指針等も踏まえながら，必要に応じ，報告徴求・業務改善命令等の法令に基づく行政対応を行い，金融機関等の管理態勢の改善

を図る」としている[4]。

「対応が求められる事項」に対する措置が十分になされていないような場合には，銀行法等の業態ごとに適用される法令に基づく行政対応が行われることも考えられるが[5]，求められるのは個々の金融機関等ごとの特性に応じた実質的な対応であり，「対応が求められる事項」への1個1個の形式的遵守のみに拘泥することのないよう，留意が必要である。この点，ガイドラインにおいても，関係法令やガイドライン等の趣旨を踏まえた実質的な対応を行うことを求めており，関係法令やガイドライン等を遵守することのみを重視し，管理部門を中心として法令違反等の有無のみを形式的にチェックすることとならないよう，金融機関等に対して留意を求めている[6]。

次に，「対応が期待される事項」について，ガイドラインは，「「対応が求められる事項」に係る態勢整備を前提に，特定の場面や，一定の規模・業容等を擁する金融機関等の対応について，より堅牢なマネロン・テロ資金供与リスク管理態勢の構築の観点から対応することが望ましいと考えられる事項」としている[7]。

「対応が期待される事項」まで対応しなければならないのか，対応するとしてどの程度まで対応する必要があるか等についても，ガイドラインで「対応が求められる事項」「対応が期待される事項」と区分されていることのみをもっ

---

4)　ガイドラインⅠ－4。

5)　FATF勧告の要請に対しては，「law又はenforceable means」（法令その他の執行可能な手段）で所要の規定を設ける必要があるところ，後者のenforceable means（執行可能な手段）としては，規則・ガイドライン等，当局が作成し，不遵守の場合に制裁を科すことができるものが該当するとされており（FATF, Methodology (2018.2), http://www.fatf-gafi.org/media/fatf/documents/methodology/FATF%20Methodology%2022%20Feb%202013.pdf, 147頁参照），パブリックコメントでは，「法令等に定められた監督権限に基づき，各金融機関等に「対応が求められる事項」等を明確化した本ガイドラインは，基本的には，FATFの定義するEnforceable Meansに該当するものと認識しております。」とされている（パブリックコメント1番，https://www.fsa.go.jp/news/30/20180206/gaiyou.pdf 参照）。

6)　ガイドラインⅠ－2(1)。パブリックコメントにおいても，ガイドラインは公表日をもって確定・適用となるが，「本ガイドラインや監督指針等の遵守状況を形式的に判断して実施するものではなく，マネロン・テロ資金供与リスク管理態勢に問題があるかどうかという観点から，実質的に判断されるものです」としている（パブリックコメント22番〜24番，26番，27番参照）。

7)　ガイドラインⅠ－4。

第1章　マネロン・テロ資金供与対策の現状と基本的考え方　5

て形式的かつ一律に対応の要否を判断するのではなく，個々の「対応が期待される事項」ごとに必要に応じて対応の要否及び程度を検討することが重要となる[8]。

　また，「先進的な取組み事例」について，ガイドラインは，「金融機関等におけるフォワード・ルッキングな対応を促す観点から，過去のモニタリングや海外の金融機関等において確認された優良事例」とした上で，「他の金融機関等がベスト・プラクティスを目指すに当たって参考となる」事例としている[9]。

【対応が求められる事項】【対応が期待される事項】【先進的な取組み事例】

対応が求められる事項

- ガイドラインにおける「対応が求められる事項」に係る措置が不十分であるなど，マネロン・テロ資金供与リスク管理態勢に問題があると認められる場合には，業態ごとに定められている監督指針等も踏まえながら，必要に応じ，報告徴求・業務改善命令等の法令に基づく行政対応を行い，金融機関等の管理態勢の改善を図る

対応が期待される事項

- 「対応が求められる事項」に係る態勢整備を前提に，特定の場面や，一定の規模・業容等を擁する金融機関等の対応について，より堅牢なマネロン・テロ資金供与リスク管理態勢の構築の観点から対応することが望ましいと考えられる事項

先進的な取組み事例

- 金融機関等におけるフォワード・ルッキングな対応を促す観点から，過去のモニタリングや海外の金融機関等において確認された優良事例

---

(3)　ガイドラインと他の法令・監督指針等との関係

　ガイドラインの適用が開始されても，犯収法，外国為替及び外国貿易法（「外為法」）等，すでに施行されている法令を遵守すべき必要があるのは当然である。また，業態ごとの監督指針等や，金融庁から出されている「犯罪収益移転防止

---

8)　犯罪者集団・テロリストが複数の金融機関等に少額の案件を持ち込み，受付の可否から金融機関等の態勢の脆弱を見極め，以後は受け付けた金融機関等に絞り込んで利用金額，頻度を上げてくることがある等，マネロン・テロ資金供与対策が脆弱である金融機関等が狙われやすいという特質にかんがみれば，同種の規模・業容等を擁する他の金融機関等のマネロン・テロ資金供与対策の動向等を1つの参考とすることも考えられる。

9)　ガイドラインⅠ-1。

法に関する留意事項について[10]」「疑わしい取引の参考事例[11]」等に留意する必要がある点も，従前と同様である[12]。

なお，ガイドラインが策定・公表された2018年2月以降，犯収法施行規則の改正や外国為替検査ガイドラインの新設等がなされているが，こうした点は第10章において述べる。

ガイドラインと他の法令・監督指針等との関係

ガイドラインの適用によっても，既に施行されている法令を遵守し，監督指針等に留意する必要

- 犯収法・外為法・業法等の各種法令
- 業態ごとの監督指針
- 「犯罪収益移転防止法に関する留意事項について」
- 「疑わしい取引の参考事例」
- ……

⑷　ガイドラインの適用対象となる事業者

ガイドラインの適用対象となる事業者は，犯収法2条2項に規定する特定事業者のうち，金融庁所管の事業者（同項46号に掲げる者を除く）とされている[13]。

このように，ガイドラインは，金融庁所管の事業者に幅広く適用されている。これらの事業者の規模・業容等は多様であり，ガイドラインに基づく対応もこうした規模・業容等に基づき個別具体的に検討する必要があるところ，金融機関等においては，当局や業界団体等から提供される事例等を参考とすることも考えられる。この点に関連し，金融庁は，これまでも業界団体が設置する専門

---

10)　https://www.fsa.go.jp/common/law/guide/hansyuhou.pdf。
11)　https://www.fsa.go.jp/str/jirei/。
12)　ガイドラインⅠ-4参照。「犯罪収益移転防止法に関する留意事項について」は，ガイドライン公表の前後でその扱いが変わるものではない旨，パブリックコメントでも回答されている（パブリックコメント32番）。
13)　ガイドラインⅠ-4。

部会やセミナー等で事例等を紹介してきたが，2018年8月，「マネー・ローンダリング及びテロ資金供与対策の現状と課題」を公表し，業態別の現状と課題を整理して具体的に明らかにしており，こうした公表文書を参考とすることも有用である。

　上記のとおり，マネロン・テロ資金供与事案は，他の金融機関等と比較して対応に不備がある金融機関等がターゲットとされる傾向にあるところ，「現状と課題」では，犯罪組織・テロ集団等は，マネロン・テロ資金供与対策が相対的に進んでいない金融機関等を入口に金融システムに侵入し，犯罪収益の移転等を図る傾向があるとした上，実際に小規模金融機関がリスクにさらされた事例を紹介している[14]。小規模な金融機関等であっても，ガイドラインの適用対象事業者として，自らの特性等を踏まえ，自らが直面するリスクに見合った実効的なマネロン・テロ資金供与リスク管理態勢を構築する必要がある。

　なお，金融庁所管の事業者以外の犯収法上の特定事業者も，リスクベース・アプローチをはじめとするFATF勧告等の要請を充たす必要があり，また2019年のFATF第4次対日相互審査の審査対象となる。これらの事業者がリスクベース・アプローチに基づくマネロン・テロ資金供与対策を講じるに当たっても，ガイドラインの趣旨や考え方は参考となるものと思われる[15]。

(5)　ガイドラインの見直し

　国際情勢の変化や，これに呼応する金融機関等の対応の変化等を踏まえて，ガイドラインは絶えず見直しを図っていくことが予定されている[16]。

　今後の改正でいかなる項目が「対応が求められる事項」となるか，「対応が期待される事項」が「対応が求められる事項」に格上げされるか等，金融機関等にとっては1つの関心事となることも考えられるが，金融機関等の特性に応じて自ら実質的な対応を講じていくことを前提とするガイドラインの趣旨から

---

14)「現状と課題」18頁。
15) この点に関し，パブリックコメントでは，「当庁所管外の事業者については，今後我が国金融システムの全体の底上げという観点から，関係省庁等とも的確に連携を図って参ります」と回答されている（パブリックコメント35番）。なお，グループベースの管理態勢に含まれる事業者については，後述する。
16) ガイドラインⅠ－2(1)参照。

すれば，金融機関等においては，ガイドラインの改正を受けた受動的な対応の
みならず，国際的な議論や他の金融機関等の動向等も踏まえつつ，自らが直面
しているマネロン・テロ資金供与リスクを実効的に管理・低減するための方策
を能動的に講じていく姿勢が重要と考えられる。

　その際，日々の報道や当局等から発信される情報等に絶えず注視する必要が
あるほか，業界団体や中央機関等[17]のネットワークを通じて，他の金融機関
等の動向をキャッチアップしていくことも有用と考えられる。

　また，ガイドラインにも記載があるが，国際的な要請を踏まえたマネロン・
テロ資金供与リスク管理態勢を構築するには，FATFやバーゼル銀行監督委員
会（Basel Committee on Banking Supervision, BCBS）等の国際機関等が発出する
文書その他，国際的な議論の最新の動向にも常に目配りをしておくことが肝要
である。例えば，預金取扱金融機関に関しては，FATFがバンキング・セク
ターに関するリスクベース・アプローチのガイダンスを公表しているほか[18]，
BCBSもガイドラインを公表している（「BCBSガイドライン[19]」）[20]。

3．マネロン・テロ資金供与対策をめぐる国際的な動き

　金融機関等のマネロン・テロ資金供与対策の高度化は，国際的な潮流でもあ
る。マネロン・テロ資金供与対策における国際協調を推進する政府間会合であ
るFATFは，加盟国が遵守すべき勧告を策定し，当該勧告の遵守状況を相互に
審査する等，国際的な標準を事実上形成する機能を担っている。

　諸外国も，マネロン・テロ資金供与対策の高度化のための法規制等の整備を
進めている。外国当局も，制裁金の高額化や，管轄外で行った送金に対しても
制裁金を科すなど（いわゆる域外適用），その目線は高まっている。

17）業界団体や中央機関等の役割については，ガイドラインⅠ－3のほか，Ⅳ－2でも記
　　載がある。本書では，第8章にてまとめて記載する。
18）FATF, Guidance for a risk-based approach – Banking sector（2014.10），http://www.
　　fatf-gafi.org/media/fatf/documents/reports/Risk-Based-Approach-Banking-Sector.pdf。
19）BCBS, Sound management of risks related to money laundering and financing of ter-
　　rorism（2017.6），https://www.bis.org/bcbs/publ/d405.pdf。

(1)　FATFとは

　FATFは，1989年のＧ７アルシュ・サミット経済宣言を受け，マネロン・テロ資金供与対策の(i)国際基準づくりや(ii)相互審査等を行うための多国間の枠組みとして設立された。日本は設立メンバーの１つであり，2018年４月現在，35か国・地域と２地域機関が加盟している[21]。

　(i)の国際基準として，FATFは40の勧告を策定しており，相互審査の際，その遵守状況が審査される。FATF加盟国自体は上記のとおり35か国・地域と２地域機関であるが，世界の各地域に設けられているFATF型地域体（FSRB，FATF-style regional bodies）に参加すればFATF勧告を含むFATFの枠組みに参加することとなり，その意味でFATF勧告は世界190以上の国・地域に適用されているといえる[22]。

20）金融商品取引業者，生命保険会社に関しても，FATFより2018年７月に「証券セクター向けリスクベースアプローチ・ガイダンス案」（FATF, Public Consultation on the Draft Risk-Based Approach Guidance for the Securities Sector（2018.7），http://www.fatf-gafi.org/publications/fatfgeneral/documents/public-consultation-guidance-securities.html）及び「生命保険セクター向けリスクベースアプローチ・ガイダンス案」（FATF, Public Consultation on the Draft Risk-Based Approach Guidance for the Life Insurance Sector（2018.7），http://www.fatf-gafi.org/publications/fatfgeneral/documents/public-consultation-guidance-life-insurance.html）が公表され，2018年10月の全体会合で確定した。
　　仮想通貨交換業者に関しては，FATFが2015年にリスクベース・アプローチに関するガイダンスを公表しているほか（FATF, Guidance for a risk-based approach – Virtual Currencies（2015.6），http://www.fatf-gafi.org/media/fatf/documents/reports/Guidance-RBA-Virtual-Currencies.pdf），G20においても，各国の仮想通貨に対するマネロン・テロ資金供与対策の態勢強化が議論されている。なお，仮想通貨交換業者に関しては，金融庁も2018年８月に「仮想通貨交換業者等の検査・モニタリング　中間とりまとめ」を公表しており，事務ガイドラインで公表されている監督上の着眼点をより具体的に理解する上で有益となり，仮想通貨交換業に係るすべての業者（登録業者，みなし業者，新規登録申請業者）が内部管理態勢等の自己チェックを行う上で有効に活用し得る事例等を記載している（https://www.fsa.go.jp/news/30/virtual_currency/20180810.html）。
21）金融庁「金融機関等窓口などでの取引時の情報提供にご協力ください」（2018年４月），https://www.fsa.go.jp/news/30/20180427/20180427.html 参照。
22）FATFについては，白井真人・芳賀恒人・渡邉雅之『マネー・ローンダリング　反社会的勢力対策ガイドブック』（第一法規，2018年）26頁〜28頁参照。

10

(※) FATF（Financial Action Task Force）とは
● 1989年のG7アルシュ・サミット経済宣言を受け，マネロン・テロ資金対策の国際基準作りを行うための多国間の枠組みとして設立． ● 日本は設立メンバー国の一つであり，現在は35カ国・地域と，2地域機関が加盟，その他9つのFATF型地域体を加えると，FATFによるマネロン・テロ資金供与対策の国際基準である「40の勧告」は，世界190以上の国・地域に適用されている．
FATF加盟国等（2017年8月現在） アイスランド，アイルランド，アルゼンチン，イタリア，インド，英国，オーストリア，オランダ，カナダ，韓国，ギリシャ，豪州，シンガポール，スイス，スウェーデン，スペイン，中国，デンマーク，ドイツ，トルコ，日本，ニュージーランド，ノルウェー，フィンランド，ブラジル，フランス，米国，ベルギー，ポルトガル，香港，マレーシア，南アフリカ，メキシコ，ルクセンブルク，ロシア，欧州委員会（EC），湾岸協力理事会（GCC）

〔金融庁「金融機関等窓口などでの取引時の情報提供にご協力ください」（2018年4月）参照〕

　(ⅱ)の相互審査では，FATF勧告の遵守状況等につき，メンバー国から選出された審査団により相互に審査がなされる。FATFによる相互審査は，過去に第1次～第3次まで実施されており，現在，2013年から開始された第4次相互審査が各国に対して順次行われている。

　我が国は，2008年の第3次相互審査において，厳しい評価を受けた経緯がある。具体的には，「顧客管理措置」「PEPs」「コルレス銀行業務」「内部監査，法令遵守，監査」等，旧FATFの「40の勧告」及び「9の特別勧告」のうち，10項目が最低評価の「NC：Non-Compliant（不履行）」とされ，FATFによるフォローアップの対象とされた。この間，2011年の犯収法改正（2013年4月施行）等の対応を採ってきたものの，2014年6月にはFATFより「最も対応が遅れている国」等と警告されたことを受け，同年秋，いわゆる「FATF関連三法[23]」の

---

23)　(ⅰ)テロ行為への資金支援だけでなく，土地・建物・物品・役務の提供等の物質的支援についても処罰の対象とする「改正テロ資金提供処罰法」（2014年12月施行），(ⅱ)国際テロリストによるクロスボーダーの取引（外為法の対象）に加え，新たに国内取引を規制する「国際テロリスト財産凍結法」（2015年10月施行），(ⅲ)疑わしい取引の届出に係る判断方法に関する規定の整備や，事業者の体制整備等の努力義務の拡充等を内容とする「改正犯罪収益移転防止法」（2016年10月施行）。財務省，「ファイナンス」（2017.9）61頁参照（https://www.mof.go.jp/public_relations/finance/201709/201709k.pdf）。

成立により，所要の法規制の整備を行い，2016年10月，第3次相互審査のフォローアッププロセスから事実上の卒業を果たした[24]。

(2) FATF第4次相互審査

第4次相互審査における大きな特徴の1つとして，法令等のFATF勧告への技術的遵守状況（TC：Technical Compliance）のほか，マネロン・テロ資金供与対策の有効性（Effectiveness）が審査の対象となることが挙げられる。この有効性審査は，技術的遵守状況と同じくらい重要とされており，一般的には，技術的遵守状況の評価が低ければ有効性も低い評価となるとされる[25]。

FATF第4次相互審査の具体的手法は，「メソドロジー」としてFATFホームページに公表されている[26]。具体的には，11の直接的効果（IO：Immediate Outcome）[27]が評価され，この中には，監督当局の適切な監督等（IO3）のみならず，金融機関等のリスクに応じたAML/CFT[28]の予防措置の的確性等（IO4）も含まれている。メソドロジーによれば，IO4の評価に当たっては，(i)ML/TFリスク・AML/CFT義務への理解，(ii)リスクに見合った低減措置の適用，(iii)顧客管理措置・記録保存措置（実質的支配者情報・継続的モニタリングを含む）の適用，(iv)PEPs／コルレス契約／新技術／電信送金／テロ資金供与に関する金融制裁／FATFが特定した高リスク国，に対する措置の適用，(v)犯罪収益・テロ資金に係る疑わしい取引の報告義務の履行状況・内報を防ぐ現実的方策，(vi)（金融グループレベルも含む）内部統制・手続の適用が主要課題（Core Issues）とされ，考慮される[29]。

---

24) 財務省，前掲注23），61頁参照。
25) 財務省国際局，「FATF審査について」（2013.6.12）7頁参照（https://www.npa.go.jp/sosikihanzai/jafic/kondankai/shiryoh2501.pdf）。
26) FATF, Methodology (2018.2), http://www.fatf-gafi.org/media/fatf/documents/methodology/FATF%20Methodology%2022%20Feb%202013.pdf。
27) 財務省国際局，前掲注25），10頁参照。
28) 国際的には，マネロン・テロ資金供与対策につき，AML/CFT（Anti-Money Laundering and Countering the Financing of Terrorism）と称されるのが一般である。
29) 以下の和訳も含め，財務省国際局，前掲注25），10頁，13頁，14頁参照。

11の直接的効果（IO：Immediate Outcome）
IO 1 : Money laundering and terrorist financing risks are understood and, where appropriate, actions coordinated domestically to combat money laundering and the financing of terrorism and proliferation.
IO 2 : International cooperation delivers appropriate information, financial intelligence, and evidence, and facilitates action against criminals and their assets.
IO 3 : Supervisors appropriately supervise, monitor and regulate financial institutions and DNFBPs for compliance with AML/CFT requirements commensurate with their risks.
IO 4 : Financial institutions and DNFBPs adequately apply AML/CFT preventive measures commensurate with their risks, and report suspicious transactions.
IO 5 : Legal persons and arrangements are prevented from misuse for money laundering or terrorist financing, and information on their beneficial ownership is available to competent authorities without impediments.
IO 6 : Financial intelligence and all other relevant information are appropriately used by competent authorities for money laundering and terrorist financing investigations.
IO 7 : Money laundering offences and activities are investigated and offenders are prosecuted and subject to effective, proportionate and dissuasive sanctions.
IO 8 : Proceeds and instrumentalities of crime are confiscated.
IO 9 : Terrorist financing offences and activities are investigated and persons who finance terrorism are prosecuted and subject to effective, proportionate and dissuasive sanctions.
IO10 : Terrorists, terrorist organisations and terrorist financiers are prevented from raising, moving and using funds, and from abusing the NPO sector.
IO11 : Persons and entities involved in the proliferation of weapons of mass destruction are prevented from raising, moving and using funds, consistent with the relevant UNSCRs.
IO 1 : 資金洗浄及びテロ資金供与のリスクが理解され，適切な場合には，資金洗浄，テロ資金供与及び拡散金融との闘いに向けて行動が国内的に調整されている。

IO 2 ：国際協力が情報，金融機密情報及び証拠を適切に提供するものとなり，犯罪者とその資産に対する行動を促進している。

IO 3 ：金融機関やDNFBPsがAML/CFTの義務についてそのリスクに応じて履行するよう，監督者が適切に監督し，モニターし，規制している。

IO 4 ：金融機関やDNFBPsがAML/CFTの予防措置についてそのリスクに応じて的確に講じており，疑わしい取引を報告している。

IO 5 ：法人その他の法的取極めが資金洗浄やテロ資金供与に濫用されないようになっており，その実質的受益者に関する情報が権限ある当局に障害なく利用可能となっている。

IO 6 ：金融機密情報その他すべての関連情報が資金洗浄やテロ資金供与の犯罪捜査に権限ある当局によって適切に利用されている。

IO 7 ：資金洗浄犯罪及び行為が捜査され，行為者が訴追され，効果的で比例的で抑止的な制裁を受けている。

IO 8 ：犯罪収益及び手段（instrumentalities）が没収されている。

IO 9 ：テロ資金供与犯罪及び行為が捜査され，テロ資金供与を行った者が訴追され，効果的で比例的で抑止的な制裁を受けている。

IO10 ：テロリスト，テロ組織及びテロ資金提供者が資金を調達し，移動させ，使用することが防止されていて，NPO部門の濫用がなされていない。

IO11 ：大量破壊兵器の拡散に関与する個人・団体が，関連する国連安保理決議に従って，資金を調達し，移動させ，使用することが防止されている。

IO 4 ：金融機関やDNFBPsがAML/CFTの予防措置についてそのリスクに応じて的確に講じており，疑わしい取引を報告している。

主要課題（core issues）：直接的効果が実現されているかどうかの判定に際して考慮される課題

4.1. How well do financial institutions and DNFBPs understand their ML/TF risks and AML/CFT obligations?

4.2. How well do financial institutions and DNFBPs apply mitigating measures commensurate with their risks?

4.3. How well do financial institutions and DNFBPs apply the CDD and record-keeping measures (including beneficial ownership information and ongoing monitoring) ? To what extent is business refused when CDD is incomplete?

4.4. How well do financial institutions and DNFBPs apply the enhanced or specific measures for: (a) PEPs, (b) correspondent banking, (c) new technologies, (d) wire transfers rules, (e) targeted financial sanctions relating to TF, and (f) higher-risk countries identified by the FATF?

4.5. To what extent do financial institutions and DNFBPs meet their reporting obligations on the suspected proceeds of crime and funds in support of terrorism? What are the practical measures to prevent tipping-off?

4.6. How well do financial institutions and DNFBPs apply internal controls and procedures (including at financial group level) to ensure compliance with AML/CFT requirements? To what extent are there legal or regulatory requirements (e.g., financial secrecy) impeding its implementation?

4.1. 金融機関及びDNFBPsは自己のML/TFのリスク及びAML/CFTの義務をどの程度理解しているか。

4.2. 金融機関及びDNFBPsは自己のリスクに見合ったリスク軽減措置をどの程度十分に適用しているか。

4.3. 金融機関及びDNFBPsは顧客管理措置及び記録保存措置（実質的支配者情報及び継続的モニタリングを含む）をどの程度十分に適用しているか。

4.4. 金融機関及びDNFBPsは，以下の強化された措置又は特別の措置をどの程度十分に適用しているか。(a) PEPs，(b) コルレス先銀行，(c) 新しいテクノロジー，(d) 電信送信規則，(e) テロ資金供与関係の対象者への金融制裁，(f) FATFが特定した高リスク国

4.5. 金融機関及びDNFBPsは，犯罪収益と疑われるものやテロ支援を疑われる資金について，報告義務をどの程度果たしているか。内報を防ぐ現実的な方策は何か。

4.6. 金融機関及びDNFBPsは，AML/CFTに関する義務を履行するため内部管理及び手続きを（金融グループも含め）どの程度きちんと適用しているか。

情報の例（examples of information）：主要課題の結論を導く上で援用可能な情報の例

---

1. Contextual factors regarding the size, composition, and structure of the financial and DNFBP sectors and informal or unregulated sector (e.g., number and types of financial institutions (including MVTS) and DNFBPs licensed or registered in each category; types of financial (including cross-border) activities; relative size, importance and materiality of sectors).

2. Information (including trends) relating to risks and general levels of compliance (e.g., internal AML/CFT policies, procedures and programmes, trends and typologies reports).

3. Examples of compliance failures (e.g., sanitised cases; typologies on the misuse of financial institutions and DNFBPs).
4. Information on compliance by financial institutions and DNFBPs (e.g., frequency of internal AML/CFT compliance review; nature of breaches identified and remedial actions taken or sanctions applied; frequency and quality of AML/CFT training; time taken to provide competent authorities with accurate and complete CDD information for AML/CFT purposes; accounts/relationships rejected due to incomplete CDD information; wire transfers rejected due to insufficient requisite information).
5. Information on STR reporting and other information as required by national legislation (e.g., number of STRs submitted, and the value of associated transactions; number and proportion of STRs from different sectors; the types, nature and trends in STR filings corresponding to ML/TF risks; average time taken to analyse the suspicious transaction before filing an STR).

---

1. 金融セクター及びDNFBPsのセクターに関する規模, 構成, 構造といった文脈的要素（contextual factors）（例：金融機関（資金移動業者を含む）の数・種類。免許を受けたり登録を受けたりしているDNFBPsのカテゴリー毎の数・種類。金融活動（越境を含む）の種類。各セクターの相対的規模, 重要性, 重大性。）
2. リスク及び法令順守の一般的レベルに関する情報（傾向を含む）（例：部内的なAML/CFTのポリシー, 手続き, 計画。傾向及びタイポロジーに関する報告。）
3. 法令順守の失敗例（例：実際に起こった事例（特定できないもの）。金融機関やDNFBPsの誤用に関するタイポロジー。）
4. 金融機関及びDNFBPsによる法令順守に関する情報（例：AML/CFT法令順守に関する内部監査の頻度。特定された違反の性質並びに採られた是正行動及び適用された制裁。AML/CFTの訓練の頻度と質。AML/CFT目的の正確かつ完全な顧客管理情報を権限ある当局に適用するためにかかる時間。不完全な顧客管理情報を理由に口座又はビジネス関係が拒絶される場合。必須情報が不十分であることを理由に電信送金が拒絶される場合。
5. 疑わしい取引の届出に関する情報やその他国内法令によって義務付けられる情報（例：提出された疑わしい届出の件数及び関連する取引の価額。セクター毎の疑わしい取引の提出件数と割合。ML/TFに関するリスク毎の疑わしい取引の届出の種類, 性質, 傾向。疑わしい取引の届出を行うまでに要する分析の平均時間。

> 特定要素の例（examples of specific factors）：主要課題の結論を導く上で援用可能な特定要素の例

6. What are the measures in place to identify and deal with higher (and where relevant, lower) risk customers, business relationships, transactions, products and countries?

7. Does the manner in which AML/CFT measures are applied prevent the legitimate use of the formal financial system, and what measures are taken to promote financial inclusion?

8. To what extent do the CDD and enhanced or specific measures vary according to ML/TF risks across different sectors / types of institution, and individual institutions? What is the relative level of compliance between international financial groups and domestic institutions?

9. To what extent is there reliance on third parties for the CDD process and how well are the controls applied?

10. How well do financial institutions and groups, and DNFBPs ensure adequate access to information by the AML/CFT compliance function?

11. Do internal policies and controls of the financial institutions and groups, and DNFBPs enable timely review of: (i) complex or unusual transactions, (ii) potential STRs for reporting to the FIU, and (iii) potential false-positives? To what extent do the STRs reported contain complete, accurate and adequate information relating to the suspicious transaction?

12. What are the measures and tools employed to assess risk, formulate and review policy responses, and institute appropriate risk mitigation and systems and controls for ML/TF risks?

13. How are AML/CFT policies and controls communicated to senior management and staff? What remedial actions and sanctions are taken by financial institutions and DNFBPs when AML/CFT obligations are breached?

14. How well are financial institutions and DNFBPs documenting their ML/TF risk assessments, and keeping them up to date?

15. Do financial institutions and DNFBPs have adequate resources to implement AML/CFT policies and controls relative to their size, complexity, business activities and risk profile?

16. How well is feedback provided to assist financial institutions and DNFBPs in detecting and reporting suspicious transactions?

6. より高いリスクの（場合によっては，より低いリスクの）顧客，ビジネス関係，取引，商品，国を特定し，取り扱うために採られている措置は何か。

7. AML/CFT対策の適用は，公式の金融システムの正当な使用を防御するようなやり方になっているか。金融包摂（financial inclusion）を促進するためにどのような措置が採られているか。

8. 顧客管理措置，強化された措置や特定の措置は，特定業者のセクターや種類に応じたML/TFのリスクや個々の業者に応じたML/TFのリスクに従い，どの程度差のあるものになっているか。国際的な金融グループと国内金融機関との間で法令順守状況はどの程度異なるか。

9. 第三者への顧客管理措置の依存はどの程度になっているか。そのコントロールは適切になされているか。

10. 金融機関とそのグループやDNFBPsは，AML/CFTの法令順守機能により情報へのアクセスをどの程度確保しているか。

11. 金融機関とそのグループやDNFBPsの内部のポリシーと内部管理は，（i）複雑又は異常な取引，（ii）FIUへの届出が必要となり得る疑わしい取引，（iii）陽性が疑われる取引について，タイムリーにレビューさせるものになっているか。疑わしい取引の届出は，疑わしい取引に関して完全，正確かつ適切な情報をどの程度含むものとなっているか。

12. リスクを評価し，ポリシー面での対応を形成・見直しし，適切なリスク削減策やリスクに対処するためのシステムや管理を制度化するために，どのような措置や道具立てが用いられているか。

13. 上級管理者及びスタッフに対してAML/CFTのポリシーと管理がどう伝達されているか。AML/CFTに関する義務違反が生じたとき，金融機関及びDNFBPsはどのような是正行動を採り，制裁を課しているか。

14. 金融機関及びDNFBPsは，どの程度適切に，ML/TFのリスク評価を文書化するとともに最新の状態を保っているか。

15. 金融機関及びDNFBPsは，その規模，複雑性，ビジネス内容，リスク態様に見合った資源を，AML/CFTに関するポリシー及び管理の実施に割いているか。

16. 疑わしい取引を察知し届け出ることに関し，金融機関及びDNFBPsを支援するために，どの程度十分にフィードバックが提供されているか。

FATFは，第4次相互審査の標準的なスケジュールについても公表している[30]。

オンサイト前
6か月前（26週前，遅くとも）
【FATF】 ・TCへの調査・レビュー開始 ・審査団メンバーの確定 【対象国】 ・担当者の設置 ・TCに係る法規制等に関する情報の更新（FATF勧告等への遵守状況に係る準備・レビューは6か月以上前に開始する必要）
4か月前（16週前）
【FATF】 ・TC別表の素案準備 ・対象国のリスク評価の分析，オンサイト検証項目の検討 【対象国】 ・11のIOとその前提となる主要課題（関連する情報・データを含む）に基づく有効性に関する審査団への対応
3か月前（13週前）
【FATF】 ・TC別表のファースト・ドラフトの対象国への送付（評価や推奨事項を含んでいる必要はない） 【対象国】 ・オンサイトに関する審査団事務局との調整
2か月前（9週前）
【FATF】 ・オンサイト検証項目等に関する対象国との協議（対象国のML/TFリスクに関する審査団の印象に関する予備的な議論も含む） ・有効性に関する主要テーマ特定のための予備的分析

30）FATFが公表している標準的スケジュール（FATF, Procedures for the FATF 4th round of AML/CFT Mutual Evaluations（2018.6）Appendix 1参照（http://www.fatf-gafi.org/media/fatf/documents/methodology/FATF-4th-Round-Procedures.pdf））のうち，主なものを抽出して整理。実際の第4次相互審査がこの標準的なスケジュールの通りに進行するとは限らない点に留意されたい。

第1章　マネロン・テロ資金供与対策の現状と基本的考え方　**19**

【対象国】
- TCに関するドラフトに対するコメントの提供
- オンサイト日程案の提供

1か月前（4週前）

【FATF】
- オンサイト検証項目の確定

2週前（遅くとも）

【FATF】
- TC別表ドラフトの更新版，TCに関する報告書本文のドラフト，有効性に係る最初の調査結果・主要課題のアウトラインの準備
- 作業中の報告書ドラフトの準備
- TC別表ドラフトの更新版の対象国への送付

【対象国】
- 審査団からの質問への対応

オンサイト

通常2週間（変更の可能性あり）

【FATF】
- 開始時・終了時に対象国と会議。終了時に調査結果のサマリーを提供
- 必要に応じ，オンサイト検証項目の重要性につきレビュー
- 報告書に関する議論及びドラフト

オンサイト後

オンサイトから6週以内

【FATF】
- 報告書のファースト・ドラフトを完成させ，対象国へ送付

報告書ファースト・ドラフト受領から4週以内（オンサイトから10週）

【FATF】
- 対象国からの質問等への対応

【対象国】
- 報告書ファースト・ドラフトに対するコメント

対象国コメント受領から4週以内（オンサイトから14週）

【FATF】
- 対象国のコメントのレビュー後，報告書セカンド・ドラフトを作成し，対象国へ送付

全体会合の10週以上前（オンサイトから17週）
【FATF】 ▪ 対象国との対面ミーティングの論点確定 【対象国】 ▪ 報告書セカンド・ドラフトに対するコメント
全体会合の 8 週以上前（オンサイトから19週）
【FATF】 ▪ 報告書セカンド・ドラフトに関し，対象国と対面でミーティングを実施し，対立点の解消や全体会合での議論の優先事項の特定
全体会合の 5 週以上前（オンサイトから22週）
【FATF】 ▪ 報告書の最終ドラフト等を，全体会合の各国代表等に送付・コメントを求める（期限： 2 週間）
全体会合の 2 週前（オンサイトから25週）
【FATF】 ▪ 対象国と審査団との間で，論点その他のコメントに関する優先順位の確定 【対象国】 ▪ 論点その他のコメントに関する優先順位の確定につき，審査団と協働
全体会合（オンサイトから27週）
【FATF】 ▪ 全体会合で確定した報告書は， 6 週以内に確定・公表

　FATFは，各国に対する第 4 次相互審査のスケジュールを公表している[31]。これによれば，我が国に対する第 4 次相互審査は，2019年10月～11月にオンサイト審査がなされ，審査の結果は2020年 6 月の全体会合で議論される予定である。

　FATFが公表している手続[32]によれば，オンサイトは概ね 2 週間（10営業日），うち 7 ～ 8 日がインタビューに充てられるが，対象国の規模や複雑性等に応じ

---

31) FATF, Global Assessment calendar, http://www.fatf-gafi.org/calendar/assessmentc
　alendar/?hf=10&b=0&s=asc（document_lastmodifieddate）&table= 1 。
32) FATF, 前掲注30），33-37, Appendix 2。

て延長されることもある[33]。インタビューの対象としては，当局の関係省庁のほか，業界団体や，個別の金融機関等も例として挙げられている[34]。

(3) 諸外国の動向

諸外国においても，国際的な目線の高まりや，FATF勧告・第4次相互審査[35]等を踏まえ，当局・金融機関等の双方がその対応を強化してきている。

例えば，諸外国においては，制裁金等，監督上の処分を強化している傾向がみられる。具体的には，当局により科せられる制裁金や和解金の金額自体が一般に増大している傾向にあるが，このような制裁金額等の増加（量的拡大）に加え，近時は，米ドル送金や米国企業，米国人が関与する取引であれば米国外の行為であっても米国の法規制等に基づく制裁の対象とする，いわゆる域外適用（制裁金額の対象範囲の拡大）の可能性も増大している[36]。

---

33) なお，金融庁が公表する「第4次FATF対日相互審査に向けたスケジュール」によれば，オンサイト期間は約3週間とされ，「第1週目：関係当局，第2週目：金融機関その他の事業者，第3週目：講評等」とされている。金融庁「変革期における金融サービスの向上にむけて～金融行政のこれまでの実践と今後の方針～（平成30事務年度）」(https://www.fsa.go.jp/news/30/For_Providing_Better_Financial_Services.pdf) 144頁参照。

34) 金融機関等に対するインタビューの対象者としては，上級管理職，コンプライアンス・オフィサー，内部監査人が例示されている。また，オープンな議論を確保するため必要があれば，政府職員がいない状態でインタビューが行われることも想定されている。
実際にどの金融機関等がインタビューの対象となるかについては，その選定方法も含めて明らかでない。この点に関し，佐々木清隆「マネロン・テロ資金供与対策のあるべき方向性」金融財政事情2018年9月24日号13頁は，「わが国に対するFATF第4次相互審査においても，FATF審査団による金融機関へのインタビューが実施されるが，どの金融機関が対象となるかは，直前にならないと判明しない。したがって，わが国におけるすべての金融機関が，FATF審査団からのインタビューを受ける可能性があるとの認識で態勢整備を早急に行う必要がある」としている。

35) 諸外国に対するFATF第4次相互審査の結果は，FATFウェブサイトから確認可能である（http://www.fatf-gafi.org/publications/mutualevaluations/?hf=10&b=0&s=desc (fatf_releasedate)）。FATF加盟国では，例えばカナダ・シンガポールの相互審査報告書（MER：Mutual Evaluation Report）が2016年9月に，スイス・米国のMERが2016年12月に，それぞれ公表されている。また，英国や中国等についても，我が国のオンサイト審査前にMERが公表される予定である。

36) 海外での処分事例については，白井・芳賀・渡邉，前掲注22），20～24頁参照。

また，海外送金等において用いられるコルレス契約はマネロン・テロ資金供与対策の見地から厳格に管理することが求められており[37]，ひとたびマネロン・テロ資金供与への関与が疑われると，相手方金融機関等から追加的な調査・審査を求められるのみならず，当局による制裁金等の処分を待たずにコルレス契約の解除等を求められることもあり，最悪の場合，海外送金網からの撤退を余儀なくされるなど，ビジネス上・レピュテーション上のリスクも顕在化しかねない状況となっている。

諸外国の動向

外国当局の対応

- 制裁金額の増加（量的拡大）
- 域外適用（制裁金の対象範囲の拡大）

外国金融機関等の対応

- コルレス契約の解除等

37）コルレス取引につき，通常の顧客管理とは異なる考慮が必要である点は，FATF勧告13においても規定されている。コルレス契約の管理については第6章で後述する。

第2章 リスクベース・アプローチの意義

1. リスクベース・アプローチとは

　ガイドラインにおいて，マネロン・テロ資金供与対策におけるリスクベース・アプローチとは，金融機関等が，自らのマネロン・テロ資金供与リスクを特定・評価し，これを実効的に低減するため，当該リスクに見合った対策を講ずることとされている[1]。

　リスクベース・アプローチの発想自体は，リスク管理の一般的手法として従前より広く採り入れられている[2]。金融機関等との関係でも，リスク管理や内部監査，外部委託管理等，様々な分野でリスクベース・アプローチに基づく手法が一般的に用いられている。

　例えば，財務省が2018年9月に公表した外国為替検査ガイドライン[3]には，「コンプライアンスを実現させるための具体的な実践計画（規定の整備，内部統制の実施計画，職員の研修計画など）であるコンプライアンス・プログラムには，一般的に，リスクの状況変化も踏まえながら，金融機関等が自らの業務が直面するリスクを適時・適正に特定・評価し，その評価結果に基づき策定・見直し

---

1) ガイドラインⅡ－1。なお，ガイドライン策定・公表に伴い，業態ごとの監督指針も所要の改正が図られたが，リスクベース・アプローチについてはガイドラインと同様の定義が設けられている（例として，主要行等向けの総合的な監督指針Ⅲ－3－1－3－1－2，中小・地域金融機関向けの総合的な監督指針Ⅱ－3－1－3－1－2等）。

2) 会計監査においても，1991年の監査基準の改訂でリスク・アプローチの考え方が採り入れられ，2002年の改訂で，重要な虚偽の表示が生じる可能性が高い事項について重点的に監査の人員や時間を充てることにより，監査を効果的かつ効率的なものとするアプローチとして明確化されている。企業会計審議会，「監査基準の改訂に関する意見書」（平成14年1月25日）7頁以降参照（https://www.fsa.go.jp/singi/singi_kigyou/tosin/f-20020125-1.pdf）。

3) https://www.mof.go.jp/international_policy/gaitame_kawase/inspection/g_zenbun.pdf

を行うRBA（リスクベース・アプローチ）の仕組みが盛り込まれている」（6頁），「内部監査部門は，業務執行部門から独立した立場でリスク管理機能及び内部管理態勢を定期的に検証するにあたり，一般的には，RBAに基づき，監査計画を立案する仕組み，すなわち監査の実施対象，頻度及び手法等を決定しているところである」（7頁）等の記載がある。

また，金融庁が2018年10月に公表した「コンプライアンス・リスク管理に関する検査・監督の考え方と進め方（「コンプライアンス・リスク管理基本方針」）[4]」9頁以降においても，「リスクベースの発想への視野拡大に関する着眼点」として，コンプライアンス・リスクについてもリスクベース・アプローチのリスク管理態勢を実効的に機能させる必要がある旨記載されている。

その他，外部委託管理に関しては，公益財団法人金融情報システムセンター（FISC）が2016年6月に公表した「金融機関における外部委託に関する有識者検討会報告書[5]」（2016年6月）24頁以降において，経営層等が情報システムに対する安全対策等を決定するための原則としてのリスクベース・アプローチが詳細に説明されている。

2．マネロン・テロ資金供与対策におけるリスクベース・アプローチ

FATF勧告において，リスクベース・アプローチは40の勧告の第1の勧告とされているなど，国際的にみても標準的なアプローチとなっている[6]。

以前のFATF勧告でも，リスクベース・アプローチの考えは一部採り入れられていたが，第4次審査の前に行われた2012年2月のFATF勧告の改訂[7]により，40の勧告のうちの第1の勧告において「本質的基礎（essential founda-

---

4) https://www.fsa.go.jp/news/30/dp/compliance_revised.pdf。

5) https://www.fisc.or.jp/isolate/index.php?dl=1DF0d98F0ABDFE8BBAEACE277B290 81DCA25F457F9A644F66E33FA7A184D6B23&No=1。

6) ガイドラインⅡ－1。

7) FATFによれば，最も重要な変更点の1つが，特に金融機関等の予防措置及び監督上の措置に係るリスクベース・アプローチをより強調した点とされている。FATF, Guidance for a risk-based approach – Banking sector（2014.10），12-13参照（http://www.fatf-gafi.org/media/fatf/documents/reports/Risk-Based-Approach-Banking-Sector.pdf）。

tion)」として明示され[8]，すべての関係する勧告に適用される包括的な要請（over-arching requirement）として位置付けられた[9]。

　ガイドラインは，リスクベース・アプローチにつき，上記FATF勧告の位置付けや主要先進国でも定着しているアプローチであること等にかんがみ，我が国金融システムに参加する金融機関等にとって当然に実施していくべき事項（ミニマム・スタンダード）としている[10]。

　FATF勧告は，国に対してリスクベース・アプローチに基づく自国のマネロン・テロ資金供与対策の態勢整備を求めるとともに[11]，事業者に対しても，リスクベース・アプローチに基づく態勢整備を求めている[12]。

勧告1
………
Countries should require financial institutions and designated non-financial businesses and professions (DNFBPs) to identify, assess and take effective action to mitigate their money laundering and terrorist financing risks.
………
各国は，金融機関及び特定非金融業者及び職業専門家（DNFBPs）に対し，資金洗浄及びテロ資金供与のリスクを特定，評価及び低減するための効果的な行動をとることを求めるべきである。
勧告1の解釈ノート（リスクの評価及びリスク・ベース・アプローチの適用）
………

---

8)　FATF勧告1。
9)　FATF，前掲注7）12-13参照。
10)　ガイドラインⅠ-1参照。
11)　FATF勧告1。
12)　FATF勧告1の解釈ノート8〜12参照。これらの解釈ノートの各記載は，金融機関及びDNFBPs（Designated Non-Financial Business or Profession）を名宛人としている。なお，FATF勧告の解釈ノート（仮訳）については，https://www.mof.go.jp/international_policy/convention/fatf/fatf-40_240216_2.pdf参照。仮訳はあくまで参考にすぎず，また，FATF勧告及び解釈ノートは2012年以降数回にわたって改訂がなされており，この点にも留意が必要である（改訂履歴については，http://www.fatf-gafi.org/publications/fatfrecommendations/documents/fatf-recommendations.html参照）。2018年10月現在のFATF勧告の原文及び仮訳については，資料2も参照されたい。

B. Obligations and decisions for financial institutions and DNFBPs

8. **Assessing risk** - Financial institutions and DNFBPs should be required to take appropriate steps to identify and assess their money laundering and terrorist financing risks (for customers, countries or geographic areas; and products, services, transactions or delivery channels). They should document those assessments in order to be able to demonstrate their basis, keep these assessments up to date, and have appropriate mechanisms to provide risk assessment information to competent authorities and SRBs. The nature and extent of any assessment of money laundering and terrorist financing risks should be appropriate to the nature and size of the business. Financial institutions and DNFBPs should always understand their money laundering and terrorist financing risks, but competent authorities or SRBs may determine that individual documented risk assessments are not required, if the specific risks inherent to the sector are clearly identified and understood.

9. **Risk management and mitigation** - Financial institutions and DNFBPs should be required to have policies, controls and procedures that enable them to manage and mitigate effectively the risks that have been identified (either by the country or by the financial institution or DNFBP). They should be required to monitor the implementation of those controls and to enhance them, if necessary. The policies, controls and procedures should be approved by senior management, and the measures taken to manage and mitigate the risks (whether higher or lower) should be consistent with national requirements and with guidance from competent authorities and SRBs.

10. **Higher risk** - Where higher risks are identified financial institutions and DNFBPs should be required to take enhanced measures to manage and mitigate the risks.

11. **Lower risk** - Where lower risks are identified, countries may allow financial institutions and DNFBPs to take simplified measures to manage and mitigate those risks.

12. When assessing risk, financial institutions and DNFBPs should consider all the relevant risk factors before determining what is the level of overall risk and the appropriate level of mitigation to be applied. Financial institutions and DNFBPs may differentiate the

第2章　リスクベース・アプローチの意義　**27**

extent of measures, depending on the type and level of risk for the various risk factors (e.g. in a particular situation, they could apply normal CDD for customer acceptance measures, but enhanced CDD for ongoing monitoring, or vice versa).

……

B．金融機関及びDNFBPsの義務と決定

8．**リスクの評価**－金融機関及びDNFBPsは，（顧客，国，地政学的な地域；商品，サービス，取引又はデリバリー・チャネルに係る）自らの資金洗浄及びテロ資金供与のリスクを特定し，評価するための適切な手段をとらなければならない。金融機関及びDNFBPsは評価の根拠を証明し，評価を更新し続け，リスク評価の情報を権限ある当局や自主規制機関へ提供するための適切なメカニズムを持つことができるよう，それら評価を書面化しなければならない。資金洗浄・テロ資金供与リスクの性質と範囲は，事業の本質や規模に相応しいものであるべきである。セクター特有の個別のリスクが明らかに特定され把握されている場合，個別のリスク評価を実証することが権限ある当局や自主規制機関に求められていない場合であっても，金融機関及びDNFBPsは常に自らの資金洗浄及びテロ資金供与のリスクを把握しなければならない。

9．**リスクの管理と低減**－金融機関及びDNFBPsは，（国，金融機関又はDNFB-Psによって）特定されたリスクを効果的に管理し低減することができるよう，方針，管理機能及び手続を持たなければならない。金融機関及びDNFBPsは，それらコントロール機能が履行されていることを監視し，必要に応じて強化しなければならない。方針，管理機能及び手続は上級管理者によって承認されるべきであり，（高低にかかわらず）リスクを管理し低減するためにとられる措置は国が定める義務と権限ある当局及び自主規制機関のガイダンスに整合的なものでなければならない。

10．**高リスク**－リスクが高いと判断する場合，金融機関及びDNFBPsはリスクを管理し低減するために厳格な措置を講じなければならない。

11．**低リスク**－リスクが低いと判断する場合，各国は金融機関及びDNFBPsがリスクを管理し低減するために簡素な措置をとることを認めることができる。

12．リスクを評価する場合，金融機関及びDNFBPsは，全体的なリスクレベルと適用されるべきリスク低減の適切な度合いを決定する前に，すべての関連するリスク要因を検討しなければならない。金融機関とDNFBPsは，様々なリスク要因から成るリスクのタイプとレベルによって，措置の度合いを分けることができる。（例えば，特別な状況の場合，金融機関とDNFBPsは顧客受入れの際に通常の顧客管理措置を適用し，取引関係の継続的な監視において厳格な措置を適用することができる，もしくはその反対など。）

3．犯収法におけるリスクベース・アプローチに係る規定

　ところで，リスクベース・アプローチの考え方は，犯収法にも採り入れられており，2016年10月に施行された改正犯収法においても，この要請に係る規定の整備が行われている。

　例えば，国によるリスクベース・アプローチの一環として，国家公安委員会が，毎年，犯罪収益移転の状況に関する調査・分析を行った上で，取引の種別ごとに犯罪収益移転の危険度等を記載した犯罪収益移転危険度調査書を作成し，これを公表することが求められている（犯収法3条3項）[13]。

　他方，特定事業者が疑わしい取引の届出を行うか否かを判断するに当たっては，(i)取引時確認の結果，(ii)取引の態様その他の事情，(iii)犯罪収益移転危険度調査書の内容を勘案しなければならない，との規定が新たに設けられた（犯収法8条2項）。

　また，①犯収法4条2項前段に規定する厳格な顧客管理を行う必要が特に高いと認められる取引，②疑わしい取引，同種の取引の態様と著しく異なる態様で行われる取引[14]（犯収法施行規則5条），③これら以外の取引で犯罪収益移転危険度調査書の内容を勘案して犯罪による収益の移転の危険性の程度が高いと認められる取引，に係る疑わしい取引の届出に当たっては，(ア)通常の確認方法[15]に加え，(イ)顧客等に対する質問その他の必要な調査，(ウ)統括管理者又は

---

13) 国家公安委員会は，2015年9月，2016年11月，2017年11月に，それぞれ犯罪収益移転危険度調査書を公表している（https://www.npa.go.jp/sosikihanzai/jafic/nenzihokoku/nenzihokoku.htm）。

14) 2015年9月に公表された改正犯収法令に係るパブリックコメント（『2015年パブリックコメント』，http://search.e-gov.go.jp/servlet/PcmFileDownload?seqNo=0000133365）56番では，「疑わしい取引に該当するとは直ちには言えないまでも，その取引の態様等から類型的に疑わしい取引に該当する可能性のあるもので，○資産や収入に見合っていると考えられる取引ではあるものの，一般的な同種の取引と比較して高額な取引，○定期的に返済はなされているものの，予定外に一括して融資の返済が行われる取引，等の業界における一般的な知識，経験，商慣行等に照らして，これらから著しく乖離している取引等が含まれます。」とされている。

15) (1)特定事業者が他の顧客等との間で通常行う取引の態様との比較（水平比較），(2)当該顧客等との間でこれまでに行った他の取引の態様との比較（垂直比較），(3)取引時確認の結果に関して有する情報との整合性（犯収法施行規則26条）。

第 2 章　リスクベース・アプローチの意義　**29**

これに相当する者による確認が必要とされている（犯収法 8 条 2 項，同法施行規則27条 3 号）。

さらに，特定事業者は，犯罪収益移転危険度調査書の内容を勘案し，(a)特定事業者作成書面等の作成・見直し，(b)特定事業者作成書面等の内容を勘案した，取引時確認等の措置を行うに際して必要な情報の収集・整理・分析，(c)特定事業者作成書面等の内容を勘案した，確認記録・取引記録等の継続的精査，(d)上記①～③の高リスク取引に関する統括管理者による承認，(e)高リスク取引に係る情報の収集・整理・分析の結果の保存，(f)必要な能力を有する者の採用，(g)必要な監査，を行うよう努めなければならない（犯収法11条 4 号，同法施行規則32条 1 項）[16]。

国によるリスクベース・アプローチに係る規定
国家公安委員会による犯罪収益移転危険度調査書の公表（犯収法 3 条 3 項）
国家公安委員会は，毎年，犯罪収益移転の状況に関する調査・分析を行った上で，取引の種別ごとに犯罪収益移転の危険度等を記載した犯罪収益移転危険度調査書を作成し，これを公表する。
特定事業者によるリスクベース・アプローチに係る規定
疑わしい取引の届出を行うか否かの判断基準（犯収法 8 条 2 項）
(i)　取引時確認の結果， (ii)　取引の態様その他の事情， (iii)　犯罪収益移転危険度調査書の内容 を勘案しなければならない
取引に疑わしい点があるかどうかを確認する方法（犯収法 8 条 2 項，同法施行規則27条 3 号）
①　犯収法 4 条 2 項前段に規定する厳格な顧客管理を行う必要が特に高いと認められる取引， ②　疑わしい取引，同種の取引の態様と著しく異なる態様で行われる取引（犯収法施行規則 5 条），

---

16) ガイドライン及びガイドライン策定に伴い改正された業態ごとの監督指針においては，金融機関等に対してこれらの措置を行うことを求めている。

③ これら以外の取引で犯罪収益移転危険度調査書の内容を勘案して犯罪による収益の移転の危険性の程度が高いと認められる取引

に係る疑わしい取引の届出に当たっては,

(ア) 通常の確認方法
  ⑴ 特定事業者が他の顧客等との間で通常行う取引の態様との比較(水平比較)
  ⑵ 当該顧客等との間でこれまでに行った他の取引の態様との比較(垂直比較)
  ⑶ 取引時確認の結果に関して有する情報との整合性

に加え,

(イ) 顧客等に対する質問その他の必要な調査,
(ウ) 統括管理者又はこれに相当する者による確認

が必要

犯罪収益移転危険度調査書の内容を勘案して講ずべき措置(犯収法11条4号,同法施行規則32条1項)

犯罪収益移転危険度調査書の内容を勘案し,

(a) 特定事業者作成書面等の作成・見直し,
(b) 特定事業者作成書面等の内容を勘案した,取引時確認等の措置を行うに際して必要な情報の収集・整理・分析,
(c) 特定事業者作成書面等の内容を勘案した,確認記録・取引記録等の継続的精査,
(d) 上記①〜③の高リスク取引に関する統括管理者による承認,
(e) 高リスク取引に係る情報の収集・整理・分析の結果の保存,
(f) 必要な能力を有する者の採用,
(g) 必要な監査,

を行うよう努めなければならない

　このように,犯収法上は,特定事業者のリスクベース・アプローチの方法の1つとして,国がリスクベース・アプローチの一環として作成した犯罪収益移転危険度調査書を勘案することを前提とした規定を設けている。

　ただし,金融機関等によるリスクベース・アプローチに基づく実効的なマネロン・テロ資金供与対策のためには,上記犯収法令に基づいて犯罪収益移転危険度調査書のみを勘案するだけでは十分とはいえない。金融機関等においては,ガイドラインの記載及びその趣旨に則り,犯罪収益移転危険度調査書の形式的な確認にとどまらず,自らが直面するマネロン・テロ資金供与リスクを適時適

切に特定・評価し，これに見合った実質的かつ実効的な低減措置を講じていくことが重要となる。

　なお，2016年10月に施行された改正犯収法令では，疑わしい取引及び同種の取引の態様と著しく異なる態様で行われる取引を新たに取引時確認の対象に加える改正も行われた（犯収法施行令7条1項，同法施行規則5条）。この規定によれば，金融機関等としては，取引実行後に疑わしい取引の該当性を判断して事後的に疑わしい取引の届出を行うほか，取引を実行するに際して，新設された犯収法8条2項や同法施行規則26条，27条3号等を勘案しながら，リスクベースで疑わしい取引やその可能性があるか否かを判断し，要件に該当すれば，犯収法上の取引時確認を行った上で疑わしい取引の届出を行うことも想定されている点に，留意が必要となる[17]。

---

17) ただし，事後的に検証して疑わしい取引に該当すると判断された場合であっても，遡及的に取引時確認が義務付けられるわけではないとされている（2015年パブリックコメント1番参照）。

第3章 リスクの特定

　ガイドラインでは，リスクベース・アプローチのプロセスを，リスクの特定・評価・低減の3段階に区分している。

　FATF勧告等，FATFの文書でも，リスクベース・アプローチにおいては，リスクを特定し（identify），評価し（assess），低減する（mitigate）との順で論じられることが多い[1]。

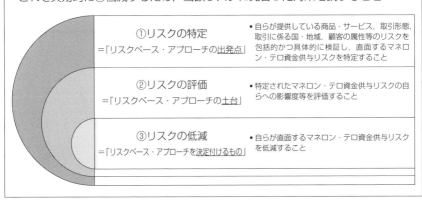

---

1) FATF勧告1参照。

リスクの特定とは，自らが提供している商品・サービス，取引形態，取引に係る国・地域，顧客の属性等のリスクを包括的かつ具体的に検証し，直面するマネロン・テロ資金供与リスクを特定することをいう[2]。

リスク評価の前提として，評価の対象となるマネロン・テロ資金供与リスクを特定することが必要となる。その意味で，リスクの特定は「リスクベース・アプローチの出発点」とされる[3]。

1. 犯罪収益移転危険度調査書の勘案

リスクの特定に当たっては，犯罪収益移転危険度調査書の記載を勘案しながら，自らが提供している商品・サービス，取引形態，取引に係る国・地域，顧客の属性等を包括的かつ具体的に検証することが求められる（【対応が求められる事項】①）。

上記のとおり，犯罪収益移転危険度調査書は毎年公表され，新たなリスク要因が追加されたり，最近の犯罪動向の統計や検挙事例の具体例等が更新されることがあるので，最新の犯罪収益移転危険度調査書の記載に基づくリスクの特定がなされているか，公表の都度注視することが重要である[4]。

検証に当たっては，「包括的かつ具体的な」検証が求められる。「具体的な」リスクの検証としては，犯罪収益移転危険度調査書の内容を形式的にリスク評価書等に転記するのみではなく，これらの内容をベースとしつつ，自らが実際

---

2) ガイドラインⅡ-2(1)。
3) ガイドラインⅡ-2(1)。
4) なお，犯罪収益移転危険度調査書の記載のうち，自らの金融機関等が直面するマネロン・テロ資金供与リスクに関係する部分が複数の箇所にまたがって記載されている可能性もあるため，犯罪収益移転危険度調査書は，公表の都度，全体にわたって目を通しておくことが重要となる。例えば，2017年11月の犯罪収益移転危険度調査書では，「国際テロリスト（イスラム過激派等）」は「顧客の属性と危険度」として整理されているが，その記載の中に，「国・地域」に関する留意点として，「送金先・送金元が，テロ組織が活動する国や地域（イラク，シリア，リビア，ナイジェリア，イエメン，アフガニスタン，パキスタン，ソマリア，レバノン等）又はそれらの周辺国や地域であるか」，「取引形態」に関する留意点として，「送金理由が寄附等であっても，活動実態が不透明な団体や個人を送金先としていないか」「送金後に現金での即時引出し又は異なる口座への即時送金がなされていないか」等の項目が挙げられている（67頁，68頁）。

第3章 リスクの特定 **35**

に展開しているビジネス等を念頭に置きながら，いかなるマネロン・テロ資金供与リスクに直面しているかを具体的にイメージすることが肝要である。

他方，リスクの高低を適切に評価し，この評価に応じて限られた経営資源を効果的・効率的に配分していく前提として，全ての商品・サービス等のリスク要因を抽出した上，金融機関等が直面するリスクの全体量及びそれぞれの内容につき，全社的・網羅的に検証する必要がある。この意味で，具体的なリスクの特定を「包括的に」実施することも重要となるのである。

2．自らの個別具体的特性の考慮

ガイドラインは，国によるリスク評価の結果等の勘案のほか，自らの営業地域の地理的特性や，事業環境・経営戦略のあり方等，自らの個別具体的な特性を考慮することを求めている（【対応が求められる事項】②）。

金融機関等が直面するマネロン・テロ資金供与リスクは，犯罪収益移転危険度調査書に記載のあるリスクのみに限られるものではない。顧客属性や，顧客が行う取引に係る国・地域等に一定の傾向があること等を理由に，営業地域ごとに直面するリスクが異なるといったことも考えられる。そのような差異は，海外拠点を有している場合にはさらに大きくなる。

そもそも，いかなる顧客・地域をターゲットに，いかなる商品・サービスを，いかなるチャネルを用いて提供するかは，金融機関等の経営戦略に基づいて判断されるものである。こうした判断に基づいて発生するマネロン・テロ資金供与リスクは，金融機関等がそれぞれの経営戦略の下で講ずる施策と表裏一体のものとして捉えるべき問題といえる。

また，金融機関等が直面するマネロン・テロ資金供与リスクには，金融機関等の経営戦略と表裏の問題として内在的に存在するリスクのみならず，金融機関等の商品・サービスや取引形態等を利用する顧客層の変遷や，その背景としての営業地域・国等の経済環境や社会情勢等，外在的な要因により発生するリスクも含まれる。金融機関等としては，こうした事業環境等も踏まえた上で，自らが直面するマネロン・テロ資金供与リスクの特定を行うことが重要となる。

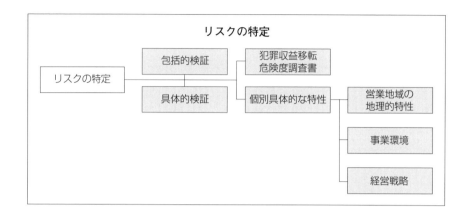

3．取引に係る国・地域の検証

　取引に係る国・地域の検証に当たっては、FATFや内外の当局等から指摘を受けている国・地域も含め、包括的に、直接・間接の取引可能性を検証し、リスクを把握することが求められる（【対応が求められる事項】③）。

　リスクの特定に当たっては、犯収法令上の厳格な取引時確認が必要となるイラン・北朝鮮（犯収法4条2項、同法施行令12条2項参照）以外にも、マネロン・テロ資金供与リスクの観点から留意すべき国・地域がないか否かにつき、包括的に検証することが重要である。

　例えば、2018年8月現在、FATF声明で具体的に指摘されている国・地域はイランと北朝鮮のみであるが、FATF声明は概ね4か月に1回公表され、ここで指摘される国・地域は変更することがあり得るため、最新のFATF声明にも注意を払っておくことが重要となる[5]。

　その他、自らの個別具体的特性の考慮に際して、営業地域の特性や顧客属性上、特定の国・地域に係る取引が多い等の事情があれば、こうした事情をマネ

---

5) https://www.mof.go.jp/international_policy/convention/fatf/参照。なお、犯罪収益移転危険度調査書（2017年11月）では、FATF声明に継続的に注意を払う必要性に言及するほか、国際的なマネロン・テロ資金供与対策の遵守の改善を継続して実施している国・地域として公表されている国・地域との取引についても、FATFが指摘する欠陥が是正されるまでの間になされるものは、危険性があるとされている（61頁、62頁参照）。

ロン・テロ資金供与リスクの特定の際に考慮するといったことも考えられる。

　検証に当たっては，直接・間接の取引可能性の検証が必要とされる。「間接の取引可能性」の検証においては，例えば，(i)制裁対象国等ハイリスク国の周辺国・地域と取引を行う場合[6]，(ii)顧客が行う商取引行為が制裁対象国等ハイリスク国・地域に関連している場合，(iii)マネロン・テロ資金供与リスクが高いと評価される国・地域に向けた取引が，マネロン・テロ資金供与リスクが高いと評価されていない国・地域を経由して行われる場合[7]等が考えられる[8]。

4．新商品・サービス等の留意点

　上記のとおり，ターゲットとする顧客・地域，提供する商品・サービス，チャネル等，金融機関等の経営戦略に基づいて講じられる施策と，マネロン・テロ資金供与リスクとは，表裏一体であり，これらの施策に内在するリスクといえる。このため，金融機関等は，経営戦略の一環として，新たな顧客・地域をターゲットとする，新たな商品・サービスやチャネルを導入する等の判断をするに際し，その裏側にある新たなマネロン・テロ資金供与リスクにも直面することとなる。金融機関等としては，こうした新たなマネロン・テロ資金供与リスクを分析・検証したうえで，当該新規戦略に基づく施策を検討する必要がある。

　この点に関し，ガイドラインも，「新たな商品・サービスを取り扱う場合や，新たな技術を活用して行う取引その他の新たな態様による取引を行う場合には，当該商品・サービス等の提供前に分析を行い，マネロン・テロ資金供与リスクを検証すること」としている（【対応が求められる事項】④）。

---

6)　この点に関連して，外国為替検査ガイドライン26頁では，「受取人の住所・所在地又は被仕向銀行の所在地等が特定国（地域）の近隣である仕向送金」が，受取人に係る情報等の真偽に疑いがある場合の例示として挙げられている。

7)　この点に関連して，外国為替検査ガイドライン26頁では，「支払地（被仕向銀行の所在地）は必ずしも受取人の住所・所在地と同一とは限らないので注意を要する。このため，特定国（地域）に隣接した国に対する送金を行う際には，被仕向銀行の所在地については，被仕向銀行の本店所在地に加え，受取人口座のある支店の所在地（都市名）も把握することが望ましい。」とされている。

8)　パブリックコメント46番，47番参照。

なお，後述のとおり，2018年の犯収法施行規則の改正で，本人特定事項の確認をオンラインで完結する方法が新たに認められ，公布とともに施行されることが予定されている[9]。こうした新技術の導入に当たっては，導入に伴うマネロン・テロ資金供与リスクの変動にも留意が必要となる。

5．経営陣の主体的・積極的関与，関係部門の連携・協働

ガイドラインでは，全体を通して経営陣の関与・理解を強調しているが，リスクの特定の場面においても，リスクの包括的かつ具体的な検証に当たって，経営陣の主体的かつ積極的関与や，関係部門の連携・協働を求めている（【対応が求められる事項】⑤）。

上記のとおり，マネロン・テロ資金供与リスクが金融機関等の経営戦略と表裏一体の問題であることに加え，当局による制裁金の可能性やレピュテーションリスクの顕在化の可能性，その経営に与えるインパクト等が増している現状において，マネロン・テロ資金供与対策は事務部門やコンプライアンス部門等による形式的な対応では足りず，経営上の問題として，経営陣が主体的に関与することが不可欠となっている。

また，リスクの洗出しに当たっては，コンプライアンス部門や事務部門等による検討に加え，海外送金等を取り扱う国際部門・外為部門や，営業現場の気づき等を集約する営業部門の意見等も網羅的に集約した上で，こうした意見等も含めて全社的視点で検討する必要がある。このような全社的視点での検討には，関係部門の連携・協働が必要であるだけでなく，これらを束ねる経営陣の積極的な関与が重要となる。

6．定量的な指標の活用

ガイドラインでは，リスクの特定に当たって，リスクの把握の鍵となる主要な指標を特定し，当該指標の定量的な分析を行うことで，リスクの高低及びそ

---

9)　http://search.e-gov.go.jp/servlet/PcmFileDownload?seqNo=0000175432参照。

の変化を適時・適切に把握することにつき，【対応が期待される事項】として記載している（【対応が期待される事項】a）。

　金融機関等に係る商品・サービス，取引形態，国・地域，顧客の属性等のうち，どこにリスクが所在しているかを客観的に明らかにするには，犯罪収益移転危険度調査書等から得られる定性情報のみならず，金融機関等が保有する定量情報を活用することも有用である。定量情報は，金融機関等ごとに異なるものであるため，金融機関等に共通するリスクを記載している犯罪収益移転危険度調査書だけでは把握が困難な金融機関等ごとの個別の特性を把握することも可能となる。

　具体的な指標として何が適切であるかは，金融機関等の事業環境・経営戦略・リスク特性等に応じて異なるものと考えられるが，1つの有用な定量的指標は，自らがこれまでに提出してきた疑わしい取引の届出の分析であり，この点については後述する。このほか，犯罪収益移転危険度調査書記載の定性的なリスク要因を定量的に具体化するものとしては，例えば国・地域や外国との取引という取引形態のリスク要因を定量化するものとしての「外為送金の取引件数・金額」，非対面取引という取引形態のリスク要因を定量化するものとしての「非対面による取引件数・金額」，非居住者という顧客属性のリスク要因を定量化するものとしての「非居住者による取引件数・金額」等が考えられる[10]。

7．疑わしい取引の届出の活用

　定量的な指標のうち，特に疑わしい取引の届出件数や金額等につき，ガイドラインでは，届出件数及び金額等の比較可能な定量情報を分析し，部門・拠点間等の比較等を行って，自らのリスクの検証の実効性を向上させることを，【対応が期待される事項】として記載している（【対応が期待される事項】b）。

　疑わしい取引の届出には，個別の案件の詳細等の定性情報のほか，取引金額等の定量情報も含まれている。このような定量情報を分析することで，特定の商品・サービス，取引形態，国・地域，顧客の属性等にリスクが偏在している

---

10) パブリックコメント48番～50番参照。

事実を明らかにできることもある。また，部門間・拠点間の届出件数・金額等の比較（水平比較）を行うことで，特定の部門が提供している商品・サービスや，特定の拠点のマネロン・テロ資金供与リスクを特定するといった手法も考えられる。さらに，これまでに提出してきた疑わしい取引の届出の経年比較（垂直比較）をすることを通じて，自らが直面するリスクの特性，傾向，変化等を分析することも有用と考えられる。

　その他，金融庁は，預金取扱金融機関，保険会社，金融商品取引業者ごとに，詳細な「疑わしい取引の参考事例」を公表しており[11]，金融機関等は，「疑わしい取引の届出の参考事例」における番号等を，「疑わしい取引の届出における入力要領[12]」に沿って記載することが求められている[13]。一定の届出量がある金融機関等においては，疑わしい取引の届出を「疑わしい取引の参考事例」別に分析し，リスクが所在する取引類型を特定するといった方法も考えられる。

　なお，「疑わしい取引の参考事例」別の届出件数の業態別の傾向は，犯罪収益移転危険度調査書でも公表されている[14]。こうした業態全体の傾向と，自らの「疑わしい取引の参考事例」別の届出件数とを比較して，業態内の他の金融機関等と比較して相対的にリスクが認められるリスク要因を特定する，といった方法も考えられる。

---

11) https://www.fsa.go.jp/str/jirei/。なお，他の特定事業者に関する「疑わしい取引の参考事例」については，警察庁の犯罪収益移転防止対策室（JAFIC）HPで確認可能（https://www.npa.go.jp/sosikihanzai/jafic/todoke/gyosei.htm）。

12) https://www.npa.go.jp/sosikihanzai/jafic/todoke/pdf/youryou_180323.pdf。なお，後述のとおり，「疑わしい取引の届出における入力要領」については，2018年3月，資金中継取引に係る入力要領・入力例の追加等の改訂がなされている。

13) https://www.fsa.go.jp/str/yousiki/todokede_01.pdf参照。

14) 2017年11月の犯罪収益移転危険度調査書では，預金取扱金融機関につき12頁，保険会社につき19〜20頁，金融商品取引業者・商品先物取引業者等につき22頁。

第3章　リスクの特定　41

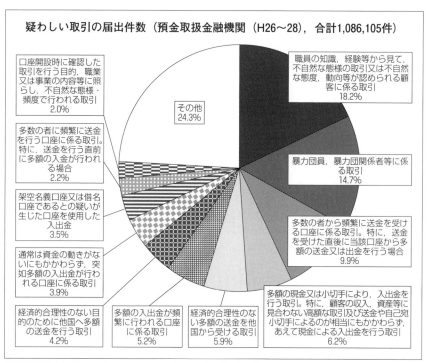

〔犯罪収益移転危険度調査書（2017年11月）12頁を参考に作成〕

第4章 リスクの評価

　リスクの評価とは，特定されたマネロン・テロ資金供与リスクの自らへの影響度等を評価することをいう[1]。リスクベース・アプローチにおいては，高いと評価されたリスクに対してこれを低減するための措置を効果的に講ずることで，経営資源を有効に活用して全社的に実効的なマネロン・テロ資金供与リスク管理態勢を構築することが重要となる。その意味で，リスクの評価は，低減措置等の具体的な対応を基礎付け，リスクベース・アプローチの土台となるものとされる[2]。

　ところで，ガイドラインでは，リスクの評価に係る【対応が求められる事項】【対応が期待される事項】の多くにつき，リスクの特定に係る【対応が求められる事項】【対応が期待される事項】を引用する形をとっている。リスクの特定のために収集した定量・定性の各種情報を分析・検証していく過程で，リスクの有無のみならずその高低についても同時に判断できることもあると思われる。ガイドラインでは，リスクベース・アプローチの段階を追って特定・評価・低減の順に区分して説明しているが，実務上，特定と評価を同一の作業として実施することも可能と考えられる[3]。

---

1)　ガイドラインⅡ-2(2)。
2)　ガイドラインⅡ-2(2)。
3)　昆野明子・西田勇樹・今野雅司・高橋良輔・髙橋瑛輝「「マネー・ローンダリング及びテロ資金供与対策等に関するガイドライン」の概要」金融法務事情2084号（2018年）11頁参照。

1．犯罪収益移転危険度調査書の勘案

　リスクの評価においても，犯罪収益移転危険度調査書の記載を勘案して，自らの商品・サービス，取引形態，取引に係る国・地域，顧客の属性等を包括的かつ具体的に検証することが重要である（「リスクの特定」【対応が求められる事項】①参照）。

　犯罪収益移転危険度調査書においては，危険度が「特に高い」「高い」「ある」といったリスクの高低の評価のほか，実際に悪用された事例の紹介等もなされている。こうした事例の前提となるリスク要因を，自らが実際に提供している商品・サービス等と比較しながら，他と比較してリスクの高い要因として抽出するといった方法も考えられる。

2．自らの個別具体的特性の考慮

　リスクの評価の際にも，リスクの特定と同様，国によるリスク評価の結果等のほか，自らの営業地域の地理的特性や，事業環境・経営戦略のあり方等，自らの個別具体的な特性を考慮する必要がある（「リスクの特定」【対応が求められる事項】②参照）。

　自らの個別具体的特性を考慮したリスクの高低の評価に当たっては，リスクの特定において述べた事項が当てはまるほか，以下で述べる定量的な指標の活用も1つの有用な方法と考えられる。

3．取引に係る国・地域の検証

　取引に係る国・地域のリスク評価（「リスクの特定」【対応が求められる事項】③参照）に当たっては，「リスクの特定」の場合と同様，内外の当局やFATF等によるリストの更新・声明等に常に注意を払っておく必要がある。

　その他，テロ・制裁等に関する諸外国の動向や実際に発生したマネロン・テロ資金供与事例に関する報道等にも目を配り，特定の事象が発生した際に関係

する国・地域に係るリスク評価の変更を検討する等，最新の動向に対して感度を高めておくことも重要となる。

4．新商品・サービス等の留意点

新たな顧客・地域をターゲットとする，新たな商品・サービスやチャネルを導入する，新技術を活用するといった場合には，金融機関等が新たなマネロン・テロ資金供与リスクに直面することとなり，リスクの特定に合わせ，その高低の評価についても，改めて行うことが必要となる（「リスクの特定」【対応が求められる事項】④参照）[4]。

なお，FATF勧告15も，新たな商品・取引又は技術を導入する前に，これらのリスクの特定・評価を行い，リスクを管理し，低減させる適切な措置を講じなければならないとしている。

5．経営陣の主体的・積極的関与，関係部門の連携・協働

リスクの有無の特定のみならず，リスクの高低の評価に当たっても，関係部門の連携・協働が必要となる。また，洗い出されたリスクに対し，全社的視点からその高低を評価し，優先的に講ずべき低減措置の前提としていくには，特定の業務を所管する関係部門の判断やこれらの関係部門間の協議のみでは限界がある場合もあり，より高次の視点を有する経営陣の判断が有用となることも

---

4) なお，経営資源に限界があること等を理由に，例えば新規の商品・サービス等，限られた経営資源の中で優先的に注力すべきリスクを高リスクとする一方，これまで高リスクと評価していたリスク要因の評価を下げて調整するといった対応がなされることもあるようである。

しかしながら，この方法では，自らが直面する（あるいは受容可能な）マネロン・テロ資金供与リスクの総量は一定であることを前提とした上で，その中での大小を「相対的に」評価しているに等しく，新規の商品・サービスの提供等によって新たに直面するマネロン・テロ資金供与リスクを適切かつ客観的に評価（「絶対評価」）していることにはならないように思われる。新規の商品・サービス等の提供によりマネロン・テロ資金供与リスクが増大したのであれば，その事実を客観的に評価した上で，新たな評価に基づいて限られた経営資源の配分を見直し，低減措置を講じてもなお残存するリスクも評価し直して改善の方策を検討していくことが重要となるように思われる。

ある。

そこで，リスクの特定の場合と同様，リスクの評価においても，経営陣の主体的かつ積極的な関与の下，関係するすべての部門の連携・協働が重要となる（「リスクの特定」【対応が求められる事項】⑤参照）。

6．リスク評価の全社的方針・具体的手法の確立

リスク評価を行うに当たっては，その方針や具体的手法を確立する必要がある。また，評価に当たっては，単なる実務感覚のみに依拠するのではなく，具体的かつ客観的な根拠に基づくことが必要である（【対応が求められる事項】②）。

具体的かつ客観的な根拠としては，上記1〜3で記載した定性情報のほか，下記10，11で記載した定量情報を用いることも有用と考えられる。

7．リスク評価結果の文書化

ガイドラインでは，リスク評価結果の文書化，及びこれを踏まえたリスク低減措置等の検討を，【対応が求められる事項】として規定している（【対応が求められる事項】③）。

2016年10月施行の改正犯収法において，特定事業者に対する特定事業者作成書面等の作成は既に努力義務として規定されていたが[5]（犯収法11条4号，同法施行規則32条1項1号），ガイドラインでは，リスク評価の結果の文書化を【対応が求められる事項】として明示し，これに併せて監督指針も所要の改正を行っている[6]。

---

5) なお，改正犯収法における特定事業者作成書面等の作成に係る規定等に基づいて，ガイドライン公表前より既に特定事業者作成書面等を作成していた金融機関等も数多く存在していたのではないかと思われる。この特定事業者作成書面等につき，ガイドラインの趣旨に即して見直しを行うといったことは考えられるが，ガイドラインでリスク評価結果の文書化が求められたからといって，犯収法令上の特定事業者作成書面等に加えて，新たにリスク評価結果を別途の書面として文書化することまでは求められていない。また，金融機関等が作成する書面の表題は，犯収法令に併せて「特定事業者作成書面等」としたり，「リスク評価書」とする等，様々なものが想定されるが，特定の表題を付さなければならないといった決まりがあるわけでもない。

第 4 章 リスクの評価 47

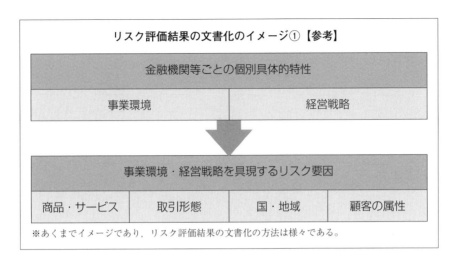

　FATF 勧告上も，リスク評価結果を文書化することが要請されており，文書化は(i)評価の根拠の証明，(ii)評価の更新，(iii)当局への提出等のために必要とされている[7]。

　上記のとおり，マネロン・テロ資金供与リスクは，自らが拠って立つ経営戦略に基づいて講ずる営業上の施策と表裏一体のものであり，こうした経営戦略や，その背景としての事業環境等によって各金融機関等ごとに異なるものである。そこで，まずは金融機関等ごとの事業環境・経営戦略を改めて確認し，こうした事業環境・経営戦略を具現する商品・サービス，取引形態，国・地域，顧客属性を全社的に洗い出し，そこに所在するマネロン・テロ資金供与リスクを特定・評価するという一連の思考プロセス，判断結果及びその根拠等を文書化していくということが1つの方法として考えられる[8]。

　ガイドラインにもあるとおり，リスクの評価は，「リスクベース・アプローチの土台となるものであり，自らの事業環境・経営戦略の特徴を反映したもの

---

6) 例として，主要行等向けの総合的な監督指針Ⅲ－3－1－3－1－2(1)②イ，中小・地域金融機関向けの総合的な監督指針Ⅱ－3－1－3－1－2(1)②イ等。
7) FATF 勧告1の解釈ノート8。
8) その上で，どの程度の分量・精緻さ等をもってリスク評価書を作成するかについては，金融機関等ごとの規模・業容等によっても異なり得るものであり，これも唯一の正解があるものではない。

リスク評価結果の文書化のイメージ② 【参考】

リスク評価結果が,
取引時確認等や,
確認記録・取引記録等の
継続的精査に考慮
されているか?

【特定】【評価】
リスク
評価結果

【低減】
取引時確認等
確認記録・
取引記録等

取引時確認等の際に必要な
情報の収集・整理・分析や,
確認記録・取引記録等の
継続的精査の前提となる
記載が含まれているか?

※あくまでイメージであり,リスク評価結果の文書化の方法は様々である。

である必要があ」り,リスクベース・アプローチに基づくマネロン・テロ資金供与リスク管理態勢の実効性を決定付けるリスク低減措置の前提となるものである。犯収法令上の規定や犯罪収益移転危険度調査書の記載,反社対応等従前より講じてきた措置のみを参考として高リスクとの評価を済ませ,リスク評価書の記載も犯罪収益移転危険度調査書を転記するのみでは,自らの事業環境・経営戦略の特徴を反映したリスク評価がなされているとはいえず,その先のリスク低減措置の実効性の担保も困難となる点には,十分留意が必要である。

また,リスク評価書の位置付けに関し,特定事業者作成書面等について規定した犯収法令を参考とすることも考えられる。すなわち,犯収法施行規則32条1項によれば,特定事業者作成書面等は,自らが行う取引の犯罪収益移転の危険性の程度等を調査・分析した結果を記載したものであり(同項第1号),取引時確認等の措置を行うに際して必要な情報の収集・整理・分析(同項第2号)や,確認記録・取引記録等の継続的精査(同項第3号)の前提となるものであることが想定されている。このような犯収法令上の規定を参考に,リスク評価書を作成するに当たっても,取引時確認等を行う際に必要な情報の収集・整理・分析や,確認記録・取引記録等の継続的精査の前提となる記載が含まれているか,あるいはその逆に,リスク評価書において高リスクと評価されたリスク要因が,取引時確認等や確認記録・取引記録等の継続的精査の際に考慮され

第 4 章　リスクの評価　**49**

リスク評価書の作成

→リスク低減措置全体の基礎，態勢高度化に当たり必要不可欠なプロセス
→(i)分析の深度，(ii)具体化の程度等に大きな違い

好事例→(i)包括的，(ii)具体的

- 自らが拠点を有する営業店の地理的環境と顧客の特性等を営業エリアごとに具体的に洗い出し，こうした顧客の属性と過去の疑わしい取引の届出履歴や捜査当局等から得られる情報等を照らし合わせ，マネロン・テロ資金供与リスクを洗い出している
- 独自にハイリスク先として取り扱う顧客の類型を設定
  - 事業活動を主として行う地域以外で口座を開設する顧客
  - 営業地域への一時居住が前提となっており，将来的に口座が不要となることが見込まれる顧客
  - 事業内容から多額の海外送金取引が必要となる顧客　等

課題のある事例→(i)断片的，(ii)抽象的

- 広く用いられているひな形等を参考に，大まかなリスク類型・取引類型を列挙するに止まり，こうしたリスク類型の金融機関等における取扱件数等が具体的に加味されていない
- 顧客について法人・個人の別等の大まかな区分が列挙されているのみであり，金融機関等の顧客層を具体化したリスク分析を行えていない

〔金融庁「マネー・ローンダリング及びテロ資金供与対策の現状と課題」（2018年 8 月）15頁，16頁参照〕

ているか，といった視点から確認してみる方法も考えられる。

　ガイドラインにおいては，文書化の後，「これを踏まえてリスク低減に必要な措置等を検討すること」が求められている（【対応が求められる事項】③）。リスク評価の結果，リスクの大きいものから優先的にリスク低減措置を講じていくことがリスクベース・アプローチの下では求められるため，リスク評価のみに終始することなく，評価結果を踏まえて当該リスクの低減に必要な措置を検討する必要がある[9]。

　なお，金融庁が2018年 8 月に公表した「現状と課題」において，リスク評価書の作成は，「各事業者におけるリスク低減措置全体の基礎となるものであり，態勢高度化に当たり必要不可欠なプロセス」とした上，リスクの特定・評価に関する分析の深度，具体化の程度等について，個社ごとに大きな違いが見られ，

---

9)　実際のリスク評価書の中には，金融機関等がさらされているリスクの評価のみにとどまらず，これに見合った低減措置の内容や，さらには低減措置を講じた後に残存するリスクまで記載する例もみられる。リスク評価結果を踏まえた上での低減措置の具体的検討や，残存するリスクの「見える化」に資する取組みとして，参考になる。
　　なお，ガイドライン上，残存リスクの評価については，「Ⅲ－ 1 　マネロン・テロ資金供与対策に係る方針・手続・計画等の策定・実施・検証・見直し（PDCA）」に記載されている（Ⅲ－ 1 【対応が求められる事項】③参照）。

リスク評価書におけるリスクの分析を深度ある形で実施している金融機関等

- 各顧客・取引に関する検証項目が具体的
- 当該検証項目をいつ，どのように確認するかについても明確
- 第1線の職員に勉強会や研修等で周知・徹底する仕組みが構築

	取組みに差が見られる地域金融機関の例	
	地域金融機関A	地域金融機関B
リスク評価書の記載	独自に検討され具体的	ひな形が主で抽象的
顧客・取引の検証点	「風貌等に対して本人確認資料等と齟齬はないか」「質問に対して非協力的ではないか」等，明確・具体的	「なりすましの疑いがないか」「不合理な点はないか」等，曖昧で判断が困難
不審取引への対応	顧客の属性に照らして多額の送金であれば，「送金原資」や「送金目的」「経済合理性」を裏づける資料を求める等，不審性の認められる事由に沿った資料確認等を実施	高額送金については一律本人確認書類の再徴求を行う等，形式的なルール設定に止まっており，不審性の認められる事由に沿った資料確認等が未実施
上席・本部等への報告基準	金額，取引態様，送金先の国・地域，顧客の属性等，多数の項目を参照しつつ，具体的な承認基準・報告基準等を整備	「不審な事由があった場合」や「緊急を要する場合」に報告することとされているに止まり，営業現場に浸透を図ることが困難な基準を設定
第1線の職員への周知・徹底	営業店内の勉強会を活用したり，金融機関内で発生した不審取引の事例を共有するなど，検証項目や報告基準，留意点等について，第1線の全ての職員に対して，周知・徹底	研修の対象が本部職員や営業店の役席等，一部の職員に限られており，第1線の職員への周知・徹底が不十分

〔金融庁「マネー・ローンダリング及びテロ資金供与対策の現状と課題」（2018年8月）16頁，17頁参照〕

「総じて，基礎となるリスク評価書におけるリスクの分析を深度ある形で実施している金融機関等ほど，各顧客・取引に関する検証項目が具体的であり，当該検証項目をいつ，どのように確認するかについても明確に定められ，第1線の職員に勉強会や研修等で周知・徹底する仕組みが構築されている傾向が認められる」としている[10] [11]。

---

10)「現状と課題」15〜17頁参照。

11) また，他国のFATF第4次相互審査結果においても，例えば2017年8月に公表されたデンマークについて，「金融機関によって実施されたリスク評価が包括的なものとなっておらず，すべての取引や商品・サービスをカバーしていないため，予防措置が不適切」とされており（http://www.fatf-gafi.org/media/fatf/documents/reports/mer4/MER-Denmark-2017.pdf，para25等参照），FATF審査においてもリスク評価の包括性が課題として指摘されている点には留意を要する。佐々木清隆「マネロン・テロ資金供与対策のあるべき方向性」金融財政事情2018年9月24日号13頁参照。

8．リスク評価の見直し

　上記のとおり，リスク評価の前提となる犯罪収益移転危険度調査書は毎年1回改訂の上で公表されるため，リスク評価についても，少なくとも毎年1回，犯罪収益移転危険度調査書の改訂の内容を踏まえる形で見直しを検討していくことは必須と考えられる[12]。

　ガイドラインは，このような定期的な見直しのほか，「マネロン・テロ資金供与対策に重大な影響を及ぼし得る新たな事象の発生等に際し，必要に応じ，リスク評価を見直すこと」も求めている（【対応が求められる事項】④）。

　上記のとおり，マネロン・テロ資金供与リスクは国際情勢や他の金融機関等の動向等に応じて時々刻々と変化するものであり，このような「ムービング・ターゲット」に対して有効なリスク低減措置を機動的かつ実効的に講じていくには，低減措置の前提となるリスク評価についても，国際情勢や他の金融機関等の動向の変化等に伴って柔軟に変更を検討していくことが肝要となる。具体的には，全社的なリスク評価結果に影響を及ぼし得る新商品・サービスの提供等のリスク要因の追加，新たなテロの発生や経済制裁の発動のほか，他の金融機関等において何らかのマネロン・テロ資金供与が疑われる事案が発生したような場合等に，当該事案で問題となったリスク要因に係るリスク評価の適切性につき改めて見直す契機とすることも考えられる[13]。こうした動向の変化等に係る情報は，自ら新聞報道等の媒体を通じて入手するほか，当局や業界団体・中央機関等，さらには他の金融機関等から入手することも考えられる。他の金融機関等との情報交換は，同種の規模・業容等を有する金融機関等のマネロン・テロ資金供与対策の動向を知るとともに，自らの課題解決に役立つこと

---

12) パブリックコメント55番参照。
13) なお，後述のリスク評価への経営陣の関与やリスク評価結果の経営陣の承認を強めれば強めるほど，リスク評価結果の見直しやこれに応じた対応策の実行の機動性との両立が困難となるといった弊害も考えられる。緊急に対応しなければならない国際情勢の変化等が生じ，リスク評価書の改訂及びこれに係る承認手続に時間を要するような事情がある場合には，実務を先行させて緊急の低減措置を講じておき，追って改めてリスク評価書を改訂するといった運用が例外的に許容される場合もあるものと考えられる。

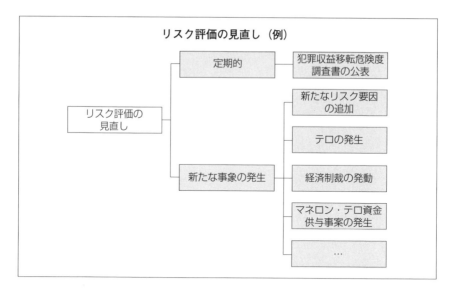

もあるものと思われる。

9．リスク評価への経営陣の関与・承認

　上記のとおり，マネロン・テロ資金供与リスクへの対峙は自らのビジネスにも直結する経営上の問題といえる。そこで，リスクベース・アプローチの土台となるリスク評価の過程に経営陣が関与し，その結果を経営陣が承認する等，マネロン・テロ資金供与対策につき経営上の問題として全社的に対応することが重要である（【対応が求められる事項】⑤参照）。

　ガイドラインは，(i)評価の過程への経営陣の関与と，(ii)評価結果の経営陣の承認を求めている。リスク評価書の承認を含むマネロン・テロ資金供与対策に関する規程の承認等を取締役会決議事項に昇格させる一方，実際の作成は依然として担当部門が行い，取締役会においても担当部門職員による説明を受けて形式的に承認するにとどまっているのみでは，(i)評価の過程への経営陣の関与があるといえるかは疑わしいところである。このような形式的な対応は，経営陣の関与を繰り返し強調しているガイドラインの趣旨にも合致しているとはいえないのではないかと思われる。

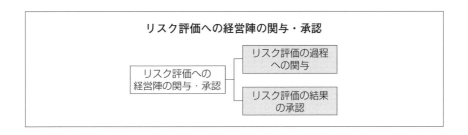

　後述のとおり，金融機関等においてはマネロン・テロ資金供与対策担当役員を選任し，マネロン・テロ資金供与対策について内外に説明できる態勢を構築することが求められている。例えば，マネロン・テロ資金供与対策担当役員がリスク評価に関する議論に参加する等して，自らが直面するマネロン・テロ資金供与リスクの所在及び高低を平時より正確に把握すること等によって理解を深めることが，リスク評価の過程への経営陣の関与につながるとともに，内外へ説明できる態勢構築の一助となることも考えられよう[14]。

10. 定量的な指標の活用

　リスクの特定のみならず，リスクの評価においても，リスクの把握の鍵となる主要な指標を特定し，当該指標の定量的な分析を行う方法は有用である（「リスクの特定」【対応が期待される事項】a参照）。リスクの有無を特定する段階以上に，その高低を評価する段階においては，定性的評価に加えて，これを数値によって定量的に示すことがより有用と考えられる[15]。
　具体的な指標の選定及びその活用方法は，金融機関等の事業環境・経営戦

---

[14] この点に関し，パブリックコメントも，「例えば，マネロン・テロ資金供与対策に係る責任を担う役員が主宰する会議体においてリスク評価を検討・実施することや，リスク評価の前提となる評価手法等について当該役員の承認を得た上でリスク評価を実施するなど，各金融機関等の規模や組織構造等も踏まえながら，様々な方法が考えられます」としている（パブリックコメント56番，57番）。
　なお，すべてのリスク要因の評価につき逐一取締役会等で議論したり，すべての評価結果につき代表取締役の関与を必要とするというのも現実的とはいえないだろうが，リスク評価に係る重要な論点や，全体の方針・方向性等につき取締役会等で議論することは考えられる。

略・リスク特性等に応じて異なるものと考えられるが，一つの方法として，ある特定のリスク要因を定量的に示す指標[16]を選別した上，これを一定の基準に基づいて分類し，計数の大小に応じてリスクの高低を評価する，といった方法が考えられる。

例えば，海外との取引を多く行っている顧客等を抱える金融機関等が，外為送金に係る国・地域別のリスクを特定・評価するため，「外為送金の取引件数・金額」を国・地域別に分類し，件数・金額の多い国・地域につきリスクが高いと評価するといった手法や，特定の拠点別・部門別のリスクの高低を明らかにするために，特定のリスク要因を定量的に示す指標を拠点別・部門別に集計・分析するといった方法が考えられる。

また，分析の方法としては，同一時点における複数の項目を水平的に比較（水平比較）する方法のほか，定量的なデータが一定期間蓄積されれば，同一の定量指標を経年比較（垂直比較）することを通じて，当該指標が指し示すリスクの増減を計測し，リスク評価の見直しに活用するといった方法も可能となる。このような定量指標の活用に当たっては，こうした指標に係るデータにつき，正確かつ分析可能な形で整理・保存しておくことも重要となる（この点については，第5章第7節「データ管理（データ・ガバナンス）」の項も参照）。

いずれにせよ，いかなる指標を選定・活用するかは金融機関等ごとの置かれている事業環境・経営戦略・リスク特性等に応じて異なり得るものであるため，これらに見合った適切な指標を選定することが重要となる。

11. 疑わしい取引の届出の活用

リスクの特定と同様，リスクの評価においても，疑わしい取引の届出を活用することが有用と考えられる（「リスクの特定」【対応が期待される事項】b参照）。

例えば，届出件数が多い金融機関等においては，「疑わしい取引の参考事

---

15) 上記のとおり，FATF勧告上，リスク評価結果の文書化の一環としてリスク評価の根拠の説明が求められているところ，こうした定量的な指標の活用は，リスク評価の根拠の説明として一つの有用な方法と考えられる。

16) このような指標につき，KRI（Key Risk Indicator）と呼ぶこともある。

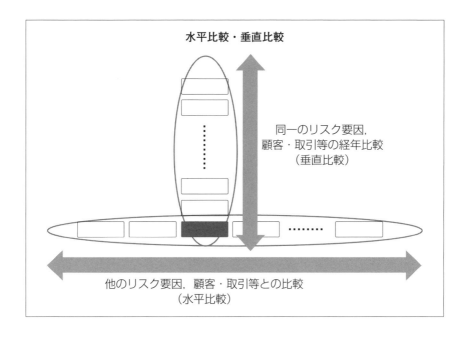

例」別の件数比較（水平比較）や同一類型の「疑わしい取引の参考事例」の件数の経年比較（垂直比較）をすること等を通じて，「疑わしい取引の参考事例」別のリスクの高低や，部門・拠点別の届出件数比較等を通じた部門・拠点ごとのリスクの高低等を，定量情報により客観性をもって明らかにすることが可能となると思われる。

その他，各金融機関等においては，「疑わしい取引の届出における入力要領」に基づいて届出を行う過程で，種々の情報が蓄積されている。このような情報の中から，各金融機関等が重要と思われる指標を抽出し，リスクの特定・評価に活用していくことも考えられる。

12. リスク評価の結果の「見える化」（リスク・マップ）

ガイドラインは，全社的リスク評価の結果を「見える化」する，いわゆる「リスク・マップ」の作成についても言及している。

すなわち，ガイドラインは，商品・サービス，取引形態，国・地域，顧客属

性等が多岐にわたる場合に，これらに係るリスクを細分化し，当該細分類ごとにリスク評価を行うとともに，これらを組み合わせて再評価を行うなどして，全社的リスク評価の結果を「見える化」し（リスク・マップ），これを機動的に見直すことを，【対応が期待される事項】として記載している（【対応が期待される事項】b）。

　リスク評価は，リスクベース・アプローチの土台となるものとして，低減措置等の具体的な対応を基礎付けるものであるから，リスク・マップを作成する際にも，このようなリスク評価の趣旨にかんがみ，全社的なマネロン・テロ資金供与リスクを俯瞰することができ，どこに重点的に低減措置を講ずべきかが一覧して分かるようなものを意識して作成することが考えられる。リスク・マップは，このような観点を各金融機関等が考慮に入れながら個別具体的に工夫して作成するものであり，様々な形態が考えられる[17]。

　また，このように「見える化」をしておくことは，経営陣等が自らのマネロン・テロ資金供与リスク管理態勢を内外に簡潔かつ平易に説明する際にも役立つものと思われる。

---

[17] 具体的には，海外拠点も含む拠点別のリスクを「ヒートマップ」のような形で一覧化するもの，全商品・サービスを一覧表形式で洗い出してリスク評価を付すもの，リスク要因の組合せを洗い出し，個々のリスク要因のレーティングを掛け合わせた結果を整理したもの等，様々なものが考えられるところである。唯一の正解があるというものでもなく，またリスク・マップの作成自体が目的化することのないよう，留意が必要である。

第5章 リスクの低減

1. リスク低減措置の意義

　リスクの低減とは，自らが直面するマネロン・テロ資金供与リスクを低減することをいう。

　いくら精緻にリスクの特定・評価を実施したとしても，その評価に基づいてリスクに見合った低減措置を適切に講じていなければ，マネロン・テロ資金供与リスクが高いまま放置される可能性が残り，実効的なマネロン・テロ資金供与リスク管理態勢を構築できているとはいえない。その意味で，ガイドラインも，リスク低減措置について，リスクベース・アプローチに基づくマネロン・テロ資金供与リスク管理態勢の実効性を「決定付けるもの」としている[1]。

(1) リスクの特定・評価結果を踏まえた個々の顧客・取引への低減措置の判断・実施

　ガイドラインは，自らが特定・評価したリスクを前提に，個々の顧客・取引の内容等を調査し，この結果を当該リスクの評価結果と照らして，講ずべき実効的な低減措置を判断・実施することを求めている（【対応が求められる事項】①）。

　ガイドライン上，リスクの特定・評価は，商品・サービス，取引形態，国・地域，顧客属性等の一定のリスク要因をベースとする特定・評価を前提としている。リスクの低減に当たっては，このようなリスク要因の特定・評価の結果を，個々の顧客・取引への低減措置の判断・実施に活用することを通じて，実

---

1) ガイドラインⅡ－2(3)(i)。

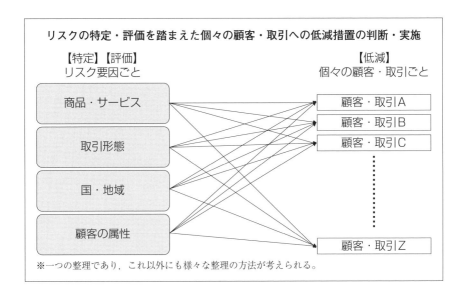

効的なマネロン・テロ資金供与リスク管理態勢を構築していくことが重要となる[2]。

ガイドラインにおいて、個々の顧客に対する低減措置はⅡ-2(3)(ⅱ)「顧客管理（カスタマー・デュー・ディリジェンス：CDD）」として記載する一方、個々の取引に対する低減措置の方法の1つとして、Ⅱ-2(3)(ⅲ)「取引モニタリング・取引フィルタリング」を挙げている。また、海外送金等については、その重要性にかんがみ、別項を設けてⅡ-2(4)「海外送金等を行う場合の留意点」としてまとめて論じている。

(2) リスクの大きさに応じた低減措置

ガイドラインは、「個々の顧客やその行う取引のリスクの大きさに応じて、

---

[2] ガイドラインにおいては、商品・サービス、取引形態、国・地域、顧客属性等のリスク要因をリスクの特定・評価の段階で、個々の顧客・取引等のリスクをリスクの低減の段階で、それぞれ考慮するとの前提で整理されている。もっとも、リスクの特定・評価・低減等の段階は、順を追って検討していく際の1つの便宜的な区分であることを前提としており（ガイドラインⅡ-2参照）、このような整理が唯一の方法というものではなく、これ以外の整理・区分が否定されるものではないと考えられる。

自らの方針・手続・計画等に従い，マネロン・テロ資金供与リスクが高い場合にはより厳格な低減措置を講ずること」を，対応が求められる事項として定めている（【対応が求められる事項】②）。

個別の法令等の遵守を中心とするルールベースの対応から，自らのリスク評価に基づくリスクベースの対応となった場合，金融機関等としては，法規制等において具体的に定められている事項のみならず，自らリスクが高いと判断した事項につき，リスクの内容等を踏まえた低減措置を法規制等によらずに講じていくことが重要となる[3]。

(3) 他事例や内外当局等からの情報等の参照

ガイドラインでは，低減措置を講ずるに当たって，業界団体等を通じて共有される事例や内外の当局等からの情報等を参照することにも言及している（【対応が求められる事項】③）。

直面するリスクは金融機関等ごとに異なるため，講ずべき低減措置も自らが直面するリスクに見合った金融機関等ごとのものとなるが，同種のリスク要因に直面する他の金融機関等の事例を参考としながら，自らの実情に応じて低減措置をアレンジしていくという方法も有用と考えられる。

2．顧客管理（カスタマー・デュー・ディリジェンス：CDD）

ガイドラインにおいて，顧客管理（カスタマー・デュー・ディリジェンス：CDD）とは，リスク低減措置のうち，特に個々の顧客に着目し，自らが特定・評価したリスクを前提として，個々の顧客の情報や当該顧客が行う取引の内容等を調査し，調査の結果をリスク評価の結果と照らして，講ずべき低減措置を判断する一連の流れ，とされている[4]。

---

3) 自らのリスク評価に基づいてリスクが低いと判断した事項についても，法規制等において求められる手続等を遵守すべきであるのはもとより当然であり，従前より講じていた法規制等に基づく対応を変更して，法規制等を下回る対応を講じてよいというわけではない。
4) ガイドラインⅡ－2(3)(i)(ii)。

実効的なリスク低減措置を講じていくためには，商品・サービス，取引形態，国・地域，顧客の属性といったリスク要因ごとのリスクの特定・評価結果を踏まえた上で，個々の顧客ごとにリスクに応じた措置を講じていくことが有効かつ適切と考えられる。その意味で，ガイドラインは，顧客管理をリスク低減措置の「中核的な項目」としている[5]。

FATF勧告においても，FATF勧告10として「顧客管理（Customer due diligence）」が設けられているほか，解釈ノートにおいても，詳細な説明がなされている。

我が国の法令上も，例えば犯収法令において，いわゆる外国PEPs（犯収法4条2項3号，同法施行令12条3項）[6]に対する厳格な取引時確認等，厳格な顧客管理を求めている規定がある一方，簡素な顧客管理を行うことが許容される取引についても規定されている（犯収法施行令7条1項，同法施行規則4条1項）。また，外為法令上，いわゆる経済制裁対象者に対する支払等につき許可を要する規定も設けられている（外為法16条1項等）。

金融機関等においては，こうした法令上定めのある顧客や，反社会的勢力等，監督指針等において高リスクとされている顧客等に対しては，フラグの設定やデータベースの活用等，一定の対応をしてきたものと思われる。ガイドラインでは，こうした法令等の規定に基づくもののみならず，リスクの特定・評価結果等に基づいて，マネロン・テロ資金供与リスクが高いと思われる顧客を抽出し，自らリスクに応じた顧客管理に係る措置を講じていくことが求められている。具体的な低減措置の内容や程度は様々なものが考えられるが，以下のガイドライン上の記載等を参考にしながら，金融機関等ごとの規模・特性等に見合った顧客管理を実践していく必要がある。

5）　ガイドラインII－2(3)(ii)。
6）　なお，PEPsに関しては，FATF勧告上も勧告12として規定されている。同勧告においては，外国PEPsと国内PEPsとを区別して記載しているところ，ガイドラインのパブリックコメントにおいては，「国内PEPs（Politically Exposed Persons）については，外国PEPsと対策の必要性の程度が異なるため，慎重な検討を行う必要があり，本ガイドラインに明示的には記載しておりません。」とされている（パブリックコメント64番〜66番）。

第5章 リスクの低減　61

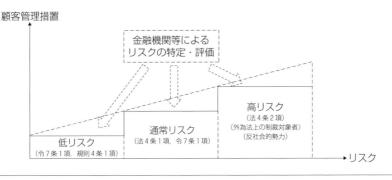

※「マネー・ローンダリング対策等に関する懇談会」第4回資料を参考に作成
（https://www.npa.go.jp/sosikihanzai/jafic/kondankai/shiryoh2504.pdf）

(1) 顧客受入方針の策定

　顧客受入方針の策定については、これまでも監督指針等において規定されていたが[7]、ガイドラインでは、顧客受入方針に含めるべき内容が明らかにされている。

　すなわち、顧客の受入れに関する方針は、自らが行ったリスクの特定・評価に基づくものであり、リスクが高いと思われる顧客・取引とそれへの対応を類型的・具体的に判断することができるものである必要がある（【対応が求められる事項】①）。

　また、顧客の受入れに関する方針の策定に当たっては、(i)顧客及びその実質的支配者[8]の職業・事業内容、経歴、資産・収入の状況や資金源、居住国等、

---

7) 主要行等向けの総合的な監督指針Ⅲ－3－1－3－1－2(1)③、中小・地域金融機関向けの総合的な監督指針Ⅱ－3－1－3－1－2(1)①等。なお、国際的にも、例えばBCBSガイドライン32-44等に詳細な説明がある。
8) ここでいう「実質的支配者」は、犯収法4条1項4号、同法施行規則11条に規定する実質的支配者と同様である（パブリックコメント71番参照）。

(ⅱ)顧客が利用する商品・サービス，(ⅲ)顧客が利用する取引形態等，顧客に関する様々な情報を勘案することが求められる（【対応が求められる事項】②）。

　上記考慮要素は，顧客受入方針を策定する上での例示であり，いかなる要素を顧客受入方針に含めるか，また考慮要素に含めるとして具体的にいかなる顧客にこれらの要素を適用して顧客管理を行うか等は，金融機関等ごとの事業環境や経営戦略等も踏まえながら，業容等に応じて個別具体的に検討していくこととなると考えられる[9]。

　また，ガイドラインが求めているのは，顧客の受入れに関する方針を定めることであり，「顧客受入方針」等と題する独立した書面を新たに作成することを求めるものではない。監督指針等に基づいて既に作成しているものがあれば，リスクの特定・評価の結果が反映されているか，ガイドラインで定める考慮要素が勘案されているか等の観点から見直していくというのも一つの方法であろうし，顧客管理に係る一連の手続等を定めた規程の中で，顧客の受入れに関する方針を記載していくといった方法も考えられる。【対応が求められる事項】①②の趣旨に合致している限り，金融機関等ごとの実情に応じ，ふさわしいと思われる方式によればよいものと考えられる[10]。

⑵　リスクベースでの顧客及び取引目的等の調査

　ガイドラインは，顧客及びその実質的支配者の本人特定事項を含む本人確認事項，取引目的等の調査に当たっては，信頼に足る証跡を求めて行うことを求めている（【対応が求められる事項】③）。

9）　パブリックコメントも，【対応が求められる事項】②に掲げた各項目はいずれも例示であり，あらゆる顧客や実質的支配者に対して一律に各項目を確認・勘案等することを求める趣旨ではないとした上，「いずれにせよ，顧客及び実質的支配者について，何を，いかなる方法で確認・勘案等すべきかについては，単一の法令・ガイドライン等で求められる最低水準を画一的に全ての顧客に当てはめるのではなく，リスクが高い場合についてはより深く，証跡を求めて確認を行うなど，リスクに応じた対応を図るべきと考えます。」としている（パブリックコメント72番〜76番）。

10）　パブリックコメントにおいても，「「顧客の受入れに関する方針」と題する文書等の作成を機械的に求めるものではなく，顧客受入れを的確に方針として定めることを求める趣旨であるとのご理解で差し支えありません。」としている（パブリックコメント69番，70番）。

第5章　リスクの低減　**63**

　犯収法令上，顧客の本人特定事項や取引目的等の調査内容及び調査方法等については，一定の規定が設けられている（犯収法4条，同法施行規則6条〜14条）。ガイドラインの策定によっても，こうした規定を遵守する必要があることに変わりはないが，ガイドラインの策定に伴い，こうした規定で明示的に定められていない部分についても，顧客のリスクを勘案して調査内容や調査方法を判断していくこととなる。

　例えば，ガイドラインでは，犯収法令上の本人特定事項[11]を含む本人確認事項を調査の対象としている。本人確認事項として，いかなる顧客に対していかなる内容を調査の対象とするかは，各金融機関等の顧客受入方針等も踏まえながら，リスクベースで検討していくことになる[12]。

　「信頼に足る証跡」についても同様であり，犯収法令で定める方法や書類の他にいかなる証跡[13]をいかなる場合に求めるかについては，各金融機関等が直面するリスクに応じて判断していくこととなる。例えば，法人の実質的支配者に対する調査について，犯収法令上は，通常の取引時確認においては実質的支配者の本人特定事項のみの確認が求められており，かつその方法も代表者等から申告を受けることで足りるとされている（犯収法4条1項4号，同法施行規則11条1項）。この点に関し，ガイドライン記載のあらゆる項目につき一律に公的書面の提出等を求めるといった画一的対応は現実的ではないが，犯収法令上の申告のみで足りるのか，申告の真正性に留意すべき事情はないか等につき，リスクの特定・評価の結果を受けて作成された顧客受入方針等も踏まえながら，リスクベースで判断し，対応していくこととなる[14]。

---

11) 自然人にあっては氏名，住居及び生年月日をいい，法人にあっては名称及び本店又は主たる事務所の所在地（犯収法4条1項1号）。

12) パブリックコメントにおいても，「本ガイドラインにおける「本人確認事項」については，犯収法上の「本人特定事項」のほか，例えば，顧客及びその実質的支配者の職業・事業内容，経歴，資産・収入の状況や資金源，居住国等が含まれ得るより広い概念ですが，あらゆる顧客や実質的支配者に対して，一律に各項目を確認・勘案等することを求める趣旨ではありません。」としている（パブリックコメント78番）。

13) パブリックコメント上，「信頼に足る証跡」の具体例として，「……本人確認書類のほか，例えば，経歴や資産・収入等を証明するための書類が考えられますが，調査する事項に応じ，その他の書類等についても，排除されるものではありません。」とされている（パブリックコメント85番，86番）。

(3) 国内外の制裁に係る法規制等の遵守

ガイドラインでは，顧客及びその実質的支配者の氏名と関係当局による制裁リスト等との照合についても，リスク低減措置のうちの顧客管理の一つとして位置付けている（【対応が求められる事項】④）。

外為法の適用がある金融機関等については，財務省の経済制裁措置及び対象者[15]との照合が必要となるし，米ドル送金を行う金融機関等については，域外適用を含む米国の規制違反を回避するため，OFAC（Office of Foreign Asset Control）のSDNリスト（Specially Designated Nationals and Blocked Persons List）[16]等との照合が必要となるが，これらはいずれも法規制等の遵守のために行うものであり，これらの法規制等の適用のある金融機関等においては，ガイドライン策定・公表前より，データベースとの照合等，何らかの対応を既にしてきたものと思われる。

ガイドラインは，こうした国内及び海外の法規制等の形式的遵守のみを目的

---

14) パブリックコメントにおいても，「顧客及びその実質的支配者の本人確認事項等の調査において，「信頼に足る証跡」を求める旨の記載は，顧客の申告の真正性等にも留意しながら必要な証跡を求める趣旨であって，あらゆる確認事項に対して，一律に書面での証跡を求めるものではありません。いずれにせよ，顧客及び実質的支配者について，何を，いかなる方法で確認・勘案等すべきかについては，単一の法令・ガイドライン等で求められる最低水準を画一的に全ての顧客に当てはめるのではなく，リスクが高い場合についてはより深く，証跡を求めて確認を行うなど，リスクに応じた対応を図るべきと考えます。」とされている（パブリックコメント79番〜84番，また108番も参照）。
   この点に関し，一般社団法人全国銀行協会HP「銀行をご利用のお客さまへのお知らせ」（https://www.zenginkyo.or.jp/special/aml201806/）では，犯収法で求められる確認と対比する形で，「追加で求められる確認」として，「実質的支配者に該当する個人の方の氏名・住所・生年月日等を書面等により確認させていただく場合があります。さらに，実質的支配者に該当する個人の方の職業，居住国等を確認させていただく場合があります。」とされている。
   なお，法人及び法的取極の顧客管理については，FATF勧告10の解釈ノート5にも詳細な記載がある。また，第10章に記載のとおり，法人の定款認証時に実質的支配者となるべき者について申告を受ける等の措置を内容とする公証人法施行規則の改正が予定されている。
15) 財務省，経済制裁措置及び対象者リスト，https://www.mof.go.jp/international_policy/gaitame_kawase/gaitame/economic_sanctions/list.html。
16) U.S. Department of the Treasury, Specially Designated Nationals And Blocked Persons List（SDN）Human Readable Lists, https://www.treasury.gov/resource-center/sanctions/SDN-List/Pages/default.aspx。

とするものではなく，これら法規制等に基づいて公表されるリスト等も踏まえ
ながら，実効的なマネロン・テロ資金供与対策を講ずることを目的としている。
そうすると，これら法規制等の形式的な適用の有無にかかわらず，こうしたリ
スト記載の者との取引可能性や，実際にこれらの者のマネロン・テロ資金供与
に利用される可能性等も考慮しながら，金融機関等ごとに「必要な措置」の要
否及びその内容を検討していくことが重要となる[17]。

なお，FATFも，勧告19において，金融機関が，FATFの定めるところにし
たがって，特定の国の自然人・法人及び金融機関との取引において厳格な顧客
管理を行うことを求められなければならない旨定めている。

(4) 高リスク顧客を検知する枠組みの構築

ガイドラインでは，リスクが高い顧客を的確に検知する枠組みの構築を求め
ており，その方法として，「信頼性の高いデータベースやシステムを導入する
など，金融機関等の規模や特性等に応じた合理的な方法」によることを求めて
いる（【対応が求められる事項】⑤）。

国内外の関係当局による制裁対象者や，外国PEPs[18]等，既に実務上はデー
タベースやシステムが活用されており，こうした方法は高リスク顧客を的確に
検知するものとして有用と考えられる。このようなデータベースやシステムの
活用に当たっては，リスト自体が正確なものであるか，対象者を適切に抽出で

---

17) なお，FATF勧告では，テロリズム及びテロ資金供与に関する対象を特定した金融制
　裁としてFATF勧告6が，大量破壊兵器の拡散に関する対象を特定した金融制裁として
　FATF勧告7が，それぞれ規定されており，これらに対する詳細な解釈ノートも設けら
　れている。
18) なお，外国PEPsであるか否かの確認手続については，犯収法令上特に規定が設けら
　れているわけではない一方，2014年の犯収法改正に関するパブリックコメントでは，
　「顧客等が外国PEPsであることの確認は，商業用データベースを活用して確認する方法
　のほか，インターネット等の公刊情報を活用して確認する方法，顧客等に申告を求める
　方法等が考えられ，特定事業者がその事業規模や顧客層を踏まえて，各事業者において
　合理的と考えられる方法により行われることとなり，確認ができた範囲内において厳格
　な顧客管理を行うこととなります。」とされている（2015年パブリックコメント22番）。
　リスクベース・アプローチの観点からは，上記2015年パブリックコメントの記載を前提
　としつつ，外国PEPsである旨申告があった場合に対応するのみで十分であるか否か等
　につき，外国PEPsとの取引可能性及びそのリスク等を勘案の上で，講ずべき低減措置
　を検討する必要がある。

きているか[19]，最新の状態にアップデートされているか[20]等を検証の上，信頼性を担保することが重要である。

また，いわゆる「顧客リスク格付」のシステムを導入してリスクの高い顧客を検知している金融機関等もみられるが，「顧客リスク格付」については後述する。

⑸　厳格な顧客管理（EDD）

ガイドラインでは，マネロン・テロ資金供与リスクが高いと判断した顧客について，より厳格な顧客管理を実施することを求め，いくつかの具体的な方法を記載している（【対応が求められる事項】⑥）[21]。このような厳格な顧客管理は，EDD（Enhanced Due Diligence）ともいわれる。

外国PEPs等，犯収法令上も厳格な取引時確認等が必要な顧客が定められているが，ガイドラインでいう「マネロン・テロ資金供与リスクが高いと判断した顧客」とは，こうした犯収法令で定められている顧客のみを指すものではなく，リスクの特定・評価に基づいて金融機関等が自ら直面するリスクに応じて判断した顧客を指している。こうした顧客に対して講ずる低減措置もリスクに応じたものになるため，犯収法令で定める方法に限定されない。

なお，FATF勧告10の解釈ノート15及び20では，潜在的に高リスクな状況の例や厳格な顧客管理措置の例についての説明がある[22]。

---

19) 例として，複数の記載方法があり得る外国人の氏名につき，あいまい検索機能等を用いて適切に抽出できているかといった点が問題となる。

20) 本文に例として挙げた制裁対象者や外国PEPsは常にその対象者が変動するため，アップデートの頻度は重要である。

21) ガイドラインでは「以下を含むより厳格な顧客管理（EDD）を実施すること」としている。そのため，【対応が求められる事項】⑥イ〜ニに限らず，金融機関等が直面するリスクに応じてこれら以外の低減措置を講ずることが考えられる。

22) 本文中のFATF勧告10の解釈ノート15及び解釈ノート20は，財務省，FATF勧告の解釈ノート（仮訳），https://www.mof.go.jp/international_policy/convention/fatf/fatf-40_240216_2.pdf参照。仮訳はあくまで参考にすぎない点に留意されたい。

第5章 リスクの低減　**67**

潜在的に高リスクな状況の例（FATF勧告10　解釈ノート15）

Customer risk factors

顧客のリスク要因

- The business relationship is conducted in unusual circumstances (e.g. significant unexplained geographic distance between the financial institution and the customer).
- Non-resident customers.
- Legal persons or arrangements that are personal asset-holding vehicles.
- Companies that have nominee shareholders or shares in bearer form.
- Business that are cash-intensive.
- The ownership structure of the company appears unusual or excessively complex given the nature of the company's business.

- 業務関係が異常な状況下で行われる（例：金融機関と顧客の間の地理的な距離が説明できないほど著しく離れている）
- 顧客が非居住者である
- 法人又は法的取極の形をとる個人的な資産保有形態である
- 名義株主又は無記名株式を有する会社である
- 取引が現金中心である
- 会社の性質を考慮するに，当該会社の支配構造が異常又は過度に複雑である

Country or geographic risk factors

国又は地理的なリスク要因

- Countries identified by credible sources, such as mutual evaluation or detailed assessment reports or published follow-up reports, as not having adequate AML/CFT systems.
- Countries subject to sanctions, embargos or similar measures issued by, for example, the United Nations.
- Countries identified by credible sources as having significant levels of corruption or other criminal activity.
- Countries or geographic areas identified by credible sources as providing funding or support for terrorist activities, or that have designated terrorist organisations operating within their country.

- 相互審査又は詳細な評価報告書又は公表されたフォローアップ報告書などの信頼のできる情報源により，適切な資金洗浄・テロ資金供与対策が取られていないとされた国
- 例えば国連などで制裁，禁輸措置又は類似の措置の対象となっている国

- 信頼のおける情報によって著しいレベルの汚職又は他の犯罪行為が行われていると特定された国
- 信頼のおける情報によってテロ活動に資金提供又は支援を行っていると特定され，もしくはその国の中で活動するテロ団体が指定された国又は地域

Product, service, transaction or delivery channel risk factors

商品，サービス，取引又はデリバリー・チャネルに関するリスク要因

- Private banking.
- Anonymous transactions (which may include cash).
- Non-face-to-face business relationships or transactions.
- Payment received from unknown or un-associated third parties.

- プライベートバンキング
- 匿名による取引（現金取引を含む）
- 非対面の業務関係又は取引
- 素性の知れない又は業界や団体等に属さない第三者からの支払の受領

厳格な顧客管理措置の例（FATF勧告10　解釈ノート20）

- Obtaining additional information on the customer (e.g. occupation, volume of assets, information available through public databases, internet, etc.), and updating more regularly the identification data of customer and beneficial owner.
- Obtaining additional information on the intended nature of the business relationship.
- Obtaining information on the source of funds or source of wealth of the customer.
- Obtaining information on the reasons for intended or performed transactions.
- Obtaining the approval of senior management to commence or continue the business relationship.
- Conducting enhanced monitoring of the business relationship, by increasing the number and timing of controls applied, and selecting patterns of transactions that need further examination.
- Requiring the first payment to be carried out through an account in the customer's name with a bank subject to similar CDD standards.

- 顧客に関する追加情報（例：職業，資産規模，公のデータベースやインターネットから入手可能な情報など）の入手並びに顧客及び受益者の身元情報のより頻繁な更新

> - 業務関係の所与の性質に関する追加情報の入手
> - 顧客の財源又は資金源に関する情報の入手
> - 予定されている又はすでに実行された取引の目的に関する情報の入手
> - 業務関係の開始又は継続に当たっての上級管理者の承諾の取得
> - 管理の回数やタイミングを増やすことによる取引関係のより厳格なモニタリング，及びより精査が必要な取引パターンの選別
> - 初回の支払を同様の顧客管理水準を有する銀行にある顧客の口座から行うことを求めること

　第1に，ガイドラインでは，リスクが高いと判断した顧客について，資産・収入の状況，取引の目的，職業・地位，資金源等について，リスクに応じた追加的な情報を入手することを求めている[23]（【対応が求められる事項】⑥イ）。具体的にどのような場合に，いかなる情報を入手するかについては，顧客等のリスクの内容・程度等に応じ，金融機関等の業容等も踏まえて個別具体的に判断されることとなる[24]。

　第2に，ガイドラインは，リスクが高いと判断した顧客との取引の実施等につき，上級管理職の承認を得ることを求めている（【対応が求められる事項】⑥ロ）。

---

[23] 上記のとおり，FATF勧告10の解釈ノート20においても，厳格な顧客管理措置の例として，「顧客に関する追加情報（例：職業，資産規模，公のデータベースやインターネットから入手可能な情報など）の入手並びに顧客及び受益者の身元情報のより頻繁な更新」「業務関係の所与の性質に関する追加情報の入手」「顧客の財源又は資金源に関する情報の入手」「予定されている又はすでに実行された取引の目的に関する情報の入手」が挙げられている。

[24] 実務上，犯収法令や監督指針等で明示されていない情報を顧客のリスクに応じて追加で提出を求めることに関しては，円滑かつ迅速に取引を行うことを望む顧客等の理解をいかにして得るか，という問題がある。この点に関し，パブリックコメントでは「……広く利用者の理解を得ることが欠かせないものと考えており，当庁としても，利用者に対する情報発信や広報等に関して，更に検討して参ります。」とされている（パブリックコメント94番）。こうしたことを受けて，金融庁は，2018年4月，「金融機関窓口などでの取引時の情報提供にご協力ください」と題するHPを公表するなど（https://www.fsa.go.jp/news/30/20180427/20180427.html），利用者理解を得るための取組みを進めている。また，業界団体も同様の取組みを行っている（例えば一般社団法人全国銀行協会HP「銀行をご利用のお客さまへのお知らせ」，前掲注14）。

上級管理職の意義につき，パブリックコメントでは，犯収法令上のいわゆる「統括管理者（取引時確認等の措置の的確な実施のために必要な監査その他の業務を統括管理する者，犯収法11条3号）」と同義ではないとしつつ，「例えば，マネロン・テロ資金供与対策に従事する部門の長等が含まれ得ると考えていますが，各金融機関等の規模や組織構造等に応じて，個別具体的に判断して頂く必要があります。」としている[25]。実際にいかなる者の承認を要することとするかは，自らが直面するマネロン・テロ資金供与リスクを的確に理解した上での判断が可能であるかといった観点のほか，取引実務の円滑な遂行といった観点も考慮の上，決定することになると考えられる。

第3に，リスクに応じて，当該顧客が行う取引に係る敷居値の厳格化等の取引モニタリングの強化や，定期的な顧客情報の調査頻度の増加等を図ることにも言及している（【対応が求められる事項】⑥ハ）。

取引モニタリングについては，法令上の規定や金融庁が発出する「疑わしい取引の参考事例」等に基づくシナリオを用意し，これに一定の敷居値を設定してシステム検知する等の対応を採っている実務もあるものと思われる。ガイドラインの趣旨に則った顧客管理の高度化のためには，マネロン・テロ資金供与リスクが高いと判断した顧客等については，適用するシナリオ及びその敷居値を通常の顧客等と異にするといった方法も考えられる。なお，定期的な顧客情報の調査に関しては，以下「継続的顧客管理」にてまとめて記載する。

第4に，ガイドラインは，リスクが高いと判断した顧客と属性等が類似する他の顧客につき，リスク評価の厳格化等が必要でないか検討することを求めている（【対応が求められる事項】⑥ニ）。

ある顧客に対してリスクが高いと判断した場合，当該判断の根拠となった特定のリスク要因のリスクが高いためにそのような判断に至った可能性が考えられる。このような場合，当該リスク要因を有する他の顧客に対しても，通常の顧客管理で足りるか，厳格な顧客管理（EDD）の対象としなくてよいか等を検討することが考えられる。

---

25) パブリックコメント95番～98番。なお，上記のとおり，FATF勧告10の解釈ノート20においても，厳格な顧客管理措置の例として，「業務関係の開始又は継続に当たっての上級管理者の承諾の取得」が挙げられている。

検討後，当該属性を有する顧客に対する顧客管理の手法の見直しを行うほか，必要に応じてリスク評価結果やリスク評価の手法の見直し等の改善を行うことも考えられる。このように，個別の顧客に対するリスク低減措置の検討の結果を，リスク要因の評価やリスクベース・アプローチに係る手続全体の見直し・改善等に役立てていくことは，後に述べるマネロン・テロ資金供与対策に係る方針・手続・計画等の策定・実施・検証・見直し（PDCA）の実効性向上にも役立つと考えられる。

(6) 簡素な顧客管理（SDD）

リスクベース・アプローチに基づくマネロン・テロ資金供与対策においては，一律にその対策を強化することのみが必要となるわけではない。限られた経営資源の適正配分という観点からも，リスクが高いと判断した顧客に対しては厳格な顧客管理を行う一方，リスクが低いと判断した顧客に対しては簡素な顧客管理（SDD：Simplified Due Diligence）を行うことも許容される（【対応が求められる事項】⑦）。

我が国の犯収法令上，一定の取引については簡素な顧客管理を行うことが許容される取引とされ，取引時確認を必要とする取引からは除外されているが（犯収法施行令7条1項，同法施行規則4条1項），それ以外の取引については犯収法令上の取引時確認が必要となる。適用される国内外の法規制等を遵守するための顧客管理を行うことはもとより当然であり[26]，ガイドラインの適用によっても犯収法令上取引時確認が必要な取引につきその要件を緩和すること等が許容されるものではないが，例えば，厳格な顧客管理の観点から行っている取引モニタリングや定期的な顧客情報の調査頻度を緩和する等，個々の法規制等の形式的遵守を超えてリスクベースで対応している部分につき，その程度を緩和するといった対応はあり得るものと考えられる[27]。

---

26) パブリックコメントでも，同旨の回答がなされている（パブリックコメント99番）。

27) パブリックコメントでは，「例えば，マネロン・テロ資金供与リスクが低いと判断した顧客について，取引モニタリングにおいて検知等のために設定している敷居値を，より厳格でない値に設定すること等が考えられます」とされている（パブリックコメント102番）。

なお，FATF勧告10の解釈ノート17及び21では，潜在的に低リスクな状況の例や簡素化された顧客管理措置の例についての説明がある[28]。

潜在的に低リスクな状況の例（FATF勧告10　解釈ノート17）
Customer risk factors
顧客のリスク要因
• Financial institutions and DNFBPs – where they are subject to requirements to combat money laundering and terrorist financing consistent with the FATF Recommendations, have effectively implemented those requirements, and are effectively supervised or monitored in accordance with the Recommendations to ensure compliance with those requirements. • Public companies listed on a stock exchange and subject to disclosure requirements (either by stock exchange rules or through law or enforceable means), which impose requirements to ensure adequate transparency of beneficial ownership. • Public administrations or enterprises.
• 金融機関及びDNFBP－FATF 勧告と整合的な資金洗浄・テロ資金供与対策の義務が課され，これらの義務を効果的に実施し，その遵守を確保するために効果的な監督又は監視下にあること。 • 株式市場に上場し，（株式市場のルール，若しくは法令又はその他の法的強制力のある手段のいずれかにより）開示義務が課されている公開会社で，受益者に関する適切な透明性確保が義務付けられている場合。 • 行政組織又は公の団体。
Product, service, transaction or delivery channel risk factors
商品，サービス，取引又はデリバリー・チャネルに関するリスク要因
• Life insurance policies where the premium is low (e.g. an annual premium of less than USD/EUR 1,000 or a single premium of less than USD/EUR 2,500). • Insurance policies for pension schemes if there is no early surrender option and the policy cannot be used as collateral.

---

28) 本文中のFATF勧告10の解釈ノート17及び解釈ノート21は，財務省，FATF勧告の解釈ノート（仮訳），前掲注22）参照。仮訳はあくまで参考にすぎない点に留意されたい。

第5章　リスクの低減　**73**

- A pension, superannuation or similar scheme that provides retirement benefits to employees, where contributions are made by way of deduction from wages, and the scheme rules do not permit the assignment of a member's interest under the scheme.
- Financial products or services that provide appropriately defined and limited services to certain types of customers, so as to increase access for financial inclusion purposes.

- 保険料の低い生命保険契約（例：年間の保険料が1,000ドル・ユーロ以下又は一時払い保険料が2,500ドル・ユーロ以下）。
- 解約条項がなく，保険証書が担保として利用できない年金保険契約。
- 年金，退職手当，その他従業員に退職給付を付与する類似の仕組みで，給与から控除で掛け金が支払われ，当該仕組みにおいて，加入者の持分譲渡が禁じられているもの。
- 金融包摂の目的から，適切に定義づけられ，特定の種類の顧客にのみサービスを提供する金融商品又は金融サービス。

Country risk factors

国のリスク要因

- Countries identified by credible sources, such as mutual evaluation or detailed assessment reports, as having effective AML/CFT systems.
- Countries identified by credible sources as having a low level of corruption or other criminal activity.

- 相互審査又は詳細な評価報告書などの信頼のできる情報源により効果的な資金洗浄・テロ資金供与対策が取られていると特定された国。
- 信頼のおける情報によって汚職又は他の犯罪行為の水準が低いと特定された国。

簡素化された顧客管理措置の例（FATF勧告10　解釈ノート21）

- Verifying the identity of the customer and the beneficial owner after the establishment of the business relationship (e.g. if account transactions rise above a defined monetary threshold).
- Reducing the frequency of customer identification updates.
- Reducing the degree of on-going monitoring and scrutinising transactions, based on a reasonable monetary threshold.
- Not collecting specific information or carrying out specific measures to understand the purpose and intended nature of the business relationship, but inferring the purpose and nature from the type of transactions or business relationship established.

- 業務関係を確立した後に顧客及び受益者の身元を確認すること（例：口座取引が定義された敷居値を超えた場合）
- 顧客の身元確認情報の更新頻度を減らすこと
- 合理的な金額基準に基づき，継続的な取引関係のモニタリングや取引の精査のレベルを引き下げること
- 業務関係の目的や所与の性質を理解するための特定情報の収集や特定の措置の実施を行わず，取引の種類やすでに確立している業務関係から取引の目的や性質を推測すること

(7) 継続的顧客管理

　顧客管理（CDD）は，顧客受入方針に基づく顧客の受入時等のいわゆる「入口管理」（onboarding CDD）のみならず，既に受け入れた顧客につき，リスクに応じて継続的に管理を行う，いわゆる「中間管理」（ongoing CDD）も重要となる。これまでの犯収法令等に基づく取引時確認等の実務は，取引ごとに法令等に基づいて画一の対応を採ることが多かったように思われるが，今後は，ガイドラインに基づく対応として，既存の顧客に対し，そのリスクに応じて継続的に調査等を行い，調査結果を踏まえて適切な低減措置を講じていくことが重要となる。

　なお，FATF勧告10の解釈ノート13及び23では，既存顧客の管理及び継続的な顧客管理についての説明がある[29]。

既存顧客（FATF勧告10　解釈ノート13）

Financial institutions should be required to apply CDD measures to existing customers on the basis of materiality and risk, and to conduct due diligence on such existing relationships at appropriate times, taking into account whether and when CDD measures have previously been undertaken and the adequacy of data obtained.

---

29) 本文中のFATF勧告10の解釈ノート13及び解釈ノート23は，財務省，FATF勧告の解釈ノート（仮訳），前掲注22）参照。仮訳はあくまで参考にすぎない点に留意されたい。

第5章　リスクの低減　75

> 金融機関は，以前に当該顧客の顧客管理を行ったのか，それがいつであったか，またその際に入手した記録の適切性を考慮しつつ，実在性及びリスクをベースにして，既存顧客への顧客管理措置を行い，また適切なタイミングで既存の顧客関係の管理を行うよう求められなければならない。

継続的な顧客管理（FATF勧告10　解釈ノート23）

> Financial institutions should be required to ensure that documents, data or information collected under the CDD process is kept up-to-date and relevant by undertaking reviews of existing records, particularly for higher-risk categories of customers.

> 金融機関は，特に顧客が高いリスクのカテゴリーに属する場合には，顧客管理の過程で収集された文書，データ又は情報を常に更新すべきであり，既存の記録の見直しによってそれらを関連づけることが求められるべきである。

　ガイドラインでは，取引類型や顧客類型等に着目し，これらに係る自らのリスク評価や取引モニタリングの結果も踏まえながら，調査の対象及び頻度を含む継続的な顧客管理の方針を決定し，実施することを求めている（【対応が求められる事項】⑧イ）。調査の内容や頻度等は，金融機関等が直面するリスクによっても異なり得るが，ガイドラインは，これらを検討する際の検討材料として，(i)取引類型・顧客類型，(ii)取引類型，顧客類型に係る自らのリスク評価，(iii)取引モニタリングの結果を挙げている[30]。

　既存の顧客に対してそのリスクに応じた低減措置を的確に講じていくには，その前提としての顧客ごとのリスクの判断が適切である必要があり，適切性の担保には，顧客に対する調査の範囲・手法等が，当該顧客の取引実態や取引モニタリングの結果等に照らして適切か，継続的に検討することが必要である（【対応が求められる事項】⑧ロ）。このような検討は，個々の顧客に対して講ずる継続的顧客管理の手法の変更のみならず，継続的顧客管理の枠組みやリスク評価結果そのものの妥当性・適切性の見直し等にもつながり得るものであり，マネロン・テロ資金供与対策に係るPDCAサイクルを有効に回していく上でも

---

[30] パブリックコメントでは，調査の内容につき，具体例として，本人特定事項，取引目的・職業・事業内容等のほか，顧客及びその実質的支配者の資産・収入の状況，資金源等が含まれ得るとしている（パブリックコメント103番）。

有用と考えられる。

　このように，調査結果等を継続的顧客管理の手法の変更や，マネロン・テロ資金供与対策全般のPDCAサイクル等に活用していくには，調査の過程での照会や調査結果を適切に管理し，関係する役職員と共有することも重要となる（【対応が求められる事項】⑧ハ）。

　顧客のリスクに応じた継続的な顧客管理の具体的な手法としては，既存顧客に対し，そのリスクごとに講ずべき低減措置を異にすることを前提に，取引時やそれ以外の適切なタイミングにて顧客情報の確認等を行うことが考えられる。この点に関し，ガイドラインは，各顧客のリスクが高まったと想定される具体的な事象が発生した場合のほか，定期的に顧客情報の確認を実施し，かつ確認の頻度を顧客のリスクに応じて異にすることを求めている（【対応が求められる事項】⑧ニ）。

　具体的に確認すべき顧客情報については，本人特定事項，取引目的・職業・事業内容等のほか，顧客及びその実質的支配者の資産・収入の状況，資金源等，当該顧客に対するリスク評価の際に金融機関等が考慮した事情が含まれるが，確認すべき情報の種類や，これを確認するためのエビデンス（「信頼に足る証跡」）についても，顧客のリスクに応じて異なるものとなるのが，リスクベース・アプローチの趣旨にも沿うと考えられる[31]。

　また，確認の頻度についても，顧客のリスクに応じて異にすることとなる。例えば，通常の顧客に比べて高リスクと判断した顧客につき定期的な顧客情報確認のサイクルを短くするといった方法や，各顧客のリスクが高まったと想定される具体的な事象が発生した場合[32]には定期的なサイクルにかかわらず当該事象発生時に改めて顧客情報の確認を行うといった方法が考えられる[33]。

31）パブリックコメントでは，1つの例として，「例えば，高リスク顧客については，通常の顧客における確認項目に加えて，定期的に，例えば1年ごとに，資産・収入の状況，資金源，商流等を確認する，リスクが高まったと想定される場合については，個別に確認を実施すること等が考えられます。」とされている（パブリックコメント104番〜106番）。
　　また，【先進的な取組み事例】において，定期的な顧客情報の確認の手法の1つとして，定期的な質問状の発送や，往訪・面談等の取組みも紹介されている（パブリックコメント107番も参照）。

第5章　リスクの低減　77

(8)　リスク遮断の検討

　必要とされる情報の提供を利用者から受けられないなど，自らが定める適切な顧客管理を実施できないと判断した顧客・取引等については，取引の謝絶等を含め，リスク遮断を検討することが求められる（【対応が求められる事項】⑨）。

　この点，犯収法上は，顧客等が同法4条の取引時確認に応じない場合，これに応ずるまでの間，当該取引に係る義務の履行を拒むことができるとされている（犯収法5条）。ガイドラインは，犯収法5条の場合のみならず，広く「自らが定める適切な顧客管理を実施できないと判断した」場合において，取引の謝絶等を含むリスク遮断の検討を求めている[34]。

　取引の謝絶等のリスク遮断措置は，顧客管理の「出口管理」の問題であり，顧客等との取引を拒むという意味において，顧客管理の中でも，一種の最終かつ究極的手段といえる。この点に関し，ガイドラインでは，「マネロン・テロ資金供与対策の名目で合理的な理由なく謝絶を行わないこと」としている（【対応が求められる事項】⑨）[35]。各金融機関等が直面する顧客・取引ごとのマネロ

32）具体的には，特定の顧客属性が新たに犯罪収益移転危険度調査書に加わったといった場合のほか，特定の顧客属性に関係のあるリスク要因に関して新たに経済制裁の対象とされたり，個別のマネロン・テロ資金供与事案が発生したりした場合が考えられる。実際にいかなる場合に継続的顧客管理に係る調査等を実施するかは，各金融機関等が置かれているリスクの状況によっても異なり得る。

33）金融機関等が，ガイドラインに基づいて定期的な顧客情報の確認を実施することとした場合，当該措置の必要性や重要性につき，顧客の理解を得ることが重要と考えられる（パブリックコメント109番参照）。

　なお，一般社団法人全国銀行協会HP「銀行をご利用のお客さまへのお知らせ」，前掲注14）においては，この点に関連し，「お客さまとのお取引の内容，状況等に応じて，過去にご確認させていただいた，お客さまの氏名・住所・生年月日や，お取引の目的等を，銀行の窓口や郵便等により再度ご確認させていただく場合があります。また，その際に，各種書面等のご提示をお願いする場合があります。」と記載されている。

34）パブリックコメントにおいては，ガイドラインⅡ-2(3)(ii)【対応が求められる事項】⑨の「取引の謝絶」の場合にも犯収法5条は適用されるか否かが質問されている。これに対し，「ご質問の「取引の謝絶」が，犯罪収益移転防止法第5条の「顧客等又は代表者等が特定取引等を行う際に取引時確認に応じないとき」であって，「特定事業者が当該特定取引に係る義務の履行を拒んだもの」に該当する場合には，本条が適用され，特定事業者の義務は免責されると考えます。」と回答されている（パブリックコメント113番）。

35）ここでいう「合理的な理由」に関し，パブリックコメントでは，「個々の顧客の事情・特性・取引関係等に照らして，各金融機関等において，個別具体的に丁寧に検討する必要がある」とされている（パブリックコメント115番，116番参照）。

ン・テロ資金供与リスクは異なるものであるし，またそもそもいかなる顧客・取引をどのように取り扱うかは当該各金融機関等の事業環境や経営戦略等と密接不可分に結びつくものであるから，謝絶等によるリスク遮断に合理的理由があるか否かは，各金融機関等が直面する顧客・取引ごとのマネロン・テロ資金供与リスクや，その前提となる事業環境や経営戦略等も踏まえながら，個別具体的に判断されることとなると考えられる[36],[37]。

なお，犯罪収益移転危険度調査書において，外国との取引が悪用された事例の多くに来日外国人の関与が認められるとされている[38]ことに関連し，金融庁が2018年8月に公表した「現状と課題」では，わが国に一定期間居住する外

---

[36] なお，実務上は，取引の謝絶を行うに当たっていかにして顧客等の理解を得るかが1つの課題となると考えられる。顧客等への説明の際に，謝絶等の理由の説明を求められることも考えられるが，この点に関し，ガイドラインは，顧客等に対して，謝絶等の理由をそのまま明示することを求めているものではないとされている（パブリックコメント117番参照）。

[37] なお，国際的には，マネロン・テロ資金供与リスクがあるとの名目で取引を謝絶することの課題等につき，金融包摂（"financial inclusion"）の観点から議論されることがある（例として，FATF, Guidance on AML/CFT measures and financial inclusion, with a supplement on customer due diligence (2017.11), http://www.fatf-gafi.org/media/fatf/content/images/Updated-2017-FATF-2013-Guidance.pdf）。

[38] 犯罪収益移転危険度調査書（2017年11月）59頁。

第5章　リスクの低減　79

リスク遮断に係る「合理的な理由」の検討（例）

わが国に一定期間居住する外国人（留学生や技能実習生等）

- 外国人であることのみをもって，合理的な理由なく取引の謝絶等が行われてはならない
- 在留期間の把握に基づく，適切かつ継続的な顧客管理措置を実施するなど，リスクに応じた低減措置を講ずることが重要

地域金融機関の対応例

- 口座開設時に口座の売買が犯罪であることを文書等で注意喚起
- システム等を活用して在留期間を管理し，期間満了前に口座の解約を求めたり，期間満了後に自動入出金停止コードを設定したりするなど継続的な顧客管理措置を実施

〔金融庁「マネー・ローンダリング及びテロ資金供与対策の現状と課題」（2018年8月）17頁参照〕

国人（留学生や技能実習生等）への金融サービス提供時において，外国人であることのみをもって合理的な理由なく取引の謝絶等が行われてはならない旨注意喚起しつつ，「在留期間の把握に基づく，適切かつ継続的な顧客管理措置を実施するなど，リスクに応じた低減措置を講ずることが重要」としている[39]。

(9)　顧客リスク格付

　ガイドライン上，顧客リスク格付とは，商品・サービス，取引形態，国・地域，顧客属性等に対する自らのマネロン・テロ資金供与リスクの評価の結果を総合し，顧客ごとに，リスクの高低を客観的に示した指標をいうとされる。ガイドラインでは，【対応が期待される事項】として，顧客リスク格付を導入し，これを随時見直していくことが記載されている（【対応が期待される事項】a）。

　犯収法令や外為法令等，形式的な法令等で明示的に規定されていない部分につき，顧客のリスクに応じて講ずべき低減措置を判断・実施し，マネロン・テロ資金供与リスクが高いと判断した顧客に厳格な顧客管理（EDD）を行い，リスクが低いと判断した顧客に簡素な顧客管理（SDD）を行うには，これらの対象となる顧客を何らかの方法で抽出することが重要となる。上記の意味での顧客リスク格付の方法によるか否か，具体的にいかなる方法で抽出するか，手法

---

39)「現状と課題」17頁。

をどの程度まで精緻化するか，実際に格付をどのように活用するか[40]等については，その内容や程度も含め，金融機関等ごとの規模・業容等も踏まえ，各金融機関等が直面するマネロン・テロ資金供与リスクを実効的に回避・低減するのにふさわしい方法を個別具体的に検討することが重要である。

　なお，顧客リスク格付の方法及びその活用方法等については，ガイドライン上，その先進的な取組み事例が一部紹介されている[41]。

⑽　顧客との面談・実地調査等

　ガイドラインでは，顧客の営業実態，所在等が取引の態様等に照らして不明瞭であるなどのリスクが高い取引等について，必要に応じ，顧客や実質的支配者との直接の面談・実地調査等の追加的措置を講ずることにつき，【対応が期待される事項】として記載されている（【対応が期待される事項】ｂ）。

　すべての顧客や取引等に対して同様の措置を講ずることは現実的でないと思われるが，金融機関等が直面する顧客・取引等のリスクに応じて，いかなる顧客・取引等にいかなる追加措置を講ずるか否かについて，金融機関等の規模・業容等も勘案しながら，あらかじめその方針や実際に講ずべき措置を検討していくことが重要と考えられる。

40）ガイドラインでは，顧客リスク格付を，顧客管理の一環であるリスク低減措置の1つとして整理している。もっとも，これは1つの整理であり，金融機関等の中には，リスク要因の評価とともに個々の顧客のリスク格付まで行い，当該リスク格付も活かしながら全社的なリスク評価や対応する低減措置等を検討している例もあると思われる。ガイドライン上も，「マネロン・テロ資金供与リスクへの対応を，リスクの特定・評価・低減等の段階に便宜的に区分するなど，順を追って検討していくことが重要である」とされており（Ⅱ-2），リスクベース・アプローチに基づく具体的な措置をどのように整理するかは，整理の便宜や実効的なマネロン・テロ資金供与対策の検討の円滑性・有効性等を考慮の上，金融機関等ごとに自ら判断していくこととなる。

41）顧客リスク格付の手法としては，商品・サービス，取引形態，国・地域，顧客属性等についてのリスク評価の結果を総合・定量化してモデル化し，当該モデルを自社システムに組み込んで，顧客受入れ時や顧客情報変更の都度，機動的にリスク格付を付与する手法が紹介されている。
　　顧客リスク格付の活用方法としては，リスクが高い顧客に対しては，取引モニタリングシステムによる異常取引検知の敷居値を下げる，外部データ等を活用し，不芳情報の確認の頻度を増加させる，定期的に質問状を発送する，場合によっては往訪・面談を行うなどにより，当初の取引目的と現在の取引実態との乖離等を確認するといった方法が紹介されている。

第5章　リスクの低減　81

3．取引モニタリング・フィルタリング

　リスク低減措置の具体的な手法としては，顧客管理のように顧客に着目して行う方法のほか，個々の取引に着目して行う方法も考えられる。金融機関等においては，これらを組み合わせて実施し，リスク低減措置の実効性を高めていくことが有効と考えられる[42]。

　ガイドラインでは，その手法として，取引類型に係る自らのリスク評価も踏まえながら，個々の取引について，異常取引を検知するための取引モニタリングや，制裁対象取引を検知するための取引フィルタリングを適切に実施することを求めている[43]（【対応が求められる事項】①）。

取引モニタリング・取引フィルタリング

取引モニタリング
- 異常取引の検知等を通じてリスクを低減させる手法

取引フィルタリング
- 制裁対象取引等の検知等を通じてリスクを低減させる手法

〔パブリック・コメント125番参照〕

42）ガイドラインⅡ−2(3)(iii)。取引ベースの低減措置と顧客ベースの低減措置の組合せの方法としては，取引モニタリングシステムの抽出基準や敷居値を，個々の顧客ごとに判断したリスクに応じて異にするといった方法が考えられる。また，リスクが高いと判断した特定の取引類型や国・地域に係る取引については，個々の顧客ごとに判断したリスクいかんにかかわらず，何らかの共通の低減措置を講ずるといった方法も考えられる。
　　具体的にどのように低減措置を組み合わせるかは，顧客・取引のリスクの高低や，当該顧客・取引に対する経営戦略上の位置づけ等も踏まえながら，金融機関等ごとに工夫する必要があるものと考えられる。
43）なお，「現状と課題」13頁では，「顧客の事業内容，資金使途，取引属性等の情報を的確に確認・収集し，データとして利活用可能な形で保存・管理すること（KYCデータベース）」「送金受取人等が国連等の制裁対象者や反社会的勢力等に当たらないかをシステム上検知すること（取引フィルタリング）」「通常の取引とは異なる不審な取引を，取引の多寡，タイミング，取引内容等から検知すること（取引モニタリング）」と整理している。

なお，多数の取引に対して有効かつ適切に取引モニタリング・フィルタリングを行うには，既に多くの金融機関等が導入しているように，何らかのITシステムを利用するのが現実的かつ実効的な方法と考えられる（ITシステムの活用については本章第6節にて後述する）。

4．記録の保存

　ガイドラインは，記録の保存に関し，本人確認資料等の証跡のほか，顧客との取引・照会等の記録等，適切なマネロン・テロ資金供与対策の実施に必要な記録を保存することを求めている（【対応が求められる事項】①）。

　金融機関等に対しては，犯収法令上確認記録や取引記録の保存が求められており（確認記録につき，犯収法6条，同法施行規則19条～21条。取引記録につき，犯収法7条，同法施行規則22条～24条），これらを法令で定めるとおりに保存する法律上の義務がある点はガイドライン策定・公表の前後で変更はない。ガイドラインにおいては，このような犯収法令上の定めのほか，自らの顧客管理に係る手段に基づいて収集した情報等，適切なマネロン・テロ資金供与対策の実施に必要な記録があれば，自らの判断でその期間や方法を決定の上，保存することが求められる。

　なお，記録の保存については，FATF勧告上も勧告11として規定されている。

　保存した記録の有効活用の観点からは，ITシステムを利用するなどして，当該記録を分析可能な形で保存しておくことが有用と考えられるほか，データの正確性も担保される必要があるが，この点については「データ管理（データ・ガバナンス）」の節（本章第7節）で述べる[44]。

44）この点に関し，パブリックコメントでは，記録の保存方法・保存期間につき，一律な方法・期間を求めているものではないとしつつ，「いずれにせよ，関係法令等を踏まえつつ，各金融機関等の規模や特性，顧客のリスク等に応じて，個別具体的に判断することになりますが，分析可能な形で整理するなど，適切に管理することが求められます。」とされている（パブリックコメント127番～132番）。

5．疑わしい取引の届出

　リスクベース・アプローチに基づく実効的なマネロン・テロ資金供与対策においては，マネロン・テロ資金供与の疑いがある取引を事前に的確に検知することが重要であり，犯罪収益移転等の疑いがある取引を事後的に当局に届け出れば足りるといった対応のみでは十分とはいえない[45]。

　もっとも，ガイドラインの策定によっても，疑わしい取引に関する情報の集約により，マネロン・テロ資金供与に係る犯罪捜査に役立てる，金融機関等が犯罪者に利用されるのを防止し，金融機関等の信頼を確保するといった疑わしい取引の届出制度の意義が減殺されるものではない[46]。また，上記のとおり，疑わしい取引の届出には，個別具体的な案件の詳細等の定性情報のほか，「疑わしい取引の参考事例」別の件数や取引金額等の定量情報も含まれており，こうした定性・定量双方の情報を同種の取引に係るリスク要因の特定・評価等に有効に活用することも可能である。金融機関等においては，単に犯収法令上の義務を充足するためだけに疑わしい取引の届出を行うのではなく，届出に含まれる情報や検知に至った状況等の分析等を通じ，実効的なマネロン・テロ資金供与リスク管理態勢の高度化に役立てていくことが重要となる。

　ガイドラインは，こうした点を踏まえ，疑わしい取引の届出に係る法令上の義務の遵守も踏まえながら，疑わしい取引の届出に関して対応が求められる事項につき以下のとおり整理している。

---

45) なお，犯収法 8 条 1 項は，特定事業者が疑わしい取引の届出義務を負う場合として，(i)特定業務に係る取引において収受した財産が犯罪による収益である疑いがあると認められる場合，(ii)顧客等が特定業務に係る取引に関し，組織的犯罪処罰法10条の罪若しくは麻薬特例法 6 条の罪に当たる行為を行っている疑いがあると認められる場合，を挙げている。(i)の類型に関しては，取引が成立した後に事後的に届出を行うことが前提とされている一方，(ii)の類型に関しては，顧客等との取引の成立は必ずしも必要でないと考えられており（松林高樹・江口寛章代表，犯罪収益移転防止法制度研究会編著『逐条解説犯罪収益移転防止法』（東京法令出版，2009年）242頁，中崎隆・小堀靖弘『詳説犯罪収益移転防止法・外為法（第 2 版）』（中央経済社，2017年）173頁参照），特定事業者は取引成立の有無にかかわらず犯収法上の疑わしい取引の届出義務を負っていることになる。
46) 疑わしい取引の届出の制度の趣旨については，松林・江口，前掲注45）240頁，中崎・小堀，前掲注45）168頁参照。

なお，疑わしい取引の届出については，FATF勧告上も勧告20として規定されている。

(1) 届出に関する態勢整備と届出状況のリスク管理態勢強化への活用

第1に，疑わしい取引の該当性について適切な検討・判断が行われる態勢を整備し，犯収法令上の疑わしい取引の届出に関する義務を履行することを改めて確認しつつ，疑わしい取引の届出状況等を自らのリスク管理態勢の強化にも必要に応じ活用することを求めている（【対応が求められる事項】①）。

届出の状況等をリスク管理態勢強化に活用する方法としては，例えば，リスクの特定・評価の項で【対応が期待される事項】として記載されているような，届出件数・金額等の部門・拠点別，「疑わしい取引の参考事例」別等の定量分析等を行い，件数・金額が多い部門・拠点・取引類型等に重点的に低減措置を講ずる，といった方法が例として考えられる。

(2) ITシステムやマニュアル等の活用

次に，ガイドラインは，金融機関等の業務内容に応じて，ITシステムや，マニュアル等も活用しながら，疑わしい顧客や取引等を的確に検知・監視・分析する態勢を構築する旨求めている（【対応が求められる事項】②）。

異常取引を検知する取引モニタリングシステムを導入している場合には，当該システムを取引実行の可否の判断に利用するほか，疑わしい取引の届出を的確に行うことができるよう，有効に活用することが重要である。取引モニタリングシステムによれば，特定のシナリオの有効性の検証や，これを踏まえたシナリオ・敷居値の変更・改善等を比較的柔軟に行うことが可能となる[47]。

他方，このような取引モニタリングシステムの導入が進んでいる現状にあっても，第1線たる営業部門での「気づき」に基づく疑わしい取引の届出件数は

---

47) 取引モニタリングシステムにもよるが，例えばシナリオごとに，実際に疑わしい取引の届出に至った件数をアラームが上がった総数で除し，その比率の大小や増減でシナリオ及び敷居値の有効性を検証し，抽出する必要のある取引を適切に抽出する（抽出する必要のない誤検知の取引（いわゆるfalse positive）の抽出を減らす）等の改善を図っていくといった方法が考えられる。

依然として相当程度存在する[48]。こうした営業現場での「気づき」の担保のため，所要のマニュアルを整備し，的確に疑わしい取引を抽出できるようにしておくことも重要である。

(3) 疑わしい取引の該当性の考慮要素

疑わしい取引の該当性については，金融庁が公表している「疑わしい取引の参考事例」等も参考にしながら，種々の事情を考慮して判断することが重要となる。

ガイドラインは，考慮する事情の例として，(i)国によるリスク評価の結果のほか，(ii)外国PEPs該当性，顧客が行っている事業等の顧客属性，(iii)取引に係る国・地域，(iv)顧客属性に照らした取引金額・回数等の取引態様を挙げている（【対応が求められる事項】③）。

(4) 顧客区分・取引区分等ごとの判断

また，ガイドラインは，既存顧客との継続取引や一見取引等の取引区分に応じてその該当性の確認・判断を適切に行うことについても規定している（【対応が求められる事項】④）。

一見取引に関しては，「疑わしい取引の参考事例」等を参考に[49]，取引モニタリングシステムやマニュアル等により既に何らかの対応を講じている金融機関等も多いものと思われる。既存顧客との継続取引に関しては，これまでの当該顧客の取引との比較（垂直比較）や，同種の属性を有する顧客との比較（水平比較）等を通じて，疑わしい取引の該当性の確認・判断を行う方法が考えられる。

---

48) 2017年11月の犯罪収益移転危険度調査書12頁によれば，平成26年から平成28年までの間の預金取扱金融機関による疑わしい取引の届出件数108万6,105件のうち，届出件数が最も多い類型は，「職員の知識，経験等から見て，不自然な態様の取引又は不自然な態度，動向等が認められる顧客に係る取引」（19万8,171件）であり，全体の18.2%を占めている（第3章「7．疑わしい取引の届出の活用」も参照）。

49) 例えば，「疑わしい取引の参考事例（預金取扱い金融機関）」においては，「複数人で同時に来店し，別々の店頭窓口担当者に多額の現金取引や外国為替取引を依頼する一見の顧客に係る取引」が挙げられている。

(5)　疑わしい取引の届出を直ちに行う態勢の構築

　犯収法上，疑わしい取引の届出は，「これらの疑いがあると認められる場合においては，速やかに」行わなければならないとされている（犯収法8条1項）。
　この点に関連し，ガイドラインは，疑わしい取引に該当すると判断した場合には，疑わしい取引の届出を直ちに行う態勢を構築することを求めている（【対応が求められる事項】⑤）。
　ガイドラインは，疑わしい取引に該当すると判断したのであれば判断後直ちに届出を行うことが重要との前提に立った上で，その旨の態勢整備を求めているものと考えられ，ガイドラインの制定によっても，従来の犯収法8条1項の解釈を変更するものではないと考えられる[50]。

(6)　届出後の検証・見直し

　実際に疑わしい取引の届出を行った取引は，既に講じているマネロン・テロ資金供与対策による取引実行前の当該取引の捕捉可能性や，捕捉できなかったことの合理的理由，的確に捕捉するための改善策等を検討するための有用な材料となり得る。こうした検討を行うことは，マネロン・テロ資金供与対策に係る方針・手続・計画等の策定・実施・検証・見直し（PDCA）サイクルの有効な運用にもつながり得ると考えられる。
　ガイドラインは，この点に関し，当該取引についてリスク低減措置の実効性を検証し，必要に応じて同種の類型に適用される低減措置を見直すことを求めている（【対応が求められる事項】⑥）。

(7)　疑わしい取引を契機とする高リスク顧客への対応

　ある顧客につきマネロン・テロ資金供与リスクが高いと判断する際，リスクの特定・評価の結果等を考慮する方法のほか，疑わしい取引の届出を行った顧客を高リスクと判断する方法もある。

50）パブリックコメント134番，135番参照。パブリックコメントでは，その判断から届出をするまでに「1か月程度」を要する場合，「直ちに行う態勢を構築」しているとはいえないとされている。

疑わしい取引の届出を行った顧客の中には，リスクの特定・評価の結果等を考慮しても厳格な顧客管理（EDD）の対象とされていなかったが，取引モニタリング等の結果，最終的に当該取引について疑わしい取引の届出を行ったという顧客も含まれるものと思われる。こうした顧客に対しては，リスクの特定・評価の結果等を踏まえた低減措置だけでは十分でない可能性も考えられる。

ガイドラインでは，こうした顧客に関し，「疑わしい取引の届出を複数回行うなど，疑わしい取引を契機にリスクが高いと判断した顧客について，当該リスクに見合った低減措置を適切に実施すること」と記載している[51]（【対応が求められる事項】⑦）。

金融機関等においては，当局に対して疑わしい取引の届出を行うという犯収法上の義務を履行することのみが目的化し，同一顧客に対する複数回の届出に対して何らの対策を施すことなく放置するといったことのないよう，疑わしい取引の届出の分析や追加的な低減措置の検討等を絶えず行っていくことが重要となる。

6．ITシステムの活用

これまでも各項目で述べてきたとおり，ITシステムの活用により，(i)リスク要因に係る様々な情報の集約のほか，(ii)異常取引の検知，検知の前提となるシナリオの設定・追加，敷居値の柔軟な変更，(iii)顧客・取引の傾向分析，(iv)顧客のリスク格付等が可能となる。

ガイドラインでは，これらの点を踏まえ，ITシステムの早期導入の必要性を述べた上，改めて別項を立てて【対応が求められる事項】を整理している。

(1) ITシステムの早期導入

金融機関等においては，これまでの法令遵守等のためのルールベースの対応

---

51) 具体的には，【対応が求められる事項】⑥に則り，疑わしい取引を契機にリスクが高いと判断した顧客と同種の顧客に対する低減措置を見直すという方法のほか，例えば「疑わしい取引の届出を複数回行った顧客」自体をリスクの高い顧客属性としてフラグ立てするといった方法も考えられる。

においても，例えばなりすましの疑いのある取引（犯収法4条2項1号イ）その他の疑わしい取引の検知や，外為法令上の経済制裁対象取引の検知等のために，何らかのITシステムを用いていたものと思われる。

　もっとも，ルールベースからリスクベースへとその対応を転ずるに当たり，その前提となるリスク要因の特定・評価に係る情報の収集・集約や，リスクに基づく顧客・取引の抽出及びリスクに見合ったきめ細かな低減措置の実施等のためには，ITシステムの導入や，既に導入しているITシステムのさらなる高度化等を行うことが重要と考えられる。また，上記のとおり，マネロン・テロ資金供与対策に脆弱性が認められる金融機関等が狙われる傾向があること等にかんがみれば，同種の規模・特性等を有する金融機関等のITシステム導入の状況等も考慮する必要がある。

　ガイドラインは，この点に関し，自らの業務規模・特性等に応じたITシステムの早期導入の必要性を検討することを求めている（【対応が求められる事項】①）。金融機関等にとって，ITシステムの導入はもはやその「要否」を検討する段階から，その「時期」「内容」を検討すべき段階に移行しているといえる[52]。

　その上で，自らのリスク評価を反映したシナリオ・敷居値等の設定（【対応が求められる事項】②），システム検知以外で得られた情報も踏まえた上でのシナリオ・敷居値等の見直し（【対応が求められる事項】④），ITシステムがリスク評価に見合ったものとなっているかの定期的検証[53]・必要に応じた改善（【対応が求められる事項】③）等を【対応が求められる事項】として規定し，ITシステムを活用したリスクベース・アプローチに基づく実効的なマネロン・テロ資金供与対策の高度化を求めている。

　また，外為法令等の遵守のための取引フィルタリングシステムについても，制裁リストが最新のものとなっているか検証するなど，的確な運用を図ること

52）なお，金融機関等に求められるマネロン・テロ資金供与対策におけるシステム対応については，白井真人「疑わしい取引検知のカギを握る的確なシステム対応」金融財政事情2018年9月24日号22頁も参照。

53）定期的検証に関しては，例えば第2線の管理部門が実施することが考えられるが，実際に誰がどのように行うかは，各金融機関等の組織構造等に応じて，個別具体的に判断されることとなる（パブリックコメント140番参照）。

第5章　リスクの低減　**89**

を求めている（【対応が求められる事項】⑤）。

(2)　ITシステムの有効性検証

ガイドラインは，ITシステムの有効性検証に関し，内部・外部監査等の独立した検証プロセスを経ることを求めている（【対応が求められる事項】⑥）。

ITシステムの有効性検証に関しても，いわゆる三線管理による検証が1つの有効な手法として考えられるため，監査等による独立した検証プロセスを，1つの項目として明示してその対応を求めている[54]。なお，内部監査と外部監査のいずれか一方を実施すべきか，その双方を実施すべきかは，各金融機関等の組織構造等に応じて，個別具体的に判断されることになる[55]。

具体的な有効性検証のポイントは，各金融機関等の規模や特性等に応じて異なり得るが，例えば，(i)取引モニタリングシステムにおけるシナリオ・敷居値等が，各金融機関等の業務やリスクの特性を的確に捉えているか，(ii)取引モニタリングシステムで検知された事項が的確に営業部門や管理部門等におけるモニタリングのプロセスに組み込まれているか，といった点が考えられる[56]。

ITシステムの有効性検証

- 取引モニタリングシステムにおけるシナリオ・敷居値等が，各金融機関等の業務やリスクの特性を的確に捉えているか
- 取引モニタリングシステムで検知された事項が的確に営業部門や管理部門等におけるモニタリングのプロセスに組み込まれているか
- ……

---

(3)　共通のITシステムの利用

マネロン・テロ資金供与対策に係るITシステムの利用として，外部委託等により共通のシステムを利用する方法や，中央機関等の共同システムを利用する方法も考えられる。

---

54)　パブリックコメント143番参照。
55)　パブリックコメント144番参照。
56)　パブリックコメント145番参照。

90

　金融機関等が直面するリスクは各金融機関等ごとに異なるものであり，ITシステムも金融機関等ごとに異なるリスクを低減するための措置として利用するものであるから，共通のITシステムを用いる場合であっても，リスク分析の結果を反映した委託業務の実施状況の検証や，必要に応じた独自の追加的対応の検討等を行うことが重要となる（【対応が求められる事項】⑦）。

　なお，現在，種々のシステム共同化の取組み等が行われている。例えば，「未来投資戦略2018」（2018年6月15日公表）においては，「ブロックチェーン技術，タイムスタンプ等を用いて金融機関が共同で本人確認手続，その他マネロン・テロ資金供与対策を行うための共同インフラの構築」に向けた検討を進めることとされている。また，ブロックチェーン技術を用いて金融機関等が共同で本人確認手続を行うシステムについては，フィンテックを活用したイノベーションに向けたチャレンジを加速させる観点から金融庁が設置した「FinTech実証実験ハブ」（第1号支援案件）において，3メガバンクグループ等が実証実験を行っている（2018年7月13日報告書公表）[57]。

(4)　FinTech等の活用

　こうしたリスク低減措置へのITシステムの活用の方法としては，例えば，AI（人工知能）による異常取引の検知や，ブロックチェーンやRPA[58]を用いた取引時確認・疑わしい取引の届出の高度化・効率化等，急速に進展する新技術の活用も望まれるところである。

　ガイドラインでは，こうした新技術のマネロン・テロ資金供与対策への活用につき前向きに検討を行うことが，【対応が期待される事項】として記載されている[59]。

　なお，2018年の犯収法施行規則の改正による本人特定事項の確認をオンラインで完結する方法[60]は，非対面取引における金融機関等及び顧客の利便性を向上させることとなる一方で，上記のとおり，導入に伴うマネロン・テロ資金

57）「現状と課題」13頁。
58）ロボティック・プロセス・オートメーション：人工知能等を活用し，書類作成やデータ入力等の定型的作業を自動化すること（ガイドラインⅡ−2(5)）。
59）ガイドラインⅡ−2(5)。
60）詳細は第10章参照。

供与リスクの変動にも留意することが重要となる。

7．データ管理（データ・ガバナンス）

ITシステムの有効性は，ITシステムに記録されるデータの正確性があってはじめて担保される。

ガイドラインでは，この点に関し，確認記録・取引記録等について正確に記録するほか，データを正確に把握・蓄積し，分析可能な形で整理するなど，データの適切な管理を行うことを求めている（【対応が求められる事項】①）。

また，(i)疑わしい取引の届出件数（国・地域別，顧客属性別等の内訳），(ii)内部監査や研修等（関係する資格[61]の取得状況を含む）の実施状況，(iii)マネロン・テロ資金供与リスク管理についての経営陣への報告や，必要に応じた経営陣の議論の状況等，リスク評価や低減措置の実効性検証等にも有用な情報を把握・蓄積し，これらを分析可能な形で整理するなど適切な管理を行い，必要に応じて当局等に提出できる態勢としておくことを求めている（【対応が求められる事項】②）。

61）「関係する資格」に関しては，外部団体が付与する資格のほか，社内で取得が慫慂されている社内資格等も含まれ得るとされている（パブリックコメント147番参照）。

第6章 海外送金等を行う場合の留意点

　海外送金業務は，金融機関等が提供する商品・サービスの1つであり，その他の商品・サービスと同様，各金融機関等ごとのリスクの特定・評価の枠組みに則ってそのマネロン・テロ資金供与リスクを特定・評価し，これに見合った低減措置を講じていく必要がある。また，外為法令やOFAC規制等，海外送金等に係る国内外の法規制等を遵守し，そのための態勢を構築する必要もある。

　他方，海外送金等は，外国との取引という取引形態上のリスクがあるのみならず[1]，送金先・送金元に外国が関係するという点で，国・地域，顧客属性といったリスク要因も考慮する必要がある。このように，海外送金等は，マネロン・テロ資金供与リスクの高い複数のリスク要因が関係する商品・サービスといえ，一般に金融機関等が提供する商品・サービスよりマネロン・テロ資金供与リスクが高く，これに見合った十分な低減措置を講じていく必要がある。

　また，上記のとおり，国際的なマネロン・テロ資金供与リスクに対する目線の高まり等から，近時は外国当局による制裁金が高額化し，また自国外の取引に対しても制裁金を科すいわゆる域外適用の問題も顕在化するなど，制裁金の対象が広範化しているといった事象にも留意する必要がある。

　さらに，海外送金等は，金融機関等が自らコルレス契約等を締結して行う場合のほか，海外送金等を行う他の金融機関等に委託して実施する場合もある。このような場合であっても，一方の金融機関等が他方の金融機関等の低減措置に過度に依存し，マネロン・テロ資金供与リスクを看過することのないよう，

---

1)　国家公安委員会が公表する犯罪収益移転危険度調査書（2017年11月）60頁においても，外国との取引は犯罪による収益の移転に悪用される危険性があるとされており，危険度が高い取引の具体例として，(i)適切なマネー・ローンダリング等対策が取られていない国・地域との間で行う取引，(ii)多額の現金を原資とする外国送金取引，(iii)外国送金に際して目的や原資について顧客が虚偽の疑いがある情報等を提供する取引，を挙げている。

委託・受託双方の金融機関等とも，十分に留意する必要がある[2]。

　ガイドラインでは，これまでも犯収法令や監督指針等に記載されていたコルレス契約管理等も含め，海外送金等を行う場合の留意点につき，リスクの特定・評価・低減の後にあえて一項を設けて説明している。

　また，金融庁は，2018年3月，窓口に多額の現金を複数回にわたって持参する不自然な海外送金が実行されるなど，マネロン・テロ資金供与対策の実効性に疑念のある事案の発生等を受けて（なお，事案の概要については第10章で後述する），金融機関等における実効的なマネロン・テロ資金供与対策の実施を確保し，更に促進する観点から，ガイドラインの項目のうち，送金取引に重点を置いて基本的な確認事項等（「緊急チェックシート」）を取りまとめ，すべての預金取扱金融機関に対して発出し，併せて，緊急チェックシートに沿った金融機関等における検証等の状況について，金融庁に報告するよう求めている[3]。こうした確認事項等を，自らの海外送金等に係る低減措置の検証等に活用していくことも重要となる[4]。

1. 海外送金等のリスクベース・アプローチ上の位置付け

　上記のとおり，海外送金等も金融機関等が提供する商品・サービスの1つであり，外国との取引という取引形態，送金先・送金元に係る国・地域，顧客属性といったリスク要因も踏まえながら，自らのリスクベース・アプローチの下で位置付け，リスクに見合った必要な措置を講ずる必要がある（【対応が求めら

---

2) なお，疑わしい取引の届出の入力要領を定める「疑わしい取引の届出における入力要領」が，警察庁の犯罪収益移転防止対策室（JAFIC）により2018年3月に改訂され，資金中継取引に関し，取引銀行・中継銀行のそれぞれが届け出る場合につき，その入力要領及び入力例が追加されている。https://www.npa.go.jp/sosikihanzai/jafic/todoke/pdf/youryou_180323.pdf参照。

3) 金融庁「金融機関等における送金取引等についての確認事項等について」（2018年3月30日），https://www.fsa.go.jp/news/30/20180330amlcft/20180330amlcft.html，「現状と課題」6頁～8頁。

4) なお，送金取引に関して金融機関等に求められる取組みの詳細については，昆野明子・今野雅司・高橋良輔・西田勇樹「『マネー・ローンダリング及びテロ資金供与対策に関するガイドライン』の概要と送金取引に係る留意点」銀行法務21・828号（2018年）6頁以下参照。

第6章　海外送金等を行う場合の留意点　95

送金取引の基本的な確認事項

◦ 送金取引を受け付けるに当たって，営業店等の職員が，個々の顧客及び取引に不自然・不合理な点がないか等につき，下記その他自らの定める検証点に沿って，確認・調査することとしているか。

・送金申込みのあった支店で取引を行うことについて，合理的な理由があるか
・顧客又はその実質的支配者は，マネロン・テロ資金供与リスクが高いとされる国・地域に拠点を置いていないか
・短期間のうちに頻繁に行われる送金に当たらないか
・顧客の年齢や職業・事業内容等に照らして，送金目的や送金金額に不合理な点がないか
・口座開設時の取引目的と送金依頼時の送金目的に齟齬がないか
・これまで資金の動きがない口座に突如多額の入出金が行われる等，取引頻度及び金額に不合理な点がないか

◦ 上記の検証点に該当する場合，その他自らが定める高リスク類型に該当する取引について，営業店等の職員が顧客に聞き取りを行い，信頼に足る証跡を求める等により，追加で顧客・取引に関する実態確認・調査をすることとしているか。また，当該確認・調査結果等を営業店等の長や本部の所轄部門長等に報告し，個別に取引の承認を得ることとしているか。

◦ その他，防止体制等，ITシステムによる取引検知，疑わしい取引の届出，他の金融機関等を通じた送金取引，教育・研修等

〔金融庁「マネー・ローンダリング及びテロ資金供与対策の現状と課題」（2018年8月）8頁参照〕

れる事項】①）。

　海外送金等においては，危険度が高い国・地域が法令や犯罪収益移転危険度調査書等で明らかにされているほか，国内外の法規制等により，制裁対象国・地域や制裁対象者等が公表されている。こうした規制等を遵守するのはもとより当然であるが，金融機関等においては，こうした規制等の網をかいくぐったマネロン・テロ資金供与をいかにして低減・回避していくかが重要となる。

　具体的には，上記の規制等の適用を免れるため，送金先と輸出入品の搬入先の国・地域を変更していないか，第三国を経由して迂回的に制裁対象国・地域への送金等を実施していないか等につき，最新の情報も踏まえながら，留意していくことが重要である。

　また，現金による送金，顧客の属性に照らして高額な送金等，送金原資に不

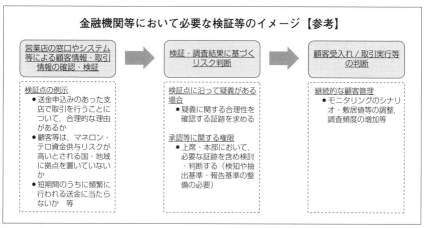

〔金融庁「マネー・ローンダリング及びテロ資金供与対策の現状と課題」(2018年8月) 8頁参照〕

自然な点がみられる場合や、口座開設時と送金依頼時との取引目的の齟齬、送金目的の変遷等、送金目的に不自然な点がみられる場合、多数者間との頻繁な送金、突如多額の入出金等、口座の利用形態に不自然な点がみられる場合等にも、留意を要する。

こうした不自然な海外送金等によるマネロン・テロ資金供与の検知・防止のためには、後述する「三つの防衛線」が有効に機能することが重要と考えられる。特に、第1線である営業部門は、海外送金等の対面による受付等、直接顧客等と接点のある業務を行っており、ここで実施する手続や、これを通して得られた「気づき」も含めた判断が、金融機関等がマネロン・テロ資金供与に巻き込まれないために重要な役割を有している。具体的には、営業部門の職員が上記の諸点を確認し、不自然な取引を発見・認識できるようにするために、充実した研修を実施するほか、分かりやすいヒアリングシート、チェックリスト、マニュアル等を整備することも重要と考えられる。

なお、金融庁が発出した「金融機関等における送金取引等についての確認事項等について」[5]でも、営業店等の職員に係る確認事項を明示している。金融機関等においては、(i)緊急チェックシート記載の検証項目を含め、自らの行う

---

5) 金融庁、前掲注2)。

リスク評価の結果を踏まえて具体的な検証点を洗い出し，当該検証点に沿って，営業店・システム等で具体的に確認・調査を行う必要がある。また，(ii)不審取引の可能性があるなどリスクが高い場合には，追加で顧客等に対する実態調査を行うほか，営業店の長や本部の所管部署等に報告し承認を得るなど，検証を事務フローの中に浸透させていくことが重要となる[6]。

2．送金人・受取人に係る情報の伝達

　海外送金等を行う場合，仕向・被仕向のほか，これを中継する場合にはさらにそれ以上の金融機関等が関与することが想定される。関与する金融機関等が，それぞれ適切にリスクに見合ったマネロン・テロ資金供与対策を講ずることができるよう，仕向・中継金融機関等が，送金人・受取人の情報を中継・被仕向金融機関等に伝達し，情報欠落の場合等にはリスクに応じた措置を検討することが重要である（【対応が求められる事項】②）。

　なお，電信送金に係る情報の付記に関しては，FATF勧告16が規定するほか，詳細な解釈ノートが設けられている。

3．コルレス契約の管理

　犯収法上，コルレス契約とは，外国に所在して業として為替取引を行う者（外国所在為替取引業者）との間で，為替取引を継続的に又は反復して行うことを内容とする契約とされている（犯収法第9条）。

　我が国の規制と比べて緩やかな取引時確認等の措置に係る規制を有する外国の金融機関等とコルレス契約を締結して為替取引を行った場合，当該為替取引によって我が国に犯罪収益等が移転する危険性がある[7]。そこで，犯収法令や監督指針上，従前よりコルレス契約締結時の確認や架空銀行（いわゆるシェルバンク）でないことの確認等を定めた規定が設けられている（犯収法9条・11条，

6）「現状と課題」6頁。
7）中崎隆・小堀靖弘『詳説犯罪収益移転防止法・外為法（第2版）』（中央経済社，2017年）180頁参照。

同法施行規則28条・32条）[8]。

　ガイドラインでは，こうした規定を受けて改めてコルレス契約の管理に関し金融機関等に求められる事項を整理したほか（【対応が求められる事項】③④），コルレス先におけるマネロン・テロ資金供与リスク管理態勢を確認するための態勢を整備し，定期的に監視することを求めている（【対応が求められる事項】③）。監視の具体的な方法としては，定期的な質問票の送付，回答結果を踏まえたコルレス先のリスク格付（【対応が期待される事項】ａ）等，コルレス契約に関し金融機関等が直面するマネロン・テロ資金供与リスクを勘案しながら，個別具体的に判断・工夫していくこととなろう[9]。

　なお，FATF勧告においては，correspondent bankingに関して勧告13が定めている。

4．海外送金等を受託等している場合の留意点

　他の金融機関等から海外送金等を受託等している金融機関等は，コルレス契約等に基づいて外国の金融機関等との間で実際に海外送金等を行っており，海外送金等が有するマネロン・テロ資金供与リスクや外国当局からの制裁金の可能性，コルレス契約相手方からの契約解除のリスク等を直接負担することとなる。また，受託金融機関等は，当該受託した海外送金等についても犯収法に基づく疑わしい取引の届出義務を負うことになる[10]。

　もっとも，実際に海外送金等を依頼しているのは委託等している金融機関等の顧客等であり，受託金融機関等としては，委託金融機関等が実施する顧客管

---

8)　監督指針については，例えば主要行等向けの総合的な監督指針Ⅲ－3－1－3－1－2(4)，中小・地域金融機関向けの総合的な監督指針Ⅱ－3－1－3－1－2(4)等。なお，ガイドラインでコルレス契約に係る【対応が求められる事項】を設けたこと等に伴い，監督指針も所要の改正を行っている。

9)　パブリックコメント151番～154番参照。

10)　パブリックコメント155番参照。なお，疑わしい取引の届出を行おうとすること又は行ったことを当該届出に係る顧客等又はその者の関係者に漏らすことは禁じられているが（犯収法8条3項，いわゆる「内報の禁止」），疑わしい取引の届出の要否を判断するに際して，委託元金融機関等との間で該当の顧客・取引に関する情報を共有することは，犯収法8条3項には抵触しないとされている（パブリックコメント156番参照）。

理等の低減措置に一定程度依存せざるを得ない点において，受託金融機関等の顧客等の依頼による海外送金等の場合とは異なるリスクに直面している。この意味で，委託金融機関等におけるマネロン・テロ資金供与リスク管理態勢の不備は受託金融機関等のマネロン・テロ資金供与リスクに直結するものであるともいえる[11]。

　こうしたリスクを可及的に防止するため，受託金融機関等としては，委託金融機関等による海外送金等に係るマネロン・テロ資金供与リスク管理態勢等を監視することが重要となる（【対応が求められる事項】⑤）。監視の具体的方法については，各金融機関等が個別具体的に判断することとなるが，コルレス契約の管理の方法に倣って，例えば定期的な質問票の送付や，訪問・面談等を行うことが考えられる[12]。

5．海外送金等を委託等している場合の留意点

　他方，他の金融機関等に海外送金等を委託等している場合，実際に海外送金等を行うのは受託金融機関等であり，受託金融機関等としても取引モニタリングシステムによるモニタリングその他の低減措置を講じることにはなるものの，委託金融機関等による顧客等に対する営業店での取引目的の確認等の適切な低減措置が講じられなければ，当該海外送金等に係るマネロン・テロ資金供与リスクが低減されることにはならない。上記のとおり，営業店等の第1線が海外送金等に係るマネロン・テロ資金供与を防止する「最初の防波堤」として重要な役割を担っていることからすると，海外送金等を委託している場合であっても，顧客等のことをよく知り，顧客等と直接対面する委託金融機関等の営業店窓口等における適切な低減措置は，当該海外送金等のマネロン・テロ資金供与リスクを低減する上ではなお重要となる[13]。

　また，仮に委託した海外送金等につきマネロン・テロ資金供与が疑われて，

---

11) パブリックコメント15番，16番，158番参照。
　　なお，「現状と課題」5頁は，この点に関し，「3メガバンクグループにおいては，いわばわが国金融市場のゲートキーパーとして，委託元の地域金融機関の対策向上の促進も含めた幅広い役割を果たすことが期待される。」としている。
12) パブリックコメント158番参照。

受託金融機関等に対して当局等から制裁金が科せられ，その原因として委託金融機関等のマネロン・テロ資金供与リスク管理態勢の不備が問題となった場合，委託金融機関等としては受託金融機関等から何らかの賠償を求められたり，委託関係の見直し等を求められるといった不利益が生ずることも考えられる[14]。

そこで，委託金融機関等としても，受託金融機関等のマネロン・テロ資金供与リスク管理態勢のみに依拠することなく，委託による海外送金等を自らのリスクベース・アプローチの枠組みの下に位置付け，リスクの特定・評価・低減の措置を着実に実行することが重要となる（【対応が求められる事項】⑥）。

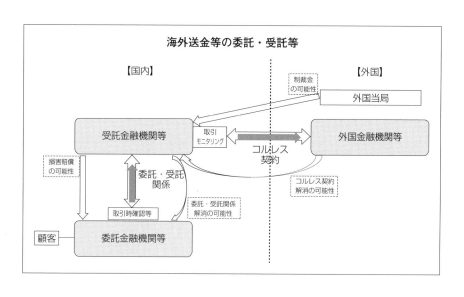

---

13) この点に関し，パブリックコメント15番，16番は，「送金業務における送金依頼人・受取人の確認等については，第一次的には，委託元金融機関等が実施することとなるものと考えられます。」と回答している。
14) 昆野・今野・髙橋・西田，前掲注４），10頁参照。

第7章 管理態勢とその有効性の検証・見直し

　リスクベース・アプローチに基づくマネロン・テロ資金供与対策の実効性は，マネロン・テロ資金供与対策に係る方針・手続・計画等を策定した上でのPDCA，経営陣の関与や強固なガバナンス態勢，職員の確保・育成等，堅牢なマネロン・テロ資金供与リスク管理態勢が講じられてはじめて実現するものである。

　その意味で，マネロン・テロ資金供与リスク管理態勢の構築は，これまで述べてきたリスクの特定・評価・低減を内容とするリスクベース・アプローチに基づく実効的なマネロン・テロ資金供与対策を「下支え」するものとして，重要な意義を有する[1]。

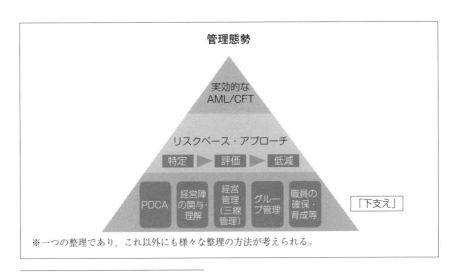

※一つの整理であり，これ以外にも様々な整理の方法が考えられる。

---

1) 昆野明子・西田勇樹・今野雅司・高橋良輔・髙橋瑛輝「『マネー・ローンダリング及びテロ資金供与対策等に関するガイドライン』の概要」金融法務事情2084号（2018年）14頁参照。

1. マネロン・テロ資金供与対策に係る方針・手続・計画等の策定・実施・検証・見直し（PDCA）

　マネロン・テロ資金供与対策の実効性向上のためには，他のリスク管理の手法と同様，マネロン・テロ資金供与対策に係る方針・手続・計画等を策定し（P），これを実施し（D），その実効性を検証し（C），必要に応じ絶えず改善をしていく（A）ことが有効である。

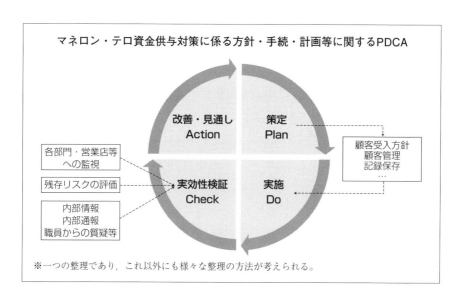

(1) マネロン・テロ資金供与対策に係る方針・手続・計画等の策定・実施

　ガイドラインでは，マネロン・テロ資金供与対策に係る方針・手続・計画等の策定に当たって，自らの業務分野・営業地域やマネロン・テロ資金供与に関する動向等を踏まえたリスクを勘案し，顧客受入方針・顧客管理・記録保存等の具体的な手法等について，全社的に整合的な形で適用することを求めている（【対応が求められる事項】①）。

　ここで，「マネロン・テロ資金供与対策に係る方針・手続・計画等」におけ

る「計画」とは，個々の金融機関等のマネロン・テロ資金供与対策の実効性を高めるための内部統制・監査・研修等の一連の計画とされる。また，「マネロン・テロ資金供与対策に係る方針・手続・計画等」は，FATF等で国際的に言われているAML/CFT programと基本的には同様と解される[2]。

マネロン・テロ資金供与対策に係る規程体系をどのように構築するかは，各金融機関等の規模・特性等に応じて多様なものが考えられるが[3]，顧客受入方針・顧客管理・記録保存等の具体的な手続が，全社的なマネロン・テロ資金供与対策に係る方針と離齬なく整合的であり，かつ当該方針に基づき策定された計画に則ってマネロン・テロ資金供与対策が的確に実行されていくことが重要と考えられる。

(2) マネロン・テロ資金供与対策に係る方針・手続・計画等の検証

PDCAサイクルを有効に回してマネロン・テロ資金供与対策の実効性を向上させていくには，各部門・営業店等での手続の実施・浸透状況の監視等も踏まえながら，マネロン・テロ資金供与対策に係る方針・手続・計画等の実効性を絶えず検証していくことが重要である（【対応が求められる事項】②）。

検証の方法としては様々なものが考えられるが，以下の記載も参考にしながら，金融機関等が直面するマネロン・テロ資金供与リスクに見合った検証の手法を自ら判断の上，講じていくことになる。

(3) 残存リスクの評価

マネロン・テロ資金供与対策に係る方針・手続・計画等の検証の手法としては，リスク低減措置を講じてもなお残存するリスクを評価し，残存するリスクが高い部分につき重点的にその原因分析や低減措置の見直し・改善を行う方法が有効と考えられる。

ガイドラインは，残存リスクの評価に関し，「リスク低減措置を講じてもな

---

2) パブリックコメント162番参照。

3) 上記の趣旨を踏まえたものであれば，必ずしも「計画」について独立の文書を作成する必要はなく，「方針・手続」と併せて整備することも許容される（パブリックコメント162番参照）。

お残存するリスクを評価し，リスク低減措置の改善や管理部門による更なる措置の実施の必要性につき，検討すること」を求めている（【対応が求められる事項】③）。

残存リスクの評価方法については，特定・評価したリスク要因ごとに評価する方法や，リスク要因の特定・評価後，商品・サービス別や部門・拠点別等，一定の視点に基づいて全社的なマネロン・テロ資金供与リスクの所在を評価し，これらに対して講じている低減措置や残存リスクを評価して「見える化」し，全社のうちで対処すべき部分がどこかを視覚的に明らかにする方法等，様々な方法が考えられる。

また，残存リスクの測定方法についても，個々のリスク要因を点数化し，これを合算して測定するものや，詳細な点数ではなく3段階で表示する等，様々である。

なお，残存リスクの評価を，リスク要因の特定・評価と併せて実施し，リスク評価書に残存リスクの評価まで記載する例もある。

いずれにせよ，いかなる残存リスクの評価・測定方法を用い，これをどのように活用していくかは，いかなる方法が自らのマネロン・テロ資金供与リスク管理態勢の高度化に最も資するか否かという見地から，金融機関等の規模・特性等に応じて，個別具体的に判断されることとなろう。

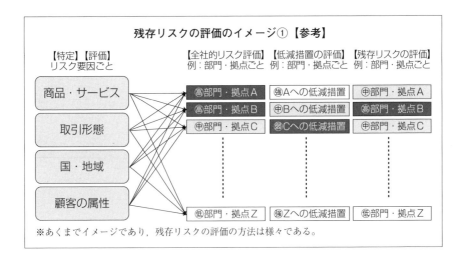

第 7 章　管理態勢とその有効性の検証・見直し　105

(4)　内部情報等の活用

　ガイドラインは，第 2 線たる管理部門や第 3 線たる内部監査部門がマネロ
ン・テロ資金供与対策に係る方針・手続・計画等の検証を行うことを求めてお
り，その具体的手法として，内部情報，内部通報，職員からの質疑等の情報を
踏まえることを記載している（【対応が求められる事項】④）。

　内部情報の活用としては，例えば，リスクの特定・評価の際にも用いたよう
な疑わしい取引の届出件数等の定量的指標を用い，部門・拠点別，「疑わしい
取引の参考事例」別等の比較（水平比較）や，これらの定量的指標の経年比較
（垂直比較）等を行い，当初の計画どおりに低減措置が成果を挙げているかを
検討したり，他の部門・拠点・事由や過去の実績等と比べて増減がみられる指
標につき，その原因分析や，必要に応じた低減措置の見直し・改善等を行うこ
とが考えられる[4]。

　その他，定量情報のみならず，職員からの内部通報で得た情報や，マネロ
ン・テロ資金供与対策に係る手続に関して職員から多い質問等の定性情報を活
用して，これを分析し，実効性検証・見直しに用いるといった方法も考えられ
る。

(5)　マネロン・テロ資金供与対策に係る方針・手続・計画等の見直し

　一定の実効性検証を経た後，何らかの課題や改善すべき事項等が明らかに
なった場合，マネロン・テロ資金供与対策に対する方針・手続・計画等につい
ては，必要に応じて見直していくことが重要となる。場合によっては，個別の
手続のみならず，マネロン・テロ資金供与対策に関する全社的な方針そのもの
や，リスクの特定・評価・低減のための手法全体の見直し等を行うことも考え
られる（【対応が求められる事項】⑤）。

(6)　専担部室の設置・外部専門家等によるレビュー

　ガイドラインは，【対応が期待される事項】として，自らの規模・特性・業

---

　4)　パブリックコメント163番参照。

容等を踏まえ，必要に応じて専担部室を設置することについても言及している（【対応が期待される事項】a）。

マネロン・テロ資金供与対策を専門的に担当する部門を設けることで，組織横断的かつ整合的にマネロン・テロ資金供与対策に係る方針・手続・計画等を遂行することが期待できるほか，専門性のある職員の配置によるマネロン・テロ資金供与対策の高度化や職員の育成等の効果も期待できる[5]。

その他，マネロン・テロ資金供与対策につき，必要に応じて外部専門家等のレビュー[6]を受けることも，その実効性の向上につながり得る（【対応が期待される事項】b）。

2．経営陣の関与・理解

経営陣[7]の関与・理解は，ガイドライン全体を通して強調されており，「I 基本的考え方」で金融機関等に求められる取組みを説明する箇所でも，一項を設けて説明されている。

これまでも述べてきたとおり，金融機関等が直面するマネロン・テロ資金供与リスクは，金融機関等が置かれている事業環境や自らの経営判断に基づき選択する経営戦略等にも左右されるものである。また，ひとたび金融機関等がマネロン・テロ資金供与事案に巻き込まれると，巨額の制裁金やレピュテーション上の不利益等，企業価値にも影響しかねない問題を生じ得る。

---

5) 専担部室の設置は，あくまでこのような実質的なメリットを期待して行うものであり，実態の変更を伴わないまま例えば併任辞令等で対応するといった形式的な対応は，ガイドラインの趣旨に合致しないと考えられる。

　なお，パブリックコメントでは，専担部室につき，基本的には第2線である管理部門に設置することが考えられるとしている（パブリックコメント165番）。

6) パブリックコメントでは，外部専門家等によるレビューの対象として，「例えば，マネロン・テロ資金供与対策に係る方針・手続・計画等の策定・実施・検証・見直し（PDCA）について助言を受けることや，国際的なマネロン・テロ資金供与対策に係る水準とのギャップ及び金融機関等における課題についてレビューを受けることが考えられますが，これらに限定されるものではありません。」としている（パブリックコメント166番）。

7) 「経営陣」とは，代表権を有する役員のほか，マネロン・テロ資金供与対策に責任を有する役員や関係する営業部門・監査部門に責任を有する役員を含み得る概念とされる（パブリックコメント6番参照）。

第7章　管理態勢とその有効性の検証・見直し　107

　このような点を考慮すると，マネロン・テロ資金供与対策は経営上の問題として対処すべきであり，経営陣としても積極的にメッセージを発信しつつ，適切な経営資源を配分して組織横断的な対応を講ずる必要がある[8]。

　なお，2018年9月に財務省より公表された「外国為替検査ガイドライン」においても，外為法令等遵守体制に係る経営陣の関与が強調されている[9]。

> **経営陣の関与・理解**
> ・経営戦略等における重要な課題としての位置付け
> ・マネロン・テロ資金供与対策担当役員の任命
> ・適切な資源配分（人員・予算等）
> ・役員・部門間の連携枠組みの構築
> ・研修等への積極的関与
> ・……

---

(1)　マネロン・テロ資金供与対策の経営戦略上の位置付け

　上記のとおり，マネロン・テロ資金供与対策は経営上の問題の1つであり，また適切な資源配分や組織横断的対応等のためにも，マネロン・テロ資金供与対策を経営戦略の一環として位置付ける必要がある。

　ガイドラインでも，マネロン・テロ資金供与対策を経営戦略等における重要な課題の1つとして位置付けることを，【対応が求められる事項】として記載している（【対応が求められる事項】①）。

(2)　マネロン・テロ資金供与対策担当役員の任命

　上記のような経営陣の関与を実現する1つの方法として，ガイドラインでは，

---

[8]　パブリックコメントでは，経営陣による関与について，「マネロン・テロ資金供与リスクが経営上の重大なリスクになりかねないことを的確に認識し，取締役会等において，マネロン・テロ資金供与対策を経営戦略等における重要な課題の一つとして位置付けることや，経営陣の責任において組織横断的な枠組みを構築し，戦略的な人材確保・教育・資源配分等を実施することが考えられます。」とされている（パブリックコメント7番，8番）。

[9]　外国為替検査ガイドライン5頁。詳細は第10章参照。

役員の中から，マネロン・テロ資金供与対策に係る責任を担う者を任命し，職務を全うするに足る必要な権限等を付与することを求めている（【対応が求められる事項】②）。

FATFも，FATF勧告18の解釈ノート３において，役員レベルにおけるコンプライアンスオフィサーの任命を求めている。

ガイドラインが対象としている金融機関等は多岐にわたり，その規模や組織構造等も多様なものが想定される。金融機関等が役員の中からマネロン・テロ資金供与対策の責任者を任命するに当たっては，事業環境や経営戦略，巨額の制裁金やレピュテーション上のリスク等を踏まえた上で，組織横断的な対応を講じる権限と職責を有する者として相応しい者を，金融機関等の規模や組織構造等を踏まえながら任命する必要がある[10]。

また，ガイドラインでは，マネロン・テロ資金供与対策担当役員が，金融機関等におけるマネロン・テロ資金供与対策について内外に説明できる態勢を構築することについても記載している（【対応が求められる事項】③）。経営陣に対する説明や全職員向けメッセージ発信といった社内向けの説明のほか，国内外の当局等を含む社外向けの説明も行い得るよう，当該役員に対して必要な情報が適時・適切に提供される態勢を構築しておくことが重要となる。

(3) 適切な資源配分

経営上の問題としてのマネロン・テロ資金供与対策に対処するには，経営陣が人材・予算双方の資源を適切に配分する必要がある（【対応が求められる事項】④）。具体的な人材配置や育成の方法等については，本章第３節，第５節で後述する。

なお，ガイドラインは，【対応が期待される事項】として，役職員の人事・報酬制度等において，マネロン・テロ資金供与対策の遵守・取組み状況等を適

---

10) パブリックコメントでは，「例えば，会社法上の取締役や，（日本証券業協会自主規制規則に基づく）内部管理統括責任者等が含まれるものと考えますが，いずれにせよ，各金融機関等においては，その規模や組織構造等に応じて，マネロン・テロ資金供与対策に係る責任を果たすことができる者を任命し，職務を全うするに足る必要な権限等を付与することが求められます。」とされている（パブリックコメント169番～173番）。

なお，海外の金融機関等においては，chief AML/CFT officer等の名称をもって，マネロン・テロ資金供与対策に係る責任を有する役員レベルの者が選任されるケースも多い。

第7章　管理態勢とその有効性の検証・見直し　**109**

切に勘案することを挙げている（【対応が期待される事項】a）。勘案の方法については，金融機関等が採用している人事・報酬制度の枠組み等によっても異なり得るが，自店検査や内部監査等での取引時確認書類の不備等を店舗の業績評価上マイナスに考慮するといった従来の「減点式」の勘案のほか，積極的かつ適切にマネロン・テロ資金供与対策に取り組んだ店舗・職員を評価する等，「加点式」の勘案を取り入れて，役職員の動機付け・意欲を高めるといった方法も考えられる。

(4)　役員・部門間での連携の枠組みの構築

全社的に整合的なマネロン・テロ資金供与対策を講じていくには，組織横断的な対応が不可欠であり，そのためには経営陣主導の下，マネロン・テロ資金供与対策に関わる役員・部門間の連携の枠組みを構築する必要がある（【対応が求められる事項】⑤）。

具体的な連携の枠組みは金融機関等ごとに多様なものが考えられるが，どのような枠組みを構築するにせよ，マネロン・テロ資金供与対策の実効性強化に資するものである必要があり，枠組み構築後も，その実効性を検証し，必要に応じ柔軟に改善・見直しを図っていくことが重要と考えられる[11]。

(5)　経営陣の研修等への関与

ガイドラインは，経営陣の研修等への関与について，経営陣が，職員へのマネロン・テロ資金供与対策に関する研修等につき，自ら参加するなど，積極的に関与することを求めている（【対応が求められる事項】⑥）。

職員に対する研修の重要性は，ガイドライン上も別項を設けて論じられているが，経営陣から職員に対してマネロン・テロ資金供与対策の重要性に関するメッセージを発信・浸透していく場として，このような職員向け研修の機会を

---

11) 会議体として，関係する部門の担当職員をメンバーとするAML/CFT委員会を新設して，社内のAML/CFTに関する情報共有や個別問題の検討等を行うこととしている取組みもみられる。連携の取組みの1つの有用な方法と考えられるが，部門間の円滑な意思疎通や会議の実効性向上のためには，関係部門の職員のみに任せきりにすることなく，こうした会議体に必要に応じてマネロン・テロ資金供与対策担当役員をはじめとする経営陣が主体的・積極的に関与することも考えられる。

利用することも有用と考えられる。

　また，経営陣が事業環境や経営戦略を踏まえたマネロン・テロ資金供与リスク及びこれに対する全社的なマネロン・テロ資金供与対策を理解するには，経営陣自身がマネロン・テロ資金供与対策に関する研修を受講することも重要である。職員に対する研修も階層や部門等を考慮した職責に見合ったものである必要があるのと同様，経営陣に対する研修も，職員のものとは別個の内容とするなど，マネロン・テロ資金供与対策における経営陣の職責・役割等を十分理解できるものであることが重要となる。

3．経営管理（三つの防衛線等）

　リスク管理一般において，会社の機能を営業部門・管理部門・内部監査部門に分類し，これらがそれぞれの役割・責任を発揮することで適切なガバナンス態勢を構築する，いわゆる「三つの防衛線」（三線管理）との概念で整理されることがある。

　ガイドラインでも，この「三つの防衛線」の概念の下で，金融機関等における各部門の役割・責任を明確化して，そのそれぞれにつき【対応が求められる事項】を整理している[12]。

　ただし，これは一つの整理の方法であり，各部門がいずれに属するかを明確にすることが目的ではない[13]。各金融機関等ごとの規模・特性等を踏まえた

---

12) なお，AML/CFTにおける三線管理（The three lines of defence）については，BCBSガイドラインにおいても詳細な記載がある（19-31）。
　　また，金融庁が2018年8月に公表した「仮想通貨交換業者等の検査・モニタリング中間とりまとめ」（https://www.fsa.go.jp/news/30/virtual_currency/20180810.html）においても，ビジネス部門（第1線），リスク管理・コンプライアンス部門（第2線），内部監査部門（第3線）と整理した上，それぞれの課題を整理している。
13) この点，金融庁が2018年10月に公表した「コンプライアンス・リスク管理に関する検査・監督の考え方と進め方（「コンプライアンス・リスク管理基本方針」）」（https://www.fsa.go.jp/news/30/dp/compliance_revised.pdf）7頁においても，「ただし，「三つの防衛線」の考え方は，リスク管理を行う上での一つの手段であって，明確に区分して態勢整備を行うこと自体が目的ではない。」とした上，「そのため，各防衛線の役割を定型的・形式的に考える必要はなく，各金融機関が組織の実情を十分に踏まえ，総合的にみて適切にリスク管理を行うことのできる態勢を自ら考えることが重要である。」としている。

整理をそれぞれにおいて行った上で，それぞれの整理の下で，【対応が求められる事項】記載の趣旨が達成されているか，確認していく必要がある[14]。

(1) 第1の防衛線

第1の防衛線（第1線）は，営業部門を指している[15]。前述した疑わしい取引の届出件数の統計[16]からも明らかなとおり，第1線たる営業部門での「気づき」に基づく疑わしい取引の検知は依然として重要である。第1線は，顧客と直接対面し，顧客や取引の具体的状況や経緯等を直接知り得る立場にあり，第2線によるITシステム等では検知できない状況を検知できる最初かつ唯一の防衛線ということもできる。その意味で，営業部門もマネロン・テロ資金供与対策の重要な役割を担っているとの認識を持つことが重要である。

具体的には，第1線に属するすべての職員が，マネロン・テロ資金供与対策に係る方針・手続・計画等を十分理解し，リスクに見合った低減措置を的確に実施することが必要である（【対応が求められる事項】①）。また，第1線にこのような理解を浸透させるため，第1線に属するすべての職員に対し，マネロン・テロ資金供与対策に係る方針・手続・計画等における各職員の責務等を分かりやすく明確に説明することが重要となる[17]（【対応が求められる事項】②）。

(2) 第2の防衛線

第2の防衛線（第2線）は，コンプライアンス部門やリスク管理部門等の管理部門を指している[18]。この管理部門にいかなる部門が含まれるかについても，各金融機関等の組織構造等により個別具体的に判断されることとなるが[19]，例

---

14) ガイドラインでは，「三つの防衛線」と異なる整理の1つの具体例として，「外部へのアウトソーシング」が挙げられている。例えば，営業店窓口業務を代理店に委託しているような場合が考えられるが，このような場合であっても，当該代理店がガイドライン上「第1の防衛線」としての機能を発揮し得るよう，委託金融機関等が「第2の防衛線」として監視・支援を行っていく，といった整理が考えられる。

15) ガイドラインⅢ－3(1)。

16) 第3章「7．疑わしい取引の届出の活用」参照。

17) 具体的には，経営陣によるメッセージの発信や，管理部門たる第2線による研修のほか，営業部門管理職による営業店内部での部下職員への研修等，様々な方法が考えられる。

18) ガイドラインⅢ－3(2)。

えば取引モニタリングシステムを所管するシステム部門や，専門性を有する人材の確保・維持を担う人事部門も含まれる[20]。金融機関等においては，関係する管理部門とその責務を明確化した上，協働する態勢の整備，密接な情報共有・連携を図ることが重要である（【対応が求められる事項】③）。

　三線管理の整理の下における第2線は，第1線によるマネロン・テロ資金供与リスク管理態勢につき，マネロン・テロ資金供与対策に係る方針・手続・計画等の遵守状況の確認や，低減措置の有効性の検証等により，独立した立場から監視を行うとともに（【対応が求められる事項】①），第1線に対し，マネロン・テロ資金供与に係る情報の提供や質疑への応答を行うほか，具体的な対応方針等について協議するなど，十分な支援を行う役割を担う（【対応が求められる事項】②）。

　このように，第2線が第1線に対する監視・支援等の責務を十分に発揮するには，その構成員たる職員が適切な知識・専門性等を有していることが重要となる（【対応が求められる事項】④）。

(3)　第3の防衛線

　第3の防衛線（第3線）は，内部監査部門を指している[21]。これまでも，内部監査部門は営業部門の取引時確認の実施状況等の事務不備に係る臨店監査等を実施してきたものと思われる。ガイドラインでは，こうした事務不備等の監査にとどまらず，第1線による異常取引の検知状況や，第2線に属するITシステムの検知状況，職員の専門性・適合性や研修等の実効性，さらには全社的なマネロン・テロ資金供与対策に係る方針・手続・計画等の有効性等，広範な事項を監査の対象として掲げている（【対応が求められる事項】①）。

　そして，内部監査の結果の監査役・経営陣への報告[22]に加え，マネロン・テロ資金供与対策に係る方針・手続・計画等の見直し，対策の高度化の必要性等の助言を行うことも求められている（【対応が求められる事項】④）。

---

19) ガイドライン上【対応が期待される事項】とされている専担部室の設置については，「基本的には第2線である管理部門に設置することが考えられます」とされている（パブリックコメント165番）。

20) ガイドラインⅢ−3(2)。

21) ガイドラインⅢ−3(3)。

また，ガイドラインは，監査の対象・頻度・手法等につき，自らが直面するマネロン・テロ資金供与リスクに照らしたものであることを求めている（【対応が求められる事項】②③)。

このような監査を適切に実施するには，内部監査部門にも，マネロン・テロ資金供与対策に係る適切な知識・専門性等を有する職員を配置することが必要となる（【対応が求められる事項】⑤)。限られた人的資源の中，いかにしてこのような人材を配置・育成していくかは１つの課題となろうが，例えば人事ローテーション等を活用しながら，マネロン・テロ資金供与対策に係る知識・経験を有する人員を育成していくといった方法も考えられる[23]。

なお，FATF勧告においても，勧告18の解釈ノート１において，独立した監査機能をAML/CFTプログラムに含めることが求められている。

4. グループベースの管理態勢

金融機関等がグループを形成している場合には，グループとして直面するマネロン・テロ資金供与リスクを適時適切に把握し，これに見合った対応を講じていくことが重要である。そのためには，グループ全体としてのマネロン・テロ資金供与対策に係る方針・手続・計画等を策定の上，グループ内の事業者の拠点・業務内容の違い等にも留意しながら，当該方針・手続・計画等に基づき，各事業者に対する監視や適切な資源配分等を行い，グループ全体として適切なマネロン・テロ資金供与リスク管理態勢を構築する必要がある。

グループベースの管理態勢の構築は，FATF勧告18においても，グループ全体として，情報共有や海外支店・子会社を含むマネロン・テロ資金供与対策プ

---

22) 内部監査結果の報告を受けた経営陣としては，自社でどの程度マネロン・テロ資金供与リスク管理態勢に係る内部監査が実施され，その指摘事項に対する対策がどのように検証されているのかを把握したうえで，必要に応じて見直しなどの指示を行うことが重要と考えられる。佐々木清隆「マネロン・テロ資金供与対策のあるべき方向性」金融財政事情2018年9月24日号14頁参照。

23) パブリックコメント180番参照。ただし，三線管理はそれぞれの部門の相互牽制を前提として成り立っている以上，このような人事ローテーションによってもそれぞれの部門の独立性が損なわれないように留意する必要がある。

ログラムの実行が求められている[24]。

　具体的にいかなる対策を講じていくかは，グループの規模や組織構造，業務展開の内容等によっても異なり得る。ガイドラインでは，グループ全体としてのマネロン・テロ資金供与対策に係る方針・手続・計画等の策定，グループ内の情報共有等，グループベースの管理態勢全般に該当する事項のほか，海外拠点を有する場合や，外国銀行支店に係る管理態勢につき，個別に論じている。

(1)　グループとして一貫したマネロン・テロ資金供与対策に係る方針・手続・計画等の策定

　ガイドラインでは，グループとして一貫したマネロン・テロ資金供与対策に係る方針・手続・計画等を策定の上，業務分野や営業地域等を踏まえながら，顧客受入方針・顧客管理・記録保存等につき，グループ全体で整合的な形で実施することを求めている（【対応が求められる事項】①）。

　グループベースの管理態勢を構築するに当たり，その対象となる事業者の範囲が問題となる。この点については，グループ各社のリスク等に応じて個別具体的に判断するほかないが，ガイドラインの適用対象となる金融庁所管の金融機関等[25]や過半数の株式を有する子会社のほか[26]，グループ内の事業者が実際にマネロン・テロ資金供与事案に巻き込まれた場合にグループ全体に波及する直接・間接の不利益等も踏まえながら，対象を判断の上，適切なグループベースの管理態勢を構築することが重要となる。

　また，グループ内の事業者に実際に適用される具体的な低減措置等は，当該事業者が置かれている事業環境や経営戦略等を踏まえたリスクの特定・評価結

---

24) なお，海外拠点を有する銀行グループに係るAML/CFTについては，BCBSガイドラインにも詳細な説明がある（63-83）。

25) 金融庁所管外のグループ内事業者に対するガイドラインの適用に関し，パブリックコメントでは，「当庁所管外の事業者については，今後，我が国金融システムの全体の底上げという観点から，関係省庁等とも的確に連携を図って参ります。なお，金融機関等がグループを形成している場合には，グループとして一貫したマネロン・テロ資金供与対策を実施することが求められます。」としている（パブリックコメント35番）。

26) パブリックコメントでは，「ご質問の（連結）子会社や持分法適用会社といった持分割合によって機械的に判断されるものではありません。」と回答されている（パブリックコメント191番〜193番）。

第7章　管理態勢とその有効性の検証・見直し　**115**

果等に基づき，事業者ごとに異なり得るものが想定される。グループ全体として整合したマネロン・テロ資金供与対策に係る方針・手続・計画等が適用されているからといって，事業者ごとの低減措置がすべて画一である必要はなく，各事業者に求められる低減措置の水準等は，各事業者のリスク等に応じて個別具体的に判断する必要がある[27]。

　なお，金融グループのプログラムがすべての支店・子会社に適用されなければならない旨は，FATF勧告18の解釈ノート4においても記載されている[28]。

FATF勧告18　解釈ノート4

- Financial groups' programmes against money laundering and terrorist financing should be applicable to all branches and majority-owned subsidiaries of the financial group.
- These programmes should include measures under (a) to (c) and should be appropriate to the business of the branches and majority-owned subsidiaries.
  (a) the development of internal policies, procedures and controls, including appropriate compliance management arrangements, and adequate screening procedures to ensure high standards when hiring employees;
  (b) an ongoing employee training programme; and
  (c) an independent audit function to test the system.
- Such programmes should be implemented effectively at the level of branches and majority-owned subsidiaries.

- 資金洗浄・テロ資金供与対策に関する金融グループのプログラムは，全ての支店及び過半数の資本を有するグループの子会社に適用されなければならない。
- このプログラムには，(a)から(c)の措置を含み，それは，支店や過半数の資本を有する子会社の業務にとって適切なものでなければならない。
  (a) 適切な法令遵守の管理を含む，内部の方針，手続，及び管理，そして従業員の雇用に当たり高い水準を確保するための適切な審査手続を構築すること
  (b) 継続的な従業員の訓練プログラム，及び

---

27) パブリックコメント191番～193番参照。
28) 本文中のFATF勧告18の解釈ノート4は，財務省，FATF勧告の解釈ノート（仮訳），https://www.mof.go.jp/international_policy/convention/fatf/fatf-40_240216_2.pdf参照。仮訳はあくまで参考にすぎない点に留意されたい。

(c) 当該システムを監視するための独立した監査機能。
- このプログラムは，支店や過半数の資本を有する子会社のレベルにおいて効果的に実施されなければならない。

(2) グループ内での情報共有態勢の整備

　グループ全体として一貫したマネロン・テロ資金供与対策に係る方針・手続・計画等の策定・実施や，グループ全体としての適切なリスク評価等のためには，グループ内でマネロン・テロ資金供与対策に関する情報を共有できる態勢を構築することが重要である（【対応が求められる事項】②）。

　この情報共有に関しては，個人データの第三者提供を制限している個人情報保護法23条との関係が問題となる。同条１項は，個人データの第三者提供につき原則として本人の同意を必要としている一方，「人の生命，身体又は財産の保護のために必要がある場合であって，本人の同意を得ることが困難であるとき」には同意なく個人データを第三者に提供できる（同条２項）。いかなる場合にこれに該当するかは，個別具体的な事例に即して総合的な利益衡量により判断されるところ，暴力団等の反社会的勢力情報，振り込め詐欺に利用された口座に関する情報，意図的に業務妨害を行う者の情報はこれに該当し得ると例示されており[29]，パブリックコメントでは，「犯罪収益移転防止法に基づく疑わしい取引の届出をした顧客情報・取引情報も同様に上記例外的な場合に該当し得るものと考えます。」とされている。また，同条２項の例外の適用がない場合であっても，例えばグループ内の事業者との共同利用につき，個人データの項目，共同利用者の範囲，利用目的及び当該個人データ管理責任者について，あらかじめ本人に通知し，又は本人が容易に知り得る状態に置いているときには，同条５項３号の共同利用として共有することも可能と考えられる[30]。

---

29) 個人情報保護委員会，「個人情報の保護に関する法律についてのガイドライン（通則編）」（2017年３月）３−１−５(2)参照（https://www.ppc.go.jp/files/pdf/guidelines01.pdf）。
30) パブリックコメント202番〜204番参照。

第7章　管理態勢とその有効性の検証・見直し　117

　他方，金融商品取引法が適用される金融機関等との関係では，グループ内で顧客等に関する非公開情報の受領を禁止する金融商品取引法44条の3第1項4号，金融商品取引業等に関する内閣府令153条1項7号等との関係が問題となる。この点に関しては，法令遵守管理に関する業務を行うために必要な情報の受領は例外として認められているところ（金融商品取引業等に関する内閣府令153条1項7号リ・同条3項1号），パブリックコメントでは，「「マネロン・テロ資金供与対策の実効性確保等のために必要なグループ内での情報共有態勢を整備すること」は，法令遵守のために必要なものであり，こうした制限の適用除外規定に該当するものと考えられます。」とされている[31]。

　なお，情報共有態勢の整備に関しては，FATF勧告18の解釈ノート4においても記載がある[32]。

FATF勧告18　解釈ノート4

- Group-level compliance, audit, and/or AML/CFT functions should be provided with customer, account, and transaction information from branches and subsidiaries when necessary for AML/CFT purposes.
- This should include information and analysis of transactions or activities which appear unusual (if such analysis was done) ; and could include an STR, its underlying information, or the fact that an STR has been submitted.
- Similarly, branches and subsidiaries should receive such information from these group-level functions when relevant and appropriate to risk management.
- Adequate safeguards on the confidentiality and use of information exchanged should be in place, including to prevent tipping-off.

---

31) パブリックコメント202番〜204番。
32) 本文中のFATF勧告18の解釈ノート4は，財務省，FATF勧告の解釈ノート（仮訳），前掲注5参照。仮訳はあくまで参考にすぎない点に留意されたい。
　　なお，勧告18の解釈ノートに関しては，2017年11月に，情報共有の内容の具体化や内報禁止との関係の明示等に係る改正が行われており，この観点から仮訳に対して加筆・修正等を行った上，可能な範囲で加筆・修正等を行った和訳部分及び対応する原文につき下線を施している。

- Countries may determine the scope and extent of this information sharing, based on the sensitivity of the information, and its relevance to AML/CFT risk management.

- グループレベルでの法令遵守，監査，及び／又は資金洗浄・テロ資金供与対策の機能に対し，資金洗浄・テロ資金供与対策の目的のために必要である場合，支店及び子会社から顧客情報，口座情報，取引の情報が提供されなければならない
- こうした情報には，異常と思われる取引その他の活動に関する情報及び分析，疑わしい取引の届出及びその前提となる情報，さらに疑わしい取引の届出を行った事実が含まれなければならない。
- 同様に，支店及び子会社は，リスク管理に関連性があり適切である場合には，グループ本体からこうした情報が提供されなければならない。
- 内報の禁止規定の適用除外を含む，守秘義務及び交換情報の利用に関するセーフガードが設けられなければならない。
- 各国は，情報の機微性やAML/CFTリスク管理との関連性に基づき，情報共有の範囲及び程度を決定することができる

(3)　海外拠点等を有する金融機関等グループの留意点

　金融機関等グループが海外拠点等[33]を有している場合には，海外拠点等ごとに適用される法規制等を遵守する必要があるほか，当該法規制等が我が国の法規制等よりも厳格でない場合であっても，グループ全体に対して我が国金融機関等グループ全体のマネロン・テロ資金供与対策に係る方針・手続・計画等を適用し，これが当該法規制によって許容されない場合には，我が国の当局に情報提供を行うことが求められる[34]（【対応が求められる事項】⑤，なお犯収法施行規則32条2項も参照[35]）。

33）なお，「海外拠点等」には，一般的に，現地法人，支店，駐在員事務所等が含まれるものとされる（パブリックコメント196番・197番参照）。また，ガイドラインがこれらの海外拠点等に対する対応を求めていること等から，パブリックコメントではガイドラインの英語版の作成を要望するコメントも寄せられたが（パブリックコメント198番参照），ガイドラインの英訳（暫定版）については既に金融庁HPで公表されている（https://www.fsa.go.jp/common/law/amlcft/cn_amlcft_guidelines.pdf）。

34）我が国の法規制等より海外拠点等に適用される現地の法規制等が厳格である場合に，当該海外拠点等において当該現地法規制等を適用すべきであるのは当然である（【対応が求められる事項】⑤参照）。

35）ガイドラインの策定に併せ，監督指針も所要の改正が行われている（例として，主要行等向けの総合的な監督指針Ⅲ－3－10－2(4)）。

また，このような法規制の違いや，海外拠点等が置かれている地理的・政治的環境を含む事業環境，それぞれの海外拠点等が提供している業務内容や商品・サービス等を踏まえ，各海外拠点等に内在するリスクを特定・評価し，可視化した上で，グループ全体での適正な資源配分を含む低減措置を講じていく必要がある（【対応が求められる事項】③）。可視化の具体的方法は各金融機関等ごとに様々であるが，例えば海外拠点等が所在する国・地域を，その法規制等も含めてリスク要因として特定・評価した上，他のリスク要因と併せて各海外拠点等ごとのリスク評価を改めて実施し，海外拠点等も含むグループ全体のリスク評価を「見える化」するといった方法が考えられる。いずれにせよ，海外拠点等のリスクの所在及び内容を経営陣も含めて明確に認識した上，重点的かつ実効的に低減措置を講じていくのに資する方法により可視化することが重要と考えられる。

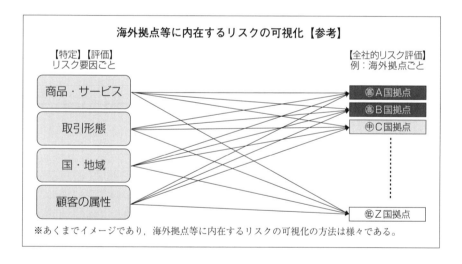

さらに，海外拠点等も含む全社的なマネロン・テロ資金供与対策に係る方針・手続・計画等の策定やその前提としての情報共有を行うには，当該海外拠点等に係る情報保護法制や外国当局のスタンス等にも留意する必要がある（【対応が求められる事項】④参照）。

⑷ 外国金融グループの在日拠点について

外国銀行支店等，外国金融グループの在日拠点については，既に本店が所在する外国において構築しているマネロン・テロ資金供与リスク管理態勢の枠組みの中に位置付けられているのが通常と思われる。外国金融グループの在日拠点においては，こうした枠組みの中にありながら，ガイドラインの趣旨に則った対応を講じ，我が国金融機関等との取引状況も含め，当局等を含むステークホルダーに説明責任を果たしていくことが求められる（【対応が求められる事項】⑥）。

5．職員の確保，育成等

マネロン・テロ資金供与リスク管理態勢の実効性は，これを担う職員が，それぞれの職責に応じた専門性や適合性を保有して，こうした専門性や適合性を適切に発揮しながら職務を遂行していくことによってはじめて達成される。

FATF勧告においても，勧告18の解釈ノート１にて，継続的な職員のトレーニング・プログラムをAML/CFTプログラムに含めることが求められている。

具体的には，マネロン・テロ資金供与対策に関わる職員[36]について，その役割に応じて必要とされる知識・専門性・適合性等について継続的に確認することが求められる（【対応が求められる事項】①）。

こうした職員の役割ごとの知識・専門性・適合性等は，当該役割に応じた研修等の実施によって担保される。こうした研修は，自らの直面するリスクに適合し，最新の法規制や内外当局の情報等を踏まえたものである必要があるほか（【対応が求められる事項】③），研修等で取り扱った内容の遵守状況の検証等により，研修等の効果を確認することも重要である（【対応が求められる事項】④）。

また，自らが直面するマネロン・テロ資金供与リスクを踏まえて作成したマネロン・テロ資金供与対策に係る方針・手続・計画等を着実に履行するには，

---

36) ここでいう「マネロン・テロ資金供与対策に関わる職員」とは，営業担当職員も含むマネロン・テロ資金供与対策に関わる幅広い職員が想定される（パブリックコメント212番，213番参照）。

これを具体化する手続等につき分かりやすい資料等で周知徹底を図るほか，こうした手続等についても適切かつ継続的な研修等を行うことが重要である（【対応が求められる事項】②）。

さらに，疑わしい取引の届出状況や管理部門への質問内容・気づき等の営業部門への還元は，第2線による第1線への支援の一つの手法となるとともに，営業部門としてもこれを営業部門内で各職員に的確に周知・浸透等することを通じて，営業部門におけるリスク認識を高め，職員の知識・専門性・適合性等を向上していくことが重要である（【対応が求められる事項】⑤）。

その他，海外拠点等を有する金融機関等グループにおいては，海外拠点等が直面するマネロン・テロ資金供与リスクについても十分な対応を講じることができるよう，この点に留意した研修等を実施することも重要となる（【対応が期待される事項】ab参照）。

第8章 金融庁によるモニタリング等

1．金融庁によるモニタリング

　ガイドラインは，最後に「Ⅳ　金融庁によるモニタリング等」との1章を設け，最初に，「Ⅳ−1　金融庁によるモニタリング」として，リスクベース・アプローチに基づき，業態ごとのリスク及び業態内の各金融機関等のリスクを特定・評価し，リスクに応じて実効的かつ効率的なモニタリングを行うことについて言及している。

　当局によるリスクベース・アプローチは，FATF勧告でも第1の勧告として定められ，重視されている。

　当局がリスクの高低を特定・評価するには，種々の定量・定性情報等の客観的データに基づくことが必要となる。この点に関し，ガイドラインは，犯罪収益移転危険度調査書も踏まえつつ，当局として既に入手可能なデータのほか，(i)疑わしい取引の届出件数（国・地域別，顧客属性別等の内訳），(ii)内部監査や研修等（関係する資格の取得状況も含む。）の実施状況，(iii)特定事業者作成書面等，(iv)マネロン・テロ資金供与リスク管理についての経営陣への報告や，必要に応じた経営陣の議論の状況，等を必要に応じて金融機関等より提出を受け，監督当局によるリスクベース・アプローチの実効性の向上を図るとしている。

　上記を踏まえ，金融庁は，2018年3月から順次，預金取扱金融機関，保険会社，証券会社，信託会社，資金移動業者，貸金業者等に対し，取引実態及びマネロン・テロ資金供与対策の実施状況等に係る定量・定性情報について報告を求めている[1]（詳細は第10章にて後述する）。

---

　1)　「現状と課題」9頁，10頁。

2．官民連携・関係当局との連携等

　ガイドラインは，最後に，これまでも該当箇所で説明してきた，金融庁と業界団体・個別金融機関等，関係省庁，外国当局との密接な情報交換・連携につき，改めて整理して論じている。

　ガイドラインの対象は，金融庁所管の特定事業者すべてに及び，その規模・特性は多様なものが想定される。そのため，ガイドラインの趣旨を踏まえ，国際的な動向等にも配慮した実効的なマネロン・テロ資金供与対策をガイドラインの適用対象となるすべての金融機関等が講じていくには，金融庁と業界団体等とが連携した上での事例の共有や，業務の共同化・効率化等の取組みが重要となる[2]。

　金融機関等がリスクベース・アプローチに基づいて，犯収法等で規定されていない新たな手続等を導入した場合，当該手続等の適用を受ける利用者の理解が得られてはじめて，このような手続等は有効に機能し，マネロン・テロ資金供与対策の実効性が担保されるといえる。その意味で，当局や業界団体等が，広報・周知等を通じて利用者の理解を得る試みも重要と考えられる[3]。

---

[2]　全国銀行協会，全国地方銀行協会，第二地方銀行協会，日本証券業協会，生命保険協会，日本損害保険協会等にマネロン・テロ資金供与対策の専門部会等が設置されているほか，特に預金取扱金融機関については，同分野における密接な官民連携を図る観点から，2018年4月に「マネロン対応高度化官民連絡会」が発足されている。同連絡会の下部組織として，「AML/CFT態勢高度化研究会」が設置され，システム共同運用の具体化等が研究・議論される予定となっている。「現状と課題」11頁，13頁参照。

[3]　例として，金融庁HP「金融機関窓口などでの取引時の情報提供にご協力ください」（https://www.fsa.go.jp/news/30/20180427/20180427.html），全国銀行協会HP「銀行をご利用のお客さまへのお知らせ」（https://www.zenginkyo.or.jp/special/aml201806/）。その他，スマートフォン用ニュースサイトや新聞における政府広報等も実施されている（「現状と課題」12頁参照）。

第9章 実効的なマネロン・テロ資金供与対策の高度化に向けて

　ここまで，ガイドラインに基づく金融機関等の対応につき，ガイドラインの記載の順に概ね沿う形で説明してきた。本章では，これまでの議論の整理も兼ねて，ガイドラインに基づくマネロン・テロ資金供与対策の高度化に向けて，重要と思われるポイントを簡潔に論じてみたい。

1．現状の確認とギャップの分析・解消

　まずは，自らが実際に講じているマネロン・テロ資金供与対策の現状につき，客観的に分析し，ガイドライン等が求めている実効的なマネロン・テロ資金供与対策とのギャップを洗い出すことが重要となる。

　ギャップ分析の実施については，ガイドラインにおいても「フォワード・ルッキングなギャップ分析の実施」が「Ⅰ−2(2)経営陣の関与・理解」において言及されているほか，金融庁も，各業界団体との意見交換会等の場で，ギャップ分析を実施することの重要性を説明している[1]。また，預金取扱金融機関，保険会社，金融商品取引業者等に対しては，2018年5月から6月にかけて，【対応が求められる事項】とのギャップを分析し，当該ギャップを埋めるための具体的な行動計画を策定・実施するよう要請されている[2]。

　ギャップ分析を通して現状を把握した上で，ギャップ解消に向けて設定した内容及び期限に向けて，具体的なアクションプランを講じていくこととなる。その進捗等を随時確認し，スケジュールを修正して新たなアクションプランを

1）　例として，「業界団体との意見交換会において金融庁が提起した主な論点（平成30年6月，共通事項）」（https://www.fsa.go.jp/common/ronten/201806/01.pdf）。
2）　「現状と課題」4頁参照。

講じていくことは，ガイドラインで定めているマネロン・テロ資金供与対策に係る方針・手続・計画等の策定・実施・検証・見直し（PDCA）にもつながっていく。

実効的なアクションプランを策定するためには，現状をありのままに把握した上，いつまでに，どの部門が，いかなる人員で対応するか，経営資源の配分も踏まえながら検討する必要があり，その意味においても経営陣の関与が重要となる[3]。

2．既存の法令等の確認

上記のとおり，リスクベース・アプローチの考え方は，犯収法においても一部採り入れられている。具体的な対応を検討するに当たっては，こうしたリスクベース・アプローチに関する犯収法令上の規定に立ち返ってみることも有用と考えられる。

例えば，上記のとおり，リスク評価書の作成に関し，犯収法施行規則32条1項を参考とし，(i)自らが行う取引の犯罪収益移転の危険性の程度等を調査・分析した結果を記載し（同項1号），(ii)取引時確認等の措置を行うに際して必要な情報の収集・整理・分析（同項2号）や，(iii)確認記録・取引記録等の継続的精査（同項第3号）の前提となることを念頭に置いて作成するという方法も考えられる[4]。

また，なりすましの疑いがある取引や当初の取引時確認に係る事項を偽っていた顧客等との取引等については，従前より犯収法上通常より厳格な取引時確認が求められている（犯収法4条2項1号）。こうしたいわゆる「高リスク取引」に該当するか否かを判断するに当たって，一定の判断基準や手続等が既に

---

3) 「現状と課題」4頁。なお，佐々木清隆「マネロン・テロ資金供与対策のあるべき方向性」金融財政事情2018年9月24日号14頁は，態勢整備の遅れの背景として，「マネロン・テロ資金供与対策が経営上の課題として全社的なリスク管理の枠組みでとらえられておらず，企業文化として根付いていない」点を挙げている。
4) もとより，リスク評価書の内容は各金融機関等の業容や特性等により異なるものであるため，実際のリスク評価書の構成や内容等は様々なものが考えられ，犯収法施行規則等の各条項に形式的に逐一対応する文書を作成する必要は必ずしもないものと考えられる。

金融機関等内部の規程等に組み込まれている場合には，この現状を出発点とした上で，現在行っている取組み等が犯収法令上の規定の形式的遵守にとどまるものか，これを超えて自らのリスク評価に基づいた実効的なマネロン・テロ資金供与対策を講じているといえるものであるかどうか等を検討し，判断基準や手続等を改善・高度化していくといった方法も考えられる。

　その他，金融機関等が犯収法8条に基づく疑わしい取引の届出を行うに当たって特に注意を払うべき取引の類型として，金融庁より「疑わしい取引の参考事例」が公表されており[5]，これらの取引類型の抽出については，取引類型ごとに一定のシナリオや敷居値を設定してモニタリングする等，既に金融機関等の実務に何らかの形で採用されているものと思われる。「疑わしい取引の参考事例」も，これまでの実例等からリスクが高い類型をまとめたものといえるが，例えば金融機関等において，これらの「疑わしい取引の参考事例」を適切に抽出する運用となっているか，取引実行後に事後的に疑わしい取引の届出を行うのみならず，取引実行前に事前にこれらの取引類型につき適切な低減措置を講ずることが可能となっているか等を検証するといった方法も考えられる。

3．既存のリスク管理の枠組み等の参照・差異の理解

　リスクベース・アプローチという考え方自体は，リスク管理において一般的に用いられている枠組みである。これまで，マネロン・テロ資金供与対策は法令等遵守の一環として整理され，犯収法令等の個別の規定の遵守状況を形式的にチェックするといったルールベースのアプローチが採られる傾向があったように思われるが，金融機関等が実際に行っている他のリスクベースでの管理態勢を参考に，これをマネロン・テロ資金供与対策に応用していくといった方法も考えられる[6]。

---

5)　https://www.fsa.go.jp/str/jirei/。

6)　例えば，外部委託先管理に関し，種々の要素を考慮して外部委託先のリスク評価を行い，その管理の手法をリスクに応じて異にしているといった取組みをしている金融機関等もあるものと思われる。このような取組みの前提にある枠組みを，コルレス先管理や顧客（属性）ごとのリスクベース・アプローチに応用していくといった方法も考えられる。

また，マネロン・テロ資金供与対策は，金融機関等が既に実施している反社会的勢力への対応等を一部包摂しているといえる。そこで，このように対策が一部重複する分野に関しては，現在行われている関連する実務を洗い出し，これと自らが目指すべき実効的なマネロン・テロ資金供与対策との差異を分析した上，その差異を解消しつつ，今後はマネロン・テロ資金供与対策の一環として一体的に対応するといった方法も考えられる[7]。

なお，金融庁は，2018年10月，同年6月に公表した「金融検査・監督の考え方と進め方（検査・監督基本方針)」を踏まえ，コンプライアンス・リスク管理に関する検査・監督の考え方と進め方を整理した「コンプライアンス・リスク管理に関する検査・監督の考え方と進め方（「コンプライアンス・リスク管理基本方針」)」を公表した[8]。ここでは，これまでルールベースの発想が強かったコンプライアンス・リスクについても，リスクの特定・評価・低減を中心とするリスクベース・アプローチに基づくリスク管理を考える必要がある旨明示したほか，経営陣の主導的役割，三線管理，グループ管理等，ガイドラインとも共通する記載が複数なされている。今後，コンプライアンス・リスク全般の管理にも，本書で述べたようなマネロン・テロ資金供与対策の枠組みや具体的手法を応用していくことも考えられるところである。

4．他の金融機関等との情報交換・連携等

マネロン・テロ資金供与対策の高度化に当たっては，最近の犯罪動向や国際的な議論の流れ，ITシステム等を用いた他の金融機関等のマネロン・テロ資金供与対策の動向等も踏まえた対応を講じていく必要がある。こうした動向等は絶えず変化していくものであり，その意味でマネロン・テロ資金供与対策は

---

7) 例えば反社対応については総務部門が行う等，マネロン・テロ資金供与対策のうち一部をマネロン・テロ資金供与対策所管部署とは異なる部署が担当している金融機関等もあるものと思われる。いかなる部門がマネロン・テロ資金供与対策を行うかは各金融機関等の規模・業容等によっても異なり得るが，いずれにせよ，関係する部門の連携・協働の下，全社的に整合的かつ一貫したマネロン・テロ資金供与対策を講じていくことが重要である。

8) https://www.fsa.go.jp/news/30/dp/compliance_revised.html。

第9章　実効的なマネロン・テロ資金供与対策の高度化に向けて　**129**

「ムービング・ターゲット」といわれることもある。

このような「ムービング・ターゲット」に機動的かつ実効的に対応していくには，金融機関等がガイドラインに基づいて直面するマネロン・テロ資金供与リスクを特定・評価・低減していく方策を自ら検証し，講じていく必要があるのはもちろんであるが，このような「自助」による努力だけでは一定の限界があることも事実である。

そこで，これまで以上に，業界団体や中央機関等とも通じて，他の金融機関等との情報交換や連携等，「共助」によるマネロン・テロ資金供与対策の高度化を図っていくことが重要となる。

他の金融機関等との情報交換・連携等に当たっては，当局から提供される事例等を共有するのみならず，他の金融機関等と，最近の犯罪動向や有効な実務等につきざっくばらんな情報交換を行うことも有用と考えられ，その場として業界団体等を活用することも考えられる。実効的なマネロン・テロ資金供与対策は金融機関等の規模・業容等に応じて異なり得ること，マネロン・テロ資金供与対策に脆弱性が認められる金融機関等が狙われる傾向があること等にかんがみれば，同種の規模・業容等を有する金融機関等と積極的に意見交換を行い，業界全体のマネロン・テロ資金供与対策の底上げを図っていくことも重要となる。

なお，ガイドラインにもアウトソーシング等による共同化等につき記載があるところ[9]，実際にも，共同でマネロン・テロ資金供与対策を行っていく枠組みが検討されている[10]。このような取組みにより，単独では実現できない高度なマネロン・テロ資金供与対策が講じられることが期待される一方で，金融機関等ごとの業容・特性に応じたマネロン・テロ資金供与対策をいかに両立していくかが重要と考えられる。

---

9)　ガイドラインⅣ-2参照。
10)　システム共同化については，「現状と課題」13頁参照。

5．当局との連携・情報収集

　ガイドラインにもあるとおり，金融庁は，従前以上に情報収集を強化し，事例等の共有を図るとともに，金融機関等と継続的に対話等を行っている[11]。

　こうした当局からの情報発信[12]や当局との継続的対話等を通じ，金融機関等としては，当局の問題意識や他の金融機関等の動向を把握しながら，実効的なマネロン・テロ資金供与対策の高度化に役立てていくことができると考えられる。特に，2018年8月には，ガイドライン公表及びその後の諸施策・モニタリング結果等を取りまとめた「現状と課題」を公表しており，ガイドラインに基づいて規模・業容等に応じた個別具体的な対応が求められる金融機関等にとって参考となる記載が多数含まれている（詳細は第10章にて後述する）。

　2019年のFATF第4次対日相互審査も見据えながら，今後も当局と金融機関等との継続的な対話や実態把握等が行われていくことが想定されるが，金融機関等としては，このような機会を，「自助」「共助」を補完する「公助」としてのマネロン・テロ資金供与対策の高度化の1つの契機として活用していくことが考えられる。

　なお，国際的な動向の把握や来るべきFATF審査等を踏まえると，FATFや国際機関等が発出する文書等に留意する必要性はより一層高まっている。FATF勧告のほか，これらの機関が発出する最新の文書等にも留意しておくことが重要となる[13]。

---

11) ガイドラインⅣ−2参照。「現状と課題」では，2017年8月から12月にかけて計20回，2018年1月から6月にかけて計57回のアウトリーチを実施した旨や，2018年4月以降に順次，35の地域銀行，37の信用金庫，15の信用組合を往訪するなどして，各金融機関等の管理態勢状況等についてのヒアリングを実施した旨等が記載されている（11頁，14頁参照）。

12) 金融庁と業界団体との意見交換会においても，マネロン・テロ資金供与対策に関する議論が度々論点として提起されている（https://www.fsa.go.jp/common/ronten/index_2.html参照）。

13) こうした国際機関等が発出する文書の一部は，金融庁が提供する「新着情報メール配信サービス」（https://www.fsa.go.jp/haishin/service_top.htm）によっても確認可能である。

第 9 章　実効的なマネロン・テロ資金供与対策の高度化に向けて

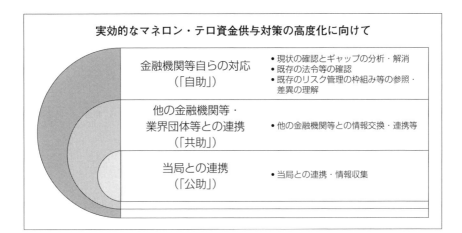

第10章 ガイドライン策定・公表後及び今後の動き

1. ガイドラインに基づく諸施策の実施

(1) ガイドラインとのギャップ分析の要請

　ギャップ分析の実施については，ガイドラインにおいても「フォワード・ルッキングなギャップ分析の実施」が言及されている[1]。金融庁は，各業界団体との意見交換会等の場でギャップ分析の重要性を説明しているほか[2]，預金取扱金融機関，保険会社，金融商品取引業者等に対しては，2018年5月から6月にかけて，【対応が求められる事項】とのギャップを分析し，当該ギャップを埋めるための具体的な行動計画を策定・実施するよう要請した[3]。

　今後，当局・金融機関等とも，ガイドラインとの差分の確認・現状の認識の共有の段階から，差分の解消やガイドラインの形式的な遵守を超えたさらなる高度化の段階へと移っていくこととなる。ガイドラインとの差分の確認及びその解消・高度化に当たっては，経営陣の主体的・積極的関与の下，経営資源にも配慮した具体的かつ実現可能なアクションプランを策定・実施していく必要があり，こうしたアクションプランの策定・実施を計画的に行うこと等を通じ，マネロン・テロ資金供与対策の実効性の向上に向けたPDCAを効果的に回していくことが今まで以上に重要となると考えられる。

---

1) ガイドライン I - 2(2)。
2) 例として，「業界団体との意見交換会において金融庁が提起した主な論点（平成30年6月，共通事項)」(https://www.fsa.go.jp/common/ronten/201806/01.pdf)。
3) 「現状と課題」4頁参照。

(2) 3メガバンクグループ向けベンチマークの策定

　ガイドラインは，犯収法上の特定事業者のうち金融庁所管の事業者に対して，幅広く【対応が求められる事項】等を規定している[4]。もっとも，グローバルなシステム上重要な金融機関（G-SIFIs）として大規模かつグローバルなビジネスを展開している3メガバンクグループについては，国際金融システムの健全性を維持する役割は他の金融機関等よりも大きく，またG-SIFIsの中で相対的に脆弱性が高ければ，我が国がマネロン・テロ資金供与の抜け道ともなりかねない。この意味において，3メガバンクグループは，ガイドラインにおける要請にとどまらず，より堅牢なマネロン・テロ資金供与リスク管理態勢をグループベース・グローバルベースで構築する必要がある。

　こうした観点から，金融庁は，2018年5月，ガイドラインにおける【対応が求められる事項】に止まらないグループベース・グローバルベースでの【対応が求められる事項】（「3メガバンクグループ向けベンチマーク」）を発出し，これと現状とのギャップ分析及び差分解消に向けたアクションプランの策定を求めた[5]。

3メガバンクグループ向けベンチマークの概要

1．リスクベース・アプローチの徹底
グループベース・グローバルベースによる精度の高いリスクベース・アプローチ
2．顧客管理
顧客リスク格付の付与を前提とした継続的な顧客管理
3．コルレス先等管理
コルレス先及び委託元金融機関等のリスク評価およびリスクに応じた適切な管理の実施
4．貿易金融
契約条件，輸送経路，船舶名，市況調査等を含む，きめ細やかな確認・調査
5．疑わしい取引の届出

---

4) ガイドラインⅠ-4参照。
5) 「現状と課題」4頁，5頁。

深度ある調査による不審取引の的確な検知，届出結果のリスク低減措置への活用
6．ITシステムの活用とデータ管理（データ・ガバナンス）
精度の高いITシステムの設計・運用とデータベースの構築
7．職員の確保・育成等
ITシステム，データ分析の専門家を含めた適合性のある職員の確保・育成
8．方針・手続・計画等の策定・実施・検証・見直し（PDCA）
ITシステムの設計・運用やデータベースの構築等を含めたAMLプログラムの策定・実施・検証・見直し

〔金融庁「マネー・ローンダリング及びテロ資金供与対策の現状と課題」（2018年8月）5頁参照〕

(3) 送金取引に係る窓口業務及び管理体制の緊急点検（緊急チェックシート）

　ガイドラインでは，取引相手に対して自らの監視が及びにくい点や，外国当局による制裁金や海外送金網からの撤退の可能性等を踏まえ，これまでも犯収法令や監督指針等に記載されていたコルレス契約管理等も含め，海外送金等を行う場合の留意点につき，リスクの特定・評価・低減の後にあえて一項を設けて説明している[6]。

　また，2018年3月には，金融機関等における実効的なマネロン・テロ資金供与対策の実施を確保し，更に促進する観点から，ガイドラインの項目のうち，送金取引に重点を置いて基本的な確認事項等（「緊急チェックシート」）を取りまとめ，すべての預金取扱金融機関に対して発出し，併せて，緊急チェックシートに沿った金融機関等における検証等の状況について，金融庁に報告するよう求めている[7]。金融庁は，緊急チェックシート発出前に発生したマネロン・テロ資金供与対策の不備が疑われる事案の概要についても公表しており[8]，

---

6)　ガイドラインⅡ-2(4)。

7)　金融庁「金融機関等における送金取引等についての確認事項等について」（2018年3月30日），https://www.fsa.go.jp/news/30/20180330amlcft/20180330amlcft.html，「現状と課題」6頁～8頁。なお，「緊急チェックシート」や定量データ等に係る報告徴求命令等の趣旨に関しては，尾崎寛「ワンポイント・レク　いま金融機関に求められるマネロン対策とは？」金融財政事情2018年6月11日号40頁も参照。

金融機関等においては，こうした当局からの発信を自らのマネロン・テロ資金供与対策の改善・見直しの契機として積極的に活用していくことが重要と考えられる。特に，当局が公表する事案が犯収法等で規定された手段を履行するのみでは十分でないことを前提としていると思われる点には，留意を要する。

不自然な送金が実行された事例

【概要】
約1か月の間，複数回にわたり，金融機関の個人口座に現金で持ち込まれた多額の現金が，十分な確認を経ず，外国銀行の海外法人口座に送金された。
【事案の経過】
【顧客】 ▪ これまで個人取引を行っていた支店や他の支店に，複数回にわたって現金を持参 ▪ その都度，口座への入金及び全額の海外への送金を依頼 ▪ 資料を提示しながら海外法人への貸付目的と説明 【金融機関】 ・顧客（送金人）の住所・氏名・送金目的を示す資料が揃っていることから，<u>犯収法等の違反はないとして送金取引を実行</u> ・海外送金責任者に速やかに情報が報告されず，管理部門にも情報伝達が行われなかった
【課題】
1．多額の現金を持参して口座に入金し，海外法人に対して，貸付金の名目でその全額を送金するといった，当該顧客にとって，これまでにない不自然な取引形態であったにも拘らず，<u>犯収法等で規定された最低限の資料の確認（本人確認等）に止まっている</u> 2．送金目的の合理性，送金先企業の実態・代表者の属性，資金源等，送金のリスクについて実質的に検証が行われず，複数回の高額送金が看過 3．短期間のうちに頻繁に，多額の，取引直前の現金入金による送金が続いた点等を踏まえ，営業店又は管理部門で危険性を検知し，取引実行の前に，以下のような点を確認すべきであったにもかかわらず，これらを確認していない ・取引直前の現金入金に基づく多額の現金送金の合理性 ・短期間に頻繁に多額の送金が行われる事情 ・個人の生活口座を通じ海外企業に送金することの合理性

8）「現状と課題」7頁。

第10章　ガイドライン策定・公表後及び今後の動き　**137**

- ・貸付の経緯，送金の資金源
- ・入金申込のあった支店で取引を行う合理的な理由
4．外部からの指摘を受けるまで問題意識を持たず，再発防止策や態勢見直し等の対応を行っていない
5．海外の送金先口座からの資金の移動状況を，送金先銀行に確認するなどの情報収集を行っていない

〔金融庁「マネー・ローンダリング及びテロ資金供与対策の現状と課題」（2018年8月）7頁参照〕

⑷　取引等実態報告

金融機関等及び当局双方のリスクベース・アプローチのためには，種々の定量・定性情報等の客観的資料が必要であり，金融庁が金融機関等に対して必要に応じてこれらの情報の提出を求めることは，ガイドラインにも記載されている[9]。

こうした観点から，金融庁は，2018年3月から順次，預金取扱金融機関，保険会社，証券会社，信託会社，資金移動業者，貸金業者等に対し，取引実態及びマネロン・テロ資金供与対策の実施状況等に係る定量・定性情報について報告を求めている[10]。

報告項目（固有リスク）		
商品・サービス	事業の規模感の測定	顧客数・口座数・預貯金額等（個人・法人の別）
取引形態	（現金取引）高額な現金取引の多寡	200万円以上の現金取引の件数・金額等
	（非対面取引）インターネットバンキングの取引実績	インターネットバンキング取引の件数・金額等
	海外送金業務の規模	海外送金件数・金額等（仕向・被仕向別）
国・地域	コルレス契約の状況	コルレス契約の件数等
顧客属性	非居住者	非居住者口座数・預貯金額等
	外国PEPs	外国PEPsの顧客数及び預貯金額等

---

9)　ガイドラインⅣ-1。
10)「現状と課題」9頁，10頁。

ML/FT リスク	ML/FTリスクの顕在化	内規違反件数等
報告項目（統制）		
態勢面	（第1線）営業部門の機能発揮	口座開設時の情報・リスク評価の情報等
	（第2線）管理部門によるチェック	顧客の類型化・継続的顧客管理・検証内容等
	（第3線）内部監査部門による監査	監査内容等
	（全体）社内共有手段	関連情報の共有手段等
人材面	人員数	担当者数等
	研修数	研修の実施回数等
	専門家育成の取組み有無	専門家を採用・育成する取組み等
RBA	環境変化に応じた機動的対応	関連規程の直近改訂の時期・内容等
	リスク評価書の充実度	（リスク評価書の添付）
	リスク評価書の内容変更に応じた機動的対応	リスク評価書の変更に連動した関連規程の改訂等
システム	モニタリングシステムの導入状況	モニタリングシステムの導入の有無・システム名等
	モニタリングシステムの検知精度	シナリオの本数・見直しの有無等
	モニタリングシステムの機動性	アラート検知から検証するまでの時間等
	フィルタリングシステムの導入状況	フィルタリングシステムの導入の有無・システム名等
	誤検知への対応	False Positiveの検証等
海外送金	不審な点がある場合の追加調査	追加調査の基準・方法等
	イラン・北朝鮮以外への対応方針	イラン・北朝鮮以外の高リスク国への対応方針等
	送金電文への入力	送金電文に送金人・受取人を含めているか等
	コルレス先評価	コルレス先の評価の有無
その他	国際的な情報収集，内報防止等	FATF，OFAC等の情報収集，内報防止の手続等

〔金融庁「マネー・ローンダリング及びテロ資金供与対策の現状と課題」（2018年8月）10頁〕

第10章　ガイドライン策定・公表後及び今後の動き　**139**

　こうした取組みは，当局のリスクベース・アプローチに基づくモニタリングの参考指標とする等の目的のため，今後も継続的に行われるものと思われる。金融機関等においても，このような定量情報や定性情報等を自らのリスクベース・アプローチの指標として活用する等，こうしたデータ徴求の機会を自らのマネロン・テロ資金供与対策の見直し・高度化の1つの契機として活用していくことが考えられる。

2．金融機関等におけるマネロン・テロ資金供与リスク管理態勢の現状

　金融庁は，2018年2月のガイドライン策定・公表，3月の緊急チェックシートや取引等実態報告，5月のギャップ分析要請等を踏まえ，各金融機関等の対応状況を確認するとともに，各金融機関等の管理態勢状況等についてのヒアリングを実施している。金融庁は，2018年8月，こうしたヒアリングやオンサイト・オフサイトモニタリング等から見られた金融機関等におけるマネロン・テロ資金供与対策の現状・傾向につき，「現状と課題」の中で公表している[11]。

　ガイドラインにおいて，モニタリングの過程で見られた事例等につき，金融庁として積極的に金融機関等との共有を図っていく旨記載されており[12]，ガイドライン公表後のセミナー等の「アウトリーチ[13]」の機会でも金融機関等の対応事例等が説明されている[14]。「現状と課題」の公表は，こうした流れを受け，好事例のみならず問題と思われる事例についても公表がなされている[15]。また，全体の傾向と併せ，業態別の現状と課題を整理しており，ガイドラインに基づいて規模・業容等に応じた個別具体的な対応が求められる金融機関等にとっても，大いに参考となると思われる。

　「現状と課題」のうち，リスク評価書に関する分析は「第4章　第7節　リ

11）「現状と課題」14頁以降。
12）ガイドラインⅣ−1等。
13）金融機関等に対し，対策の必要性とあり方について働きかけを行う取組み。「現状と課題」11頁。
14）「現状と課題」11頁。
15）なお，悪事例の公表については，尾崎，前掲注7）42頁も参照。

140

スク評価結果の文書化」に，我が国に一定期間居住する外国人（留学生や技能実習生等）への金融サービス提供に係る留意点は「第5章　第2節　(8)　リスク遮断の検討」に，それぞれ記載する等，本書においては可能な限り該当箇所に記載するように努めているが，以下では，本書でこれまで十分に記載しきれていない業態別の現状と課題につきまとめて記載する。

(1)　地域金融機関

「現状と課題」では，「業態別の現状と課題」として地域金融機関が冒頭に置かれており，他の業態よりも分量を割いて説明がなされている。ガイドライン策定・公表後の緊急チェックシート・ギャップ分析等の諸施策につきすべての地域金融機関が対象とされ，またこれらの諸施策を踏まえたヒアリングも地域金融機関に対して行われていること[16]，「現状と課題」に記載されているリスク評価[17]，不自然な海外送金[18]，不審送金[19]等の問題事例がいずれも地域金融機関に関するものであること等にかんがみても，地域金融機関のマネロン・テロ資金供与リスク管理態勢の高度化が，1つの重要な課題となっているといえる[20]。

地域金融機関におけるマネロン・テロ資金供与対策の現状と課題

【現状】
・ 主として法令等遵守の観点から，振込詐欺等の特殊詐欺対策や反社会的勢力への対応等，明確な対応方針が定められている事項が中心
・ （経営陣の理解・ガバナンス）一部の地域金融機関において，マネロン・テロ資金供与対策が，経営上の課題として，全社的なリスク管理の枠組みで捉えられて

---

16)「現状と課題」14頁によれば，2018年4月以降に順次，35の地域銀行，37の信用金庫，15の信用組合を往訪しているとされる。

17)「現状と課題」図表7，本書では「第4章　第7節　リスク評価結果の文書化」に記載。

18)「現状と課題」事例1，本書では「第10章　第1節　3．送金取引に係る窓口業務及び管理体制の緊急点検（緊急チェックシート）」に記載。

19)「現状と課題」事例2，後記「大手銀行を避け，小規模金融機関で不審な送金が行われた事例」参照。

20) なお，地域金融機関に求められるマネロン・テロ資金供与対策については，金築真人・日下真也「いま求められるマネー・ローンダリングおよびテロ資金供与対策（上）地域金融機関・保険業界編」金融財政事情2018年8月20日号30頁も参照。

おらず，企業文化として根づいていない
- （営業店における態勢整備）犯収法上に明示されている「取引目的」「職業」「事業の内容」の確認は行っているものの，以下の事例のように，「取引目的」「職業・事業内容」「取引金額」を照らし合わせて不審さ・不自然さが残る取引について十分な確認を経ず海外送金する事例がみられる
    - ✓個人が「生活費」として「多数回」にわたり「高額の現金」を海外送金する事例
    - ✓法人が「ギフト（贈与）」名目で多数回にわたり特定国へ海外送金する事例
- （管理部門等における態勢整備）
    - 口座開設時には本人確認・取引時確認等の手続を実施しているものの，未だ多くの地域金融機関において，開設後に顧客の住居・事業内容等を継続的に確認することとされておらず，継続的顧客管理の基準・手続の整備に課題
    - 取引モニタリングシステムに関し，特殊詐欺防止等の観点から，相当数の地域金融機関が敷居値等をカスタマイズし，不審な取引の検知につなげているが，送金取引一般については，以下のような事例がみられる
        - ✓高頻度取引や高額取引の定義の設定，取引類型別の敷居値の調整等，システムをカスタマイズして取引検知を行うことができていない事例
        - ✓海外送金取引を取引モニタリングシステムの対象としていない事例
        - ✓近接する複数の営業店にまたがって個人が不審・不自然な海外送金取引を行っていたにもかかわらず，それが看過される事例
    - 制裁対象者等を検知するフィルタリングシステム
        - ✓システムに登録されたリストに課題が認められる事例
        - ✓あいまい検索の設定が適切でない事例
        - ✓グレー先（制裁リスト等に当たると断定はできないがその疑いが残る先）についてのより詳しい調査等のフォローアップが必ずしも十分でない事例

【課題】

- 経営陣において，マネロン・テロ資金供与リスクを経営上のリスクと捉え，主体的かつ積極的な関与・理解の下，リスクに応じた人材配置・育成等も含めたリソース配分を的確に行うことが必要
- 金融機関内のどこに固有リスクがあるのかを特定・評価した上で，これを踏まえて営業店に対し，リスクがあると疑われる事例や検証のポイントを具体化して伝達し，事務フローとして浸透・実施させていく必要
- 管理部門においては，上記のリスク評価の結果を踏まえて，営業店等が不審・不自然な取引を的確に検知・報告する態勢を構築するとともに，過去の取引実績も踏まえた取引モニタリングシステムの整備等を行い，検証の精度向上を図る必要

〔金融庁「マネー・ローンダリング及びテロ資金供与対策の現状と課題」（2018年8月）17頁～20頁参照〕

大手銀行を避け，小規模金融機関で不審な送金が行われた事例

犯罪組織・テロ集団等は，マネロン・テロ資金供与対策が相対的に進んでいない金融機関等を入口に金融システムに侵入し，犯罪収益の移転等を図る傾向がある。

【概要】

違法な販売等を行ったとして行政処分を受けた事業者（法人A）は，処分等を端緒に，大手銀行等においては口座解約又は厳格な取引時確認を受けることになり，当該販売等から得た利益の移転が難しくなった。

こうした中で，法人Aの役員Xが代表取締役である関連会社（法人B）が，これまで法人Aや役員Xとは取引がなかった信用組合Aに新たに法人B名義の口座を開設。法人Aの販売等に係る資金等（億円単位）を当該信用組合の法人B口座に送金させ，インターネットバンキング取引により，振り込まれた資金を即日，他の大手銀行個人口座に送金していた。

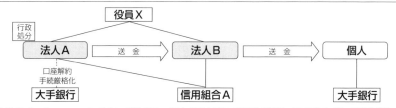

〔金融庁「マネー・ローンダリング及びテロ資金供与対策の現状と課題」（2018年8月）18頁参照〕

(2) 3メガバンク

3メガバンクにおいては，海外G-SIFIsのプラクティスや，国際的に求められる対策の水準等も意識しながら，ガイドライン記載事項のほか，上記「3メガバンクグループ向けベンチマーク」を踏まえ，これと現状とのギャップ分析及び差分解消に向けたアクションプランを着実に遂行すること等を通じ，G-SIFIsとしてより堅牢なマネロン・テロ資金供与リスク管理態勢をグループベース・グローバルベースで構築することが重要となる。

また，上記のとおり，地域金融機関から海外送金等を受託している3メガバンクグループは，不正な海外送金等により自らがマネロン・テロ資金供与取引に巻き込まれることを防止するとともに，わが国金融機関等への信頼やわが国金融システム全体の健全性を維持するため，いわばわが国金融市場のゲートキーパーとして，委託元の地域金融機関の対策向上の促進も含めた幅広い役割

第10章　ガイドライン策定・公表後及び今後の動き　**143**

を果たすことが期待される[21]。

3 メガバンクのマネロン・テロ資金供与対策の現状と課題

【現状】

- 地域金融機関と比べて比較的早い時期から，既に，ガイドラインやFATFの第4次審査水準等とのギャップ分析を進めており，当該ギャップ分析に基づく行動計画の立案・実施にも取り組んでいる

【課題】

1．個々の顧客にリスク格付を付与し，リスクに応じて顧客確認の深度や頻度を変更するなど，きめ細やかな継続的顧客管理を行うこと
2．海外送金取引を受託している地域金融機関やコルレス先金融機関に対し，定期的に，当該金融機関におけるマネロン・テロ資金供与リスク管理態勢の確認を行い，必要な場合に，指導を行うこと。また，個々の取引ベースで，システムを活用しながら当該金融機関等と連携してモニタリングを行うこと
3．貿易金融は，貿易書類の虚偽記載等によって，軍事転用物資や違法薬物の取引，人身売買等に利用される危険性を有していることから，契約条件，輸送経路，船舶名，市況調査等についてきめ細やかな確認・調査を実施すること
4．疑わしい取引の届出について，過去の届出状況・傾向等を分析し，又は届出を行った個別取引について深度ある調査を行うことで，不審取引の検知，リスク低減措置の具体的内容の検討に活用すること
5．上記のようなきめ細やかな顧客管理・データ管理等を実施するために，ITシステムの整備状況を改めて確認し，データの十分性・活用可能性等を向上させること（データ・ガバナンス）

〔金融庁「マネー・ローンダリング及びテロ資金供与対策の現状と課題」（2018年8月）20頁，21頁参照〕

(3)　保険会社

　保険会社においても，ガイドラインに基づいて，リスクに見合った低減措置を講じていくため，保険会社ごとに異なるリスクの特定・評価を行うことが重要となる。

　一般に，生命保険会社における一時払い終身保険や養老保険，損害保険会社における積立型保険等，中途解約を行った場合にも高い解約返戻金が支払われ

21）「現状と課題」5頁参照。

144

るような貯蓄性を有する商品については，犯罪収益を即時又は繰り延べて資産化することを可能とするものであり，「商品・サービス」のリスクが認められる。その他，インターネット等の非対面取引，募集人・代理店等の介在といった「取引形態」のリスク，非居住者等に対する海外送金を伴う取引等の「顧客属性」「取引形態」のリスクにも留意する必要がある[22] [23]。

また，上記のとおり，FATFが2018年10月に「生命保険セクター向けリスクベースアプローチ・ガイダンス」を公表しており，こうした国際的な議論にも留意が必要である[24]。

保険会社のマネロン・テロ資金供与対策の現状と課題

【現状】
▪ 生命保険会社における一時払い終身保険や養老保険，損害保険会社における積立型保険といった，契約満了前に中途解約を行った場合にも高い解約返戻金が支払われるような貯蓄性を有する商品については，<u>犯罪による収益を即時又は繰り延べて資産化することを可能とする</u>
▪ <u>インターネット等の普及による非対面取引の拡大，募集人や代理店等の介在及び非居住者等に対する海外送金を伴う取引等</u>，生命保険・損害保険それぞれの販売・資金受渡しの場面において，マネロン・テロ資金供与リスクについても，その状況に応じて，具体的な検証を行うことが求められる
✔ 海上保険等の保険金支払い，保険契約締結後に外国に転居した非居住者に対する生命保険金等の支払いに関して，<u>国境をまたぐ多額の取引である点も踏まえたリスク分析が十分に行われていない</u>事例
✔ <u>複数の代理店にまたがる保険契約締結</u>に際して，<u>取引時確認の適正性を確保するための規程等の整備に課題</u>が見られる事例
【課題】
1．まずは，<u>自社の取り扱う商品</u>と，<u>入出金の具体的な場面</u>において，いかなるマネロン・テロ資金供与リスクに直面しているのか，<u>全社的な視点から洗い出し</u>を行うことが必要

---

22)「現状と課題」21頁参照。

23) なお，保険会社に求められるマネロン・テロ資金供与対策については，金築・日下，前掲注20）も参照。

24) FATF, Public Consultation on the Draft Risk-Based Approach Guidance for the Life Insurance Sector（2018.7), http://www.fatf-gafi.org/publications/fatfgeneral/documents/public-consultation-guidance-life-insurance.html.

> 2．例えば，貯蓄性の高い保険商品について，<u>中途解約やクーリング・オフにより契約締結から短期間のうちに多額の解約返戻金を受け取る異常取引等</u>について，<u>システム等を用いてモニタリングを行う</u>

〔金融庁「マネー・ローンダリング及びテロ資金供与対策の現状と課題」(2018年8月) 21頁参照〕

(4) 金融商品取引業者

　金融商品取引は，これを通じて犯罪収益を様々な商品や権利に変換することを可能とし，また複雑なスキームの中で不透明な形で移転し，転々流通する権利を表象する有価証券等を通じて財産的価値を移転することも可能となるため，金融商品取引は，犯罪による収益を生成，移転し，合法資産に統合するための有効な手段となり得る[25]。金融商品取引業者としては，このような「商品・サービス」を取り扱う金融機関等として，ガイドラインの趣旨を踏まえた実効的なマネロン・テロ資金供与リスク管理態勢を構築する必要がある[26]。

　また，日本証券業協会は，2018年6月6日に「『マネー・ローンダリング及びテロ資金供与対策に関するガイドライン』の金融商品取引業における実務上の取扱い及び留意事項～マネロン等対応の考え方～」を公表しており[27]，これを自らのマネロン・テロ資金供与リスク管理態勢構築の参考とすることも考えられる。

　さらに，上記のとおり，FATFが2018年10月に「証券セクター向けリスクベースアプローチ・ガイダンス」を公表しており，こうした国際的な議論にも留意が必要である[28]。

---

25) 「現状と課題」22頁参照。
26) なお，証券業界に求められるマネロン・テロ資金供与対策については，眞下利春・藤原利樹・伊藤康太「いま求められるマネー・ローンダリングおよびテロ資金供与対策（下）証券業界編」金融財政事情2018年9月3日号34頁も参照。
27) http://www.jsda.or.jp/shiryo/web-handbook/301_hourei/files/180606_goamlcmt.pdf。
28) FATF, Public Consultation on the Draft Risk-Based Approach Guidance for the Securities Sector (2018.7), http://www.fatf-gafi.org/publications/fatfgeneral/documents/public-consultation-guidance-securities.html。

146

金融商品取引業者のマネロン・テロ資金供与対策の現状と課題

【現状】
・顧客受入れ時の取引時確認等を含む基本的な管理態勢の整備が定着しつつある ・もっとも，以下のような事例も認められる ✓顧客受入れ時の確認が不十分であったために反社会的勢力の口座が開設されていた事例 ✓高リスク顧客に該当する旨の申告が顧客側からあったにもかかわらず，長期間これを放置し，通常の顧客管理の対象としていた事例 ・リスク評価書作成の取組み自体は浸透してきたものの，<u>リスク分析の手法や深度</u>の観点からはなお課題

【課題】
1．<u>自社がいかなるマネロン・テロ資金供与リスクに直面しているのか</u>，顧客，商品・サービス及び取引形態の特性等を踏まえ，<u>包括的な視点から洗い出す</u>ことが必要 2．分析したリスクに応じ，顧客受入後であっても，本人特定事項の偽り，又は架空の人物若しくは他人へのなりすましに関して，<u>継続的なモニタリング</u>の中で再確認し，また不審な取引等がないかについても確認するなど，実効的な対策を適切に講じていくことが肝要

〔金融庁「マネー・ローンダリング及びテロ資金供与対策の現状と課題」（2018年8月）22頁参照〕

(5) 仮想通貨交換業者

　取引履歴がブロックチェーン上で公開され，取引追跡が一般的に容易と考えられているビットコイン等の暗号資産（いわゆる仮想通貨）についても，ウォレットが必ずしも特定の自然人と結びつかないことから真の所有者の特定が困難であるといった問題や，匿名化技術の使用により取引の追跡をさらに困難にさせることも可能となるといった問題がある[29]。

　上記のとおり，仮想通貨交換業者に関しては，金融庁が2018年8月「仮想通貨交換業者等の検査・モニタリング　中間とりまとめ」を公表しており[30]，事務ガイドラインで公表されている監督上の着眼点をより具体的に理解する上で有益となり，仮想通貨交換業に係るすべての業者（登録業者，みなし業者，新規

---

29)「現状と課題」23頁参照。
30) https://www.fsa.go.jp/news/30/virtual_currency/20180810.html.

登録申請業者）が内部管理態勢等の自己チェックを行う上で有効に活用し得る事例等が記載されている。既に登録が完了している登録業者のみならず，今後登録を行うみなし業者や新規登録申請業者においても，こうした事例等を参考に自らのマネロン・テロ資金供与リスク管理態勢を構築していくことが重要となる[31]。

また，金融庁は，2018年10月，登録審査のプロセスをより明確化し，その透明性を高め，登録に向けた予見可能性を確保する観点から，仮想通貨交換業者の登録審査について記載したウェブサイトを開設し，「登録審査プロセス」「質問票」「主な論点等」を公表した[32]。

さらに，仮想通貨交換業者に関しては，FATFが2015年にリスクベース・アプローチに関するガイダンス[33]を公表しているほか，G20においても，各国の仮想通貨に対するマネロン・テロ資金供与対策の態勢強化が議論されており，こうした最新の国際的議論にも留意しておく必要がある[34]。FATF勧告との関係では，2018年10月，新しい技術について定めるFATF勧告15に，仮想資産サービス提供業者がマネロン・テロ資金供与対策の観点から規制されること，免許又は登録制度により，FATF勧告の遵守状況が監督されること等が新たに規定されるとともに，「仮想資産（Virtual Asset）」「仮想資産サービス提供業者（Virtual Asset Service Providers）」の定義が新設された[35]。

---

31) なお，仮想通貨交換業者に求められるマネロン・テロ資金供与対策については，岡田瞳「仮想通貨交換業者におけるマネロン・テロ資金供与対策のあるべき姿」金融財政事情2018年3月19日号28頁，佐々木清隆「マネロン・テロ資金供与対策のあるべき方向性」金融財政事情2018年9月24日号15頁も参照。

32) https://www.fsa.go.jp/news/30/virtual_currency/20181024-2.html。「質問票」には，ガイドラインの【対応が求められる事項】に関する留意点も記載されており，仮想通貨交換業者以外の金融機関等にも参考となる。

33) FATF, Guidance for a risk-based approach – Virtual Currencies（2015.6），http://www.fatf-gafi.org/media/fatf/documents/reports/Guidance-RBA-Virtual-Currencies.pdf。

34) なお，仮想通貨に対する国際的議論については，矢作大祐「仮想通貨に対する国際監督・規制強化の動向」金融財政事情2018年9月24日号17頁も参照。

35) http://www.fatf-gafi.org/publications/fatfrecommendations/documents/regulation-virtual-assets.html参照。

148

仮想通貨交換業者のマネロン・テロ資金供与対策の現状と課題

【現状】

・ ビットコインに代表される暗号資産（いわゆる仮想通貨）については，取引履歴がブロックチェーン上で公開され，取引追跡が可能であるという特徴がある
・ ウォレットが必ずしも特定の自然人と結びつかないことから，真の所有者を特定することは困難
・ 取引に当たって匿名化技術を用いることで取引の追跡をさらに困難にさせることもできる
・ 不正アクセスにより暗号資産が流出したみなし仮想通貨交換業者への行政処分・立入検査や，その他のみなし業者・登録業者へのモニタリング等を通じ，以下のような問題点が認められた
  ✓ 複数回にわたる高額の仮想通貨の売買にあたり，取引時確認及び疑わしい取引の届出の要否の判断を行っていない
  ✓ 法令に基づく取引時確認を十分に実施しないまま，仮想通貨の交換サービスを提供しているほか，疑わしい取引の届出の要否の判断を適切に実施していない
  ✓ マネロン・テロ資金供与リスク等，各種リスクに応じた適切な内部管理態勢を整備していない
  ✓ 取引時確認を検証する態勢を整備していないほか，職員向けの研修も未だ行っていないなど，社内規則等に基づく業務運営を行っていない
  ✓ 疑わしい取引の届出の判断が未済の顧客について，改めて判断し，届出を行ったとしているが，当局の指導にもかかわらず，当局が改善を要請した内容を十分に理解する者がいないため，是正が図られていない

〔金融庁「マネー・ローンダリング及びテロ資金供与対策の現状と課題」（2018年8月）23頁，24頁参照〕

(6) その他の事業者

上記のほか，「現状と課題」は，資金移動業者や，貸金業者，信託銀行・信託会社の現状と課題についても整理している[36]。

36）「現状と課題」24〜26頁参照。なお，信託業界・資金移動業界に求められるマネロン・テロ資金供与対策については，宮田穰・正木洋輔「いま求められるマネー・ローンダリングおよびテロ資金供与対策（中）信託業界・資金移動業界編」金融財政事情2018年8月27日号34頁も参照。

第10章　ガイドライン策定・公表後及び今後の動き　**149**

資金移動業者のマネロン・テロ資金供与対策の現状と課題

【現状】
◦実際の送金の方法 　① 依頼人が資金移動業者の営業店に現金を持ち込み，受取人が別の営業店で現金を受け取る方法 　② 資金移動業者が開設した依頼人の口座と受取人の口座との間で，資金を移動させる方法 　③ 資金移動業者がサーバに記録した金額と関連づけられた証書を発行し，証書を持参してきた者に支払いを行う方法 ◦いずれも，預金取扱金融機関に比して安価な手数料で，迅速に世界的規模で資金を移動させることができるものであり，その利便性に見合った対策等が行われない場合には，マネロン・テロ資金供与に利用されるおそれ ◦他の業態と同様，リスク評価を実施すること自体については浸透しつつあるものの，リスクの特定・評価に関する分析の深度や具体化の程度等には，個社ごとに違い 　✓提供している支払手段の運搬可能性・匿名性等のリスクについて分析が十分でない事例 　✓送金相手国について，制裁対象に該当するか否かを確認するに止まり，制裁対象の周辺国・地域に当たるか，周辺地域に当たる場合に取引態様等から総合的なリスク判断を行う必要がないかなどについての分析が十分でない事例 　✓送金取引を受け付けるに当たっての確認手続についても，実務的に行われている確認手続等が規程上必ずしも明確でなく，リスク評価結果等を踏まえた確認・検証手続等として整備されていない事例，確認項目自体が十分でない事例 ◦総じて，預金取扱金融機関と比較し，態勢面の整備状況等に相対的に遅れ

【課題】
1．窓口における取引時確認や顧客管理等の事務フローの整備のみならず，経営管理，人材確保・育成及びシステム整備等も含め，管理態勢の全般的な高度化 2．特に，海外送金取引を行う資金移動業者については，取引の相手方の確認が相対的に困難である中で，犯罪収益が当該取引を通じてグローバルなコルレス網等に流入することがないよう，管理態勢の高度化に向けた早急な取組み

〔金融庁「マネー・ローンダリング及びテロ資金供与対策の現状と課題」（2018年8月）24頁，25頁参照〕

貸金業者のマネロン・テロ資金供与対策の現状と課題

- 預金取扱金融機関との提携を含めた自動契約受付機・現金自動設備の普及やインターネットを利用した貸付を通じ，利便性を高めている
  - ✓ こうした利便性が犯罪者等から悪用され，簡便な貸付及び返済を繰り返すなどにより，犯罪収益の追跡が困難となること等がないか，十分留意する必要
  - ✓ 実際に，犯罪収益移転危険度調査書（2017年11月）における貸金業者に係る疑わしい取引の届出事例を見ると，「暴力団員・暴力団関係者等に係る取引」「架空名義口座又は借名口座であるとの疑いが生じた口座を使用した入出金」等が多く見られている
- 貸金業者によるビジネスは貯蓄性のない取引が多い一方で，マネロン・テロ資金供与へのつながりは否定できない。こうした一般的なリスクの着眼点を勘案の上，自社の特性に鑑み，細かくリスクの特定・評価を行うとともに，それらに紐づいた具体的なリスクの低減措置の検討が必要

信託銀行・信託会社のマネロン・テロ資金供与対策の現状と課題

- 信託スキームに特有な点：金融機関等と顧客の関係が，資産等の当初の保有者（委託者），信託銀行・信託会社（受託者）のみならず，資産等の権利の移転を受ける者（受益者）も含む三者関係となる
  - ✓ 委託者が信託前の財産を信託受益権に転換し，受益者等に不正な利益の移転等を図ることがないかという観点から，マネロン・テロ資金供与対策の実施に取り組む必要
  - ✓ 受託者として，委託者のみならず受益者についても十分な顧客確認・リスク評価手続等を実施していく必要
- 信託会社について見ると，リスク評価書の作成状況が8割を下回り，また，作成している事業者においても，犯罪収益移転危険度調査書に準じた形式的な記載に留まっている事例が複数見られるなど，他業態に比して，必ずしもリスクベース・アプローチに基づく対応は進んでいない状況
- 一部の信託会社においては，信託商品の特性について個別に分析の上，リスクの特定・評価を行い，リスク評価書を作成している好事例も

〔金融庁「マネー・ローンダリング及びテロ資金供与対策の現状と課題」（2018年8月）25頁，26頁参照〕

3. ガイドライン以外の法規制等をめぐる動き

リスクベース・アプローチに基づく実効的なマネロン・テロ資金供与リスク管理態勢の向上や，金融機関等からの要望，その他2019年に迫ったFATF第4次相互審査等も見据え，ガイドライン以外にも種々の法規制等の改正・新設等がなされている。金融機関等以外の特定事業者にも適用されるものも含め，主なものを以下に簡単に紹介する[37]。

ガイドライン以外の法規制等をめぐる動き

新たな本人特定事項の確認方法等を定める犯収法施行規則の改正

- オンラインで完結する本人確認方法の創設（公布とともに施行予定）
- 個人の非対面取引の本人確認方法の厳格化（2020年4月施行予定）

法人の実質的支配者の申告に関する公証人法施行規則の改正（2018年11月施行予定）

- 法人の実質的支配者となるべき者について，公証人が法人の定款を認証する際に申告を受ける等の措置を内容とする改正案

外国為替検査ガイドラインの新設（2018年10月適用開始）

- RBAを適用するための外為法令及び犯収法令の遵守体制及びリスク管理体制の構築
- 金融機関等に対するオフサイト・モニタリングの実施
- 関係当局間の連携

疑わしい取引の届出における入力要領の改訂（2018年3月改訂，適用開始）

- 資金中継取引の入力要領及び入力例を追加
- 特定事業者に仮想通貨交換業者が追加されたことに伴う仮想通貨送・受信取引の入力要領の改訂
- 提供先捜査機関等に国税庁等が追加されたことに伴う入力要領の改訂　等

---

(1) 新たな本人特定事項の確認方法等を定める犯収法施行規則の改正

現行の犯収法令においては，非対面による本人特定事項の確認について，顧客等から本人確認書類の原本又は写しの送付を受けるのみでは足りず，転送不要郵便による取引関係文書の送付が求められており，諸外国と異なりオンライ

---

37) なお，マネロン・テロ資金供与対策に関する法規制の改正等の動向については，警察庁の犯罪収益移転防止対策室（JAFIC）トップページ（http://www.npa.go.jp/sosikihanzai/jafic/index.htm）からも確認が可能である。

ンで口座開設等が完結しない点が課題となっていた。

　この点に関して,「FinTech時代のオンライン取引研究会」[38]や「決済高度化官民推進会議」[39]での検討等を経て,2018年7月,本人特定事項の確認をオンラインで完結する方法等を新設する犯収法施行規則の改正案が公表された[40]。改正の内容は複数にわたるが,本人特定事項の確認をオンラインで完結することを認める改正については,公布とともに施行されることが予定されている[41]。

　具体的には,以下の方法が新たに規定された[42]。

① 　特定事業者が提供するソフトウェア（インターネット上のリアルタイムのビデオ通話）を通じて,本人確認書類（顔写真付き）の提示を受ける方法（改正犯収法施行規則6条1項1号ホ）。

② 　顧客等に特定事業者が提供するソフトウェアを使用させて撮影をさせた顧客等の要望の画像情報の送信を受けるとともに,運転免許証等の顔写真付き本人確認書類のICチップ情報（氏名,住居,生年月日,写真情報が記録されているもの）の送信を受ける方法（改正犯収法施行規則6条1項1号ヘ）。

---

38) https://www.fsa.go.jp/common/chosa/hansyu/kenkyukai.html参照。
39) https://www.fsa.go.jp/singi/kessai_kanmin/参照。
40) http://search.e-gov.go.jp/servlet/Public?CLASSNAME=PCMMSTDETAIL&id=120170029参照。
　　なお,2018年8月10日付けにて,犯収法施行規則と同様の改正を内容とする「外国為替に関する省令の一部を改正する省令案」が公表されている（http://search.e-gov.go.jp/servlet/Public?CLASSNAME=PCMMSTDETAIL&id=395122814&Mode=3）。
41) 同日に施行されるその他の改正として,法人の本人特定事項の確認方法につき,一般財団法人民事法務協会の登記情報提供サービス（http://www1.touki.or.jp/gateway.html）又は国税庁の法人番号公表サイト（http://www.houjin-bangou.nta.go.jp/）を利用する方法が新たに認められることとなった（改正犯収法施行規則6条1項3号ニ・ホ）。
　　その他,2020年4月1日に施行が予定されている改正として,(i)転送不要郵便を送付する場合の本人確認の方法につき,本人確認書類の写しによることが認められなくなり,①本人確認書類の原本（複数枚発行されるものの原本,例えば,住民票の写し,印鑑登録証明書等）の送付,②本人確認書類のICチップ情報の送信,③特定事業者が提供するソフトウェアを使用して撮影させた顔写真付きの本人確認書類（1枚に限り発行されるもの,例えば,運転免許証）の画像の送信,のいずれかによらなければならないこととなる（改正犯収法施行規則6条1項1号チ）。また,(ii)本人限定受取郵便を送付する場合も,本人確認書類が顔写真付きのものに限定されることとなる（改正犯収法施行規則6条1項1号ル）。渡邉雅之「オンラインで完結する新たな本人確認方法と非対面取引の本人確認の厳格化」銀行実務（2018年9月号）65頁参照。
42) 渡邉,前掲注40),63頁,64頁参照。

第10章 ガイドライン策定・公表後及び今後の動き 153

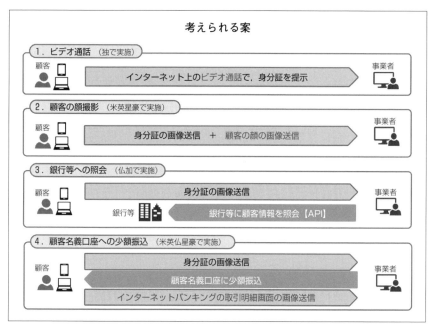

〔「決済高度化官民推進会議」（第5回）金融庁説明資料参照
https://www.fsa.go.jp/singi/kessai_kanmin/siryou/20180611/05.pdf〕

③ 本人確認書類（1枚に限り発行されているもの）の画像情報の送信，又は，本人確認書類のICチップ情報（氏名，住居，生年月日，写真情報が記録されているもの）の送信を受けるとともに，顧客が既に取引時確認を受けている預貯金契約を締結した銀行等又はクレジットカード契約を締結したクレジットカード会社から顧客の本人特定事項の申告を受けて確認する方法[43]（改正犯収法施行規則6条1項1号ト(1)）。

④ 本人確認書類（1枚に限り発行されているもの）の画像情報の送信，又は，本人確認書類のICチップ情報（氏名，住居，生年月日，写真情報が記録されているもの）の送信を受けるとともに，顧客の取引時確認済み既存銀行等の預貯金口座（銀行等の金融機関が当該預貯金口座に係る預貯金契約の締結の際に顧客の本人特定事項の確認を行い，かつ，当該確認に係る確認記録を保存

---

[43] 具体的には，事業者が銀行やクレジットカード会社のAPIによる顧客情報照会をすることが想定されている。渡邉，前掲注41），64頁。

新たな本人特定事項の確認方法等を定める犯収法施行規則の改正

オンラインで完結する本人確認方法の創設（①～④は個人，⑤は法人を対象）（公布とともに施行予定）	現行の個人の非対面の本人確認方法のうち，転送不要郵便・本人限定受取郵便を利用するものを改正（2020年4月施行予定）
①インターネット上のリアルタイムのビデオ通話で本人確認書類（顔写真付き）の提示を受ける方法 ②本人確認書類（顔写真付き）の画像又はICチップ情報（顔写真を含む）の送信及び顧客の顔の画像の送信を受ける方法 ③本人確認書類（一枚限り発行されるもの）の画像又はICチップ情報の送信を受けるとともに，顧客が既に本人確認を受けている銀行等から顧客の本人特定事項を確認する方法 ④本人確認書類（一枚限り発行されるもの）の画像又はICチップ情報の送信を受けるとともに，顧客の本人確認済既存銀行口座に一定額を振り込み，顧客から当該振込額及び振込名義人の回答を受ける方法 ⑤一般財団法人民事法務協会・登記情報サービス又は国税庁・法人番号公表サイトを利用する方法	【現行】 •本人確認書類（種類限定なし／原本・写し）の送付を受けるとともに，顧客に転送不要郵便を送付する方法 【改正後】 ①本人確認書類（複数発行されるもの）の原本の送付若しくは本人確認書類（一枚限り発行されるもの）の画像又はICチップ情報の送信を受けるとともに，顧客に転送不要郵便を送付する方法 ②上記①以外の本人確認書類に加えて，現在の住居地を示す補完書類（原本・写し）又は他の本人確認書類（写し）の送付を受けるとともに，顧客に転送不要郵便を送付する方法 【現行】 •本人限定受取郵便（利用される本人確認書類（原本）は種類限定なし）を送付する方法 【改正後】 •本人限定受取郵便（利用される本人確認書類（原本）は顔写真付）を送付する方法

　している場合に限る）に一定額を振り込み，顧客から振込みを特定するために必要な事項が記載された預貯金通帳の写しの送付を受ける方法（改正犯収法施行規則6条1項1号ト(2)）。

　上記のとおり，このような新たな本人特定事項の確認は，非対面取引における金融機関等及び顧客の利便性を向上させることとなる一方で，こうした新技

第10章　ガイドライン策定・公表後及び今後の動き　155

術の導入に当たっては，導入に伴うマネロン・テロ資金供与リスクの変動にも
留意することが重要となる。

(2)　法人の実質的支配者の申告に関する公証人法施行規則の改正

　法人の実質的支配者に関しては，昨今，法人の実質的支配者を把握すること
により法人の透明性を高めることが国内外においてより一層求められている。
こうしたことを踏まえ，公証人が，株式会社並びに一般社団法人及び一般財団
法人の定款を認証する際に，これらの法人の実質的支配者となるべき者につい
て申告を受ける等の措置を内容とする公証人法施行規則の改正案が示されてお
り，2018年11月に施行が予定されている[44]。

　具体的には，公証人法施行規則に新たに13条の4を新設し，次の旨を規定す
ることが想定されている。

① 　公証人は，会社法30条1項並びに一般社団法人及び一般財団法人に関す
　る法律13条及び155条の規定による定款の認証を行う場合には，嘱託人に
　対し，次に掲げる事項について申告させるものとする。
　　ア　法人の成立の時にその実質的支配者となるべき者の氏名，住居及び生
　　年月日
　　イ　アの実質的支配者となるべき者が暴力団員による不当な行為の防止等
　　に関する法律2条6号に規定する暴力団員（②において「暴力団員」とい
　　う）又は国際連合安全保障理事会決議第1267号等を踏まえ我が国が実施
　　する国際テロリストの財産の凍結等に関する特別措置法3条1項の規定
　　により公告されている者（現に同項に規定する名簿に記載されている者に
　　限る）若しくは同法4条1項の規定による指定を受けている者（②にお
　　いて「国際テロリスト」という）に該当するか否か
② 　公証人は，①の定款の認証を行う場合において，①アの実質的支配者と
　なるべき者が，暴力団員又は国際テロリストに該当し，又は該当するおそ
　れがあると認めるときは，嘱託人又は当該実質的支配者となるべき者に必
　要な説明をさせなければならない。

---

44) http://search.e-gov.go.jp/servlet/PcmFileDownload?seqNo=0000175069参照。

なお，FATF勧告においても，FATF勧告24として「法人の透明性及び真の受益者（Transparency and beneficial ownership of legal persons）」が設けられているほか，解釈ノートにおいても，詳細な説明がなされている。

(3) 外国為替検査ガイドラインの新設

金融機関等における外為法令等の遵守状況に係る立入検査は，これまで検査事項及び検査方法等に関する実施細目をチェックリスト形式で定めた外国為替検査マニュアルに基づき実施されてきた。

もっとも，時々変化する国際情勢を踏まえたリスクの変化等に機動的かつ実効的に対応する必要性や，FATF勧告においてリスクベース・アプローチの導入が求められていること，またFATF勧告6及び勧告7において金融機関等向けの資産凍結措置に関するガイダンスの提供が求められていること等を受けて，財務省は，外国為替検査マニュアルを発展的に改組し，金融機関等が主体的かつ積極的にリスクベース・アプローチを踏まえた外為法令等の遵守を促進できるよう，必要な体制整備等に関する具体的な検査項目を詳述した外国為替検査ガイドライン（案）を策定し，2018年7月に公表した。

外国為替検査ガイドラインは，2018年9月に施行され，同年10月以降に実施する外国為替検査より適用が開始された。

外国為替検査ガイドラインは，これまでの外国為替検査マニュアルの別添等を1つの文書として改組した上，新たな内容として，(i)リスクベース・アプローチを適用するための外為法令及び犯収法令の遵守体制及びリスク管理体制の構築，(ii)金融機関等に対するオフサイト・モニタリングの実施，(iii)関係当局間の連携，を盛り込んでいる[45]。

これらの新たな内容は，「第1章　外国為替検査ガイドラインの概要について」に記載があるほか，(i)に関しては，検査項目を記載する箇所においても，リスクベース・アプローチを導入することを受けた改正が複数盛り込まれている。

---

45) 外国為替検査ガイドラインの策定の趣旨，概要（新たな取組），予定等については，http://search.e-gov.go.jp/servlet/Public?CLASSNAME=PCMMSTDETAIL&id=395122813&Mode=0=fromPCMMSTDETAIL=true 別紙1参照。

第10章　ガイドライン策定・公表後及び今後の動き　**157**

　具体的には，①顧客からの送金データに係る必要情報[46]，②船積港の属する都市名，③被仕向送金において確認すべき情報の把握が困難な場合において，リスクベース・アプローチに基づき，顧客の取引状況や経常的な送金内容の把握等による顧客管理を適切に行っている場合には，通常とは異なる対応が認められる旨規定されている[47]。

　また，(i)受取人に係る情報等の真偽に疑いがある場合[48]等，特定国（地域）に関する支払規制への対応，(ii)海外支店における制裁対象者リスト及び自動照合システム等の整備，(iii)取引時確認の対象とならない両替取引の対応等，具体的に新たに対応すべき事項も設けられている[49]。

　さらに，ガイドラインにおいてリスクベース・アプローチに基づく実効的なマネロン・テロ資金供与対策を「下支え」するものとして経営陣の関与・理解が強調されているのと同様，外国為替検査ガイドラインにおいても，「第2章　外国為替検査の検査項目について」の冒頭にて，「外為法令等遵守体制に係る経営陣の関与」として，①外為法令等遵守への対応を経営戦略等における重要な課題の1つとして位置づけ，外為法令等を遵守するための内部管理態勢は，取締役会において策定された法令等遵守の基本方針及び遵守基準の枠組みの中で構築する必要があること，②リスク管理の方針の枠組みの中で責任を担う取

---

46)「必要情報」とは，仕向国，被仕向銀行，送金目的（輸入代金送金の場合は貨物の商品名，原産地及び船積地域を含む。），送金人及び受取人の氏名・名称，住所・所在地（国又は地域）等の情報をいう。外国為替検査ガイドライン17頁。

47) 外国為替検査ガイドライン18頁，22頁，25頁参照。

48) 外国為替検査ガイドライン26頁は，必ずしも例示に限定されるものではないとしつつ，受取人に係る情報等の真偽に疑いがある場合の例示として，①受取人の住所・所在地又は被仕向銀行の所在地等が特定国（地域）の近隣である仕向送金，②受取人が法人その他の団体（「法人等」）である場合に，公開情報等より当該法人等と規制対象者との関連が疑われる仕向送金，③顧客の過去の取引状況に照らして，特定国（地域）に関する支払規制の関連が疑われる仕向送金，を挙げている。

　その上で，①に関し，「支払地（被仕向銀行の所在地）は必ずしも受取人の住所・所在地と同一とは限らないので注意を要する。このため，特定国（地域）に隣接した国に対する送金を行う際には，被仕向銀行の所在地については，被仕向銀行の本店所在地に加え，受取人口座のある支店の所在地（都市名）も把握することが望ましい。」としている。

　また，受取人が法人等である場合の実質的支配者の把握は，原則として顧客からの申告による方法で差し支えないが，②のように「規制対象者との関連が疑われる場合は，当該対象者との資本関係等を確認するために必要な資料の提示を求める等により，慎重な確認を行う必要がある。」とされている。

49) 外国為替検査ガイドライン25頁～26頁，28頁，33頁～34頁参照。

締役を任命し，関係する取締役・部門間での連携の枠組みを構築する必要性，③研修の実施の促進，④質の高い内部監査の実施及びそのための資源配分等を記載している[50]。

リスクベース・アプローチに基づくマネロン・テロ資金供与リスク管理態勢の構築に当たっては，外国為替検査ガイドラインに基づく資産凍結等経済制裁リスクも広く包摂するものとして，一体的に対応することが実効的かつ効率的と考えられる。こうした点に関し，外国為替検査ガイドラインも，「マネー・ローンダリング及びテロ資金供与リスク対応との連携」として，「資産凍結等経済制裁に関連したリスクはマネー・ローンダリング等のリスクと関連が深いことから，両リスクの評価・分析・管理を有機的に連携させることが望ましい。」としている[51]。

(4) 疑わしい取引の届出における入力要領の改訂

上記のとおり，海外送金等において複数の金融機関等を経由して送金等が行われる場合，取引金融機関等，中継金融機関等の双方ともが，マネロン・テロ資金供与リスクにさらされることになる。

特定事業者は，犯収法施行規則に定める届出書（別記様式第1号～第3号）により疑わしい取引の届出を行う必要があり，警察庁の犯罪収益移転対策防止室（JAFIC）がその入力に関するマニュアル（「疑わしい取引の届出における入力要領」）を作成・公表しているが，2018年3月に三訂版が公表され，資金中継取引に関し，取引銀行・中継銀行のそれぞれが届け出る場合につき，その入力要領及び入力例が追加されている[52]。

---

50) 外国為替検査ガイドライン5頁参照。
51) 外国為替検査ガイドライン9頁参照。外国為替検査ガイドライン9頁は，マネロン・テロ資金供与リスクと資産凍結等経済制裁関連リスクの評価・分析・管理の有機的連携の例として，「例えば，外国送金において，これまでの顧客の取引等に照らし合わせて，送金金額や送金頻度が送金目的に見合わず不自然な場合，資産凍結等経済制裁に抵触するか否かの確認は，マネー・ローンダリング等の視点で確認した情報も考慮して行うことが重要である。」としている。

第10章　ガイドライン策定・公表後及び今後の動き　**159**

4　FATF第４次対日相互審査に向けて

　上記のとおり，2019年には，FATF第４次対日相互審査が予定されており，同年秋に予定されているオンサイト審査等に向けて，当局・金融機関等ともより一層マネロン・テロ資金供与対策の高度化に向けた動きが強まっていくものと思われる[53]。マネロン・テロ資金供与対策に終わりはなく，FATF第４次対日相互審査がゴールというわけでは決してないが[54]，これを１つのターゲットとして，FATF第４次対日相互審査に関わるすべての者が一体となって我が国のマネロン・テロ資金供与対策の高度化を図っていくことが重要となるだろう[55]。

---

52) https://www.npa.go.jp/sosikihanzai/jafic/todoke/pdf/youryou_180323.pdf 参照。その他，(i)特定事業者に仮想通貨交換業者が追加されたことに伴う仮想通貨送・受信取引の入力要領の改訂，(ii)提供先捜査機関等に国税庁等が追加されたことに伴う届出票（別記様式第１号）「顧客等に関する情報」欄中の「捜査機関等からの照会の有無」欄の入力要領の改訂等，法改正に伴う改訂等がなされている。

53) 金融庁が公表する「第４次FATF対日相互審査に向けたスケジュール」によれば，2019年３月頃に対日相互審査の審査員確定，４～６月頃に第４次相互審査開始（法令等整備状況・有効性の自己申告書等提出）とされている（金融庁「変革期における金融サービスの向上にむけて～金融行政のこれまでの実践と今後の方針～（平成30事務年度）」(https://www.fsa.go.jp/news/30/For_Providing_Better_Financial_Services.pdf)144頁参照）。オンサイト審査は10～11月頃に予定されている一方，自己申告書等の提出はそれより半年前から開始されることになり，FATF審査は実質的には2019年春から開始するといってもよい状況にあるといえる。

54) この点に関し，佐々木清隆「マネロン・テロ資金供与対策のあるべき方向性」金融財政事情2018年９月24日号16頁は，FATF第４次対日相互審査は通過点に過ぎないことを前提としたうえで，「来年の相互審査を梃として，日常業務で直面する，多額の現金持込みでの外国送金依頼といった不自然な取引を検知することや，疑わしい取引の届出を速やかに行い，追加的なリスク低減措置を講じるといった基本動作を周知徹底するとともに，中長期的な目線で，計画的・継続的に実効性のあるマネロン・テロ資金供与対策に係る態勢を整備していくことが求められる。」としている。

55) この点に関し，佐々木清隆「「ガイドライン」に基づき経営目線での態勢構築が不可欠に」金融財政事情2017.12.18号15頁も，「19年に予定されているFATF第４次審査は，国際社会の信認を得る１つの好機であり，官民一体となってone voiceで臨む必要がある」としている。

160

【参考：公表資料から予測される，FATF第4次対日相互審査スケジュール】

※あくまで参考であり，実際のスケジュールはこの通りとなるとは限らない点にご留意いただきたい。

オンサイト前

6か月前（26週前，遅くとも）	2019年4月〜2019年5月

【FATF】
- TCへの調査・レビュー開始
- 審査団メンバーの確定

【対象国】
- 担当者の設置
- TCに係る法規制等に関する情報の更新（FATF勧告等への遵守状況に係る準備・レビューは6か月以上前に開始する必要）

4か月前（16週前）	2019年6月〜2019年7月

【FATF】
- TC別表の素案準備
- 対象国のリスク評価の分析，オンサイト検証項目の検討

【対象国】
- 11のIOとその前提となる主要課題（関連する情報・データを含む）に基づく有効性に関する審査団への対応

3か月前（13週前）	2019年7月〜2019年8月

【FATF】
- TC別表のファースト・ドラフトの対象国への送付（評価や推奨事項を含んでいる必要はない）

【対象国】
- オンサイトに関する審査団事務局との調整

2か月前（9週前）	2019年8月〜2019年9月

【FATF】
- オンサイト検証項目等に関する対象国との協議（対象国のML/TFリスクに関する審査団の印象に関する予備的な議論も含む）
- 有効性に関する主要テーマ特定のための予備的分析

【対象国】
- TCに関するドラフトに対するコメントの提供
- オンサイト日程案の提供

1か月前（4週前）	2019年9月～2019年10月

【FATF】
- オンサイト検証項目の確定

2週前（遅くとも）	2019年9月～2019年11月

【FATF】
- TC別表ドラフトの更新版，TCに関する報告書本文のドラフト，有効性に係る最初の調査結果・主要課題のアウトラインの準備
- 作業中の報告書ドラフトの準備
- TC別表ドラフトの更新版の対象国への送付

【対象国】
- 審査団からの質問への対応

オンサイト

通常2週間（変更の可能性あり）	2019年10月～2019年11月

【FATF】
- 開始時・終了時に対象国と会議。終了時に調査結果のサマリーを提供
- 必要に応じ，オンサイト検証項目の重要性につきレビュー
- 報告書に関する議論及びドラフト

オンサイト後

オンサイトから6週以内	2019年11月～2020年1月

【FATF】
- 報告書のファースト・ドラフトを完成させ，対象国へ送付

報告書ファースト・ドラフト受領から4週以内（オンサイトから10週）	
	2019年12月～2020年2月

【FATF】
- 対象国からの質問等への対応

【対象国】
- 報告書ファースト・ドラフトに対するコメント

対象国コメント受領から4週以内（オンサイトから14週）	2020年1月～2020年3月

【FATF】
- 対象国のコメントのレビュー後，報告書セカンド・ドラフトを作成し，対象国へ送付

全体会合の10週以上前（オンサイトから17週）	2020年2月〜2020年4月

【FATF】
・対象国との対面ミーティングの論点確定
【対象国】
・報告書セカンド・ドラフトに対するコメント

全体会合の8週以上前（オンサイトから19週）	2020年2月〜2020年4月

【FATF】
・報告書セカンド・ドラフトに関し，対象国と対面でミーティングを実施し，対立点の解消や全体会合での議論の優先事項の特定

全体会合の5週以上前（オンサイトから22週）	2020年3月〜2020年5月

【FATF】
・報告書の最終ドラフト等を，全体会合の各国代表等に送付・コメントを求める（期限：2週間）

全体会合の2週前（オンサイトから25週）	2020年5月〜2020年6月

【FATF】
・対象国と審査団との間で，論点その他のコメントに関する優先順位の確定
【対象国】
・論点その他のコメントに関する優先順位の確定につき，審査団と協働

全体会合（オンサイトから27週）	2020年6月

【FATF】
・全体会合で確定した報告書は，6週以内に確定・公表

資料

1 「マネー・ローンダリング及びテロ資金
供与対策に関するガイドライン」
【対応が求められる事項】
【対応が期待される事項】
【先進的な取組み事例】
（2018年2月6日公表）

2 FATF勧告（2018年10月現在）

| 資料1 | 「マネー・ローンダリング及びテロ資金供与対策に関するガイドライン」【対応が求められる事項】【対応が期待される事項】【先進的な取組み事例】（2018年2月6日公表） |

参照：https://www.fsa.go.jp/news/30/20180206/fsa_maneron3001.html

Ⅱ　リスクベース・アプローチ

Ⅱ−2　リスクの特定・評価・低減

(1)　リスクの特定

【対応が求められる事項】
①　国によるリスク評価の結果等を勘案しながら，自らが提供している商品・サービスや，取引形態，取引に係る国・地域，顧客の属性等のリスクを包括的かつ具体的に検証し，自らが直面するマネロン・テロ資金供与リスクを特定すること

【対応が求められる事項】
②　包括的かつ具体的な検証に当たっては，国によるリスク評価の結果等を勘案しつつも，自らの営業地域の地理的特性や，事業環境・経営戦略のあり方等，自らの個別具体的な特性を考慮すること

【対応が求められる事項】
③　取引に係る国・地域について検証を行うに当たっては，FATFや内外の当局等から指摘を受けている国・地域も含め，包括的に，直接・間接の取引可能性を検証し，リスクを把握すること

【対応が求められる事項】
④　新たな商品・サービスを取り扱う場合や，新たな技術を活用して行う取引その他の新たな態様による取引を行う場合には，当該商品・サービス等の提供前に分析を行い，マネロン・テロ資金供与リスクを検証すること

【対応が求められる事項】
⑤　マネロン・テロ資金供与リスクについて，経営陣の主体的かつ積極的な関与の下，関係する全ての部門が連携・協働し，リスクの包括的かつ具体的な検証を行うこと

資料1　マネー・ローンダリング及びテロ資金供与対策に関するガイドライン　**165**

【対応が期待される事項】

a．自らの事業環境・経営戦略等の複雑性も踏まえて，商品・サービス，取引形態，国・地域，顧客の属性等に関し，リスクの把握の鍵となる主要な指標を特定し，当該指標についての定量的な分析を行うことで，自らにとって重要なリスクの高低及びその変化を適時・適切に把握すること

【対応が期待される事項】

b．一定量の疑わしい取引の届出がある場合に，単に届出等を行うにとどまらず，届出件数及び金額等の比較可能な定量情報を分析し，部門・拠点間等の比較等を行って，自らのリスクの検証の実効性を向上させること

---

(2)　リスクの評価

【対応が求められる事項】

①　前記「(1)リスクの特定」における【対応が求められる事項】と同様

【対応が求められる事項】

②　リスク評価の全社的方針や具体的手法を確立し，当該方針や手法に則って，具体的かつ客観的な根拠に基づき評価を実施すること

【対応が求められる事項】

③　リスク評価の結果を文書化し，これを踏まえてリスク低減に必要な措置等を検討すること

【対応が求められる事項】

④　定期的にリスク評価を見直すほか，マネロン・テロ資金供与対策に重大な影響を及ぼし得る新たな事象の発生等に際し，必要に応じ，リスク評価を見直すこと

【対応が求められる事項】

⑤　リスク評価の過程に経営陣が関与し，リスク評価の結果を経営陣が承認すること

【対応が期待される事項】

a．前記「(1)リスクの特定」における【対応が期待される事項】と同様

【対応が期待される事項】

b．自らが提供している商品・サービスや，取引形態，取引に係る国・地域，顧客属性等が多岐にわたる場合に，これらに係るリスクを細分化し，当該細分類ごとにリスク評価を行うとともに，これらを組み合わせて再評価を行うなどして，全社的リスク評価の結果を「見える化」し（リスク・マップ），これを機動的に見直すこと

【先進的な取組み事例】
　リスクの特定・評価について，以下のように，管理部門において，粒度の細かい定量情報を用いてリスク評価を行いつつ，営業部門の意見等の定性情報も適切に組み合わせて，管理部門・営業部門等を通じ全社的に一貫したリスク評価を実施している事例。
　具体的には，管理部門において，疑わしい取引の届出件数等の定量情報について，総数のほか，店舗・届出要因・検知シナリオ別等のより粒度の細かい指標を収集し，こうした指標の大きさや変化を，商品・サービス，取引形態，国・地域，顧客属性等別のリスクの高低に反映させ，第一次的なリスク評価を実施している。
　こうした定量情報を用いた第一次的リスク評価を前提としながら，営業部門等における日々の業務執行を踏まえた取引類型や顧客類型別等の定性的リスク評価を，全営業部門等から質問状等で確認・集約し，当該定性情報を用いて，前記の第一次的リスク評価を修正し，最終的なリスク評価を確定している。

(3)　リスクの低減

(i)　リスク低減措置の意義

【対応が求められる事項】
①　自らが特定・評価したリスクを前提に，個々の顧客・取引の内容等を調査し，この結果を当該リスクの評価結果と照らして，講ずべき実効的な低減措置を判断・実施すること

【対応が求められる事項】
②　個々の顧客やその行う取引のリスクの大きさに応じて，自らの方針・手続・計画等に従い，マネロン・テロ資金供与リスクが高い場合にはより厳格な低減措置を講ずること

【対応が求められる事項】
③　本ガイドライン記載事項のほか，業界団体等を通じて共有される事例や内外の当局等からの情報等を参照しつつ，自らの直面するリスクに見合った低減措置を講ずること

(ii)　顧客管理（カスタマー・デュー・ディリジェンス：CDD）

【対応が求められる事項】
①　自らが行ったリスクの特定・評価に基づいて，リスクが高いと思われる顧客・取引とそれへの対応を類型的・具体的に判断することができるよう，顧客の受入れに関する方針を定めること

【対応が求められる事項】
②　前記①の顧客の受入れに関する方針の策定に当たっては，顧客及びその実質

資料1　マネー・ローンダリング及びテロ資金供与対策に関するガイドライン　**167**

的支配者の職業・事業内容のほか，例えば，経歴，資産・収入の状況や資金源，居住国等，顧客が利用する商品・サービス，取引形態等，顧客に関する様々な情報を勘案すること

【対応が求められる事項】
③　顧客及びその実質的支配者の本人特定事項を含む本人確認事項，取引目的等の調査に当たっては，信頼に足る証跡を求めてこれを行うこと

【対応が求められる事項】
④　顧客及びその実質的支配者の氏名と関係当局による制裁リスト等とを照合するなど，国内外の制裁に係る法規制等の遵守その他必要な措置を講ずること

【対応が求められる事項】
⑤　信頼性の高いデータベースやシステムを導入するなど，金融機関等の規模や特性等に応じた合理的な方法により，リスクが高い顧客を的確に検知する枠組みを構築すること

【対応が求められる事項】
⑥　マネロン・テロ資金供与リスクが高いと判断した顧客については，以下を含むより厳格な顧客管理（EDD）を実施すること
イ．資産・収入の状況，取引の目的，職業・地位，資金源等について，リスクに応じ追加的な情報を入手すること
ロ．当該顧客との取引の実施等につき，上級管理職の承認を得ること
ハ．リスクに応じて，当該顧客が行う取引に係る敷居値の厳格化等の取引モニタリングの強化や，定期的な顧客情報の調査頻度の増加等を図ること
ニ．当該顧客と属性等が類似する他の顧客につき，リスク評価の厳格化等が必要でないか検討すること

【対応が求められる事項】
⑦　マネロン・テロ資金供与リスクが低いと判断した顧客については，当該リスクの特性を踏まえながら，当該顧客が行う取引のモニタリングに係る敷居値を緩和するなどの簡素な顧客管理（SDD）を行うなど，円滑な取引の実行に配慮すること（注1）（注2）
（注1）この場合にあっても，金融機関等が我が国及び当該取引に適用される国・地域の法規制等を遵守することは，もとより当然である。
（注2）FATF，BCBS 等においては，少額・日常的な個人取引を，厳格な顧客管理を要しない取引の一例として挙げている。

【対応が求められる事項】
⑧　後記「(v)疑わしい取引の届出」における【対応が求められる事項】のほか，以下を含む，継続的な顧客管理を実施すること

イ．取引類型や顧客類型等に着目し，これらに係る自らのリスク評価や取引モニタリングの結果も踏まえながら，調査の対象及び頻度を含む継続的な顧客管理の方針を決定し，実施すること

ロ．各顧客に実施されている調査の範囲・手法等が，当該顧客の取引実態や取引モニタリングの結果等に照らして適切か，継続的に検討すること

ハ．調査の過程での照会や調査結果を適切に管理し，関係する役職員と共有すること

ニ．各顧客のリスクが高まったと想定される具体的な事象が発生した場合のほか，定期的に顧客情報の確認を実施し，かつ確認の頻度を顧客のリスクに応じて異にすること

【対応が求められる事項】

⑨　必要とされる情報の提供を利用者から受けられないなど，自らが定める適切な顧客管理を実施できないと判断した顧客・取引等については，取引の謝絶を行うこと等を含め，リスク遮断を図ることを検討すること

その際，マネロン・テロ資金供与対策の名目で合理的な理由なく謝絶等を行わないこと

【対応が期待される事項】

ａ．商品・サービス，取引形態，国・地域，顧客属性等に対する自らのマネロン・テロ資金供与リスクの評価の結果を総合し，顧客ごとに，リスクの高低を客観的に示す指標（顧客リスク格付）を導入し，これを随時見直していくこと

【対応が期待される事項】

ｂ．顧客の営業実態，所在等が取引の態様等に照らして不明瞭であるなどのリスクが高い取引等について，必要に応じ，取引開始前又は多額の取引等に際し，例えば，顧客やその実質的支配者との直接の面談，営業拠点がない場合における実地調査等，追加的な措置を講ずること

【先進的な取組み事項】

継続的な顧客管理について，以下のように，自らのリスク評価結果に基づいて個別顧客のリスクを定量的・類型的に捉えてリスク格付を付与し，特にリスクの高い顧客については定期的な接触の頻度を高めるなど，リスクの高低に応じ適切な継続的顧客管理を行っている事例。

具体的には，顧客リスク格付に関し，商品・サービス，取引形態，国・地域，顧客属性等についてのリスク評価の結果を総合・定量化してモデル化し，当該モデルを自社システムに組み込んで，顧客受入れ時や顧客情報変更の都度，機動的にリスク格付を付与することとしている。

その上で，リスクが高い顧客に対しては，取引モニタリングシステムによる異常取引検知の敷居値を下げる，外部データ等を活用し，不芳情報の確認の頻度を

資料1　マネー・ローンダリング及びテロ資金供与対策に関するガイドライン　**169**

増加させるなど，実態に応じたリスクの低減に努めている。加えて，定期的に質問状を発送する，場合によっては往訪・面談を行うなどにより，当初の取引目的と現在の取引実態との齟齬等を確認している。

【先進的な取組み事項】
　顧客のリスク格付について，それを算定するモデルやシステムが全社的なリスクの特定・評価の結果を適切に反映しているか，リスク格付の判定結果が個々の顧客のリスクを適切に示しているか，リスク格付に対応する低減措置がリスクに見合った適切なものであるかなどの視点から，ITとマネロン・テロ資金供与対策の双方の知見を有する管理部門内の専門チームが定期的に検証するなどにより，顧客リスク格付を通じた顧客管理の実効性を高めている事例。

【先進的な取組み事項】
　外国PEPs について，外国PEPs に該当する旨やその地位・職務，離職後の経過期間，取引目的等について照会し，その結果や居住地域等を踏まえて，一般の顧客リスク格付を更に細分化した外国PEPs リスク格付を導入・付与し，当該格付に応じて各顧客の調査範囲や頻度等を調整するなど，外国PEPs に対し，マネロン・テロ資金供与リスクの程度に応じて，よりきめ細かい継続的顧客管理を実施している事例。

(iii)　取引モニタリング・フィルタリング

【対応が求められる事項】
①　取引類型に係る自らのリスク評価も踏まえながら，個々の取引について，異常取引や制裁対象取引を検知するために適切な取引モニタリング・フィルタリングを実施すること

(iv)　記録の保存

【対応が求められる事項】
①　本人確認資料等の証跡のほか，顧客との取引・照会等の記録等，適切なマネロン・テロ資金供与対策の実施に必要な記録を保存すること

(v)　疑わしい取引の届出

【対応が求められる事項】
①　顧客の属性，取引時の状況その他金融機関等の保有している具体的な情報を総合的に勘案した上で，疑わしい取引の該当性について適切な検討・判断が行われる態勢を整備し，法律に基づく義務を履行するほか，届出の状況等を自らのリスク管理態勢の強化にも必要に応じ活用すること

【対応が求められる事項】
②　金融機関等の業務内容に応じて，IT システムや，マニュアル等も活用しな

がら，疑わしい顧客や取引等を的確に検知・監視・分析する態勢を構築すること

【対応が求められる事項】
③　疑わしい取引の該当性について，国によるリスク評価の結果のほか，外国PEPs該当性，顧客が行っている事業等の顧客属性，取引に係る国・地域，顧客属性に照らした取引金額・回数等の取引態様その他の事情を考慮すること

【対応が求められる事項】
④　既存顧客との継続取引や一見取引等の取引区分に応じて，疑わしい取引の該当性の確認・判断を適切に行うこと

【対応が求められる事項】
⑤　疑わしい取引に該当すると判断した場合には，疑わしい取引の届出を直ちに行う態勢を構築すること

【対応が求められる事項】
⑥　実際に疑わしい取引の届出を行った取引についてリスク低減措置の実効性を検証し，必要に応じて同種の類型に適用される低減措置を見直すこと

【対応が求められる事項】
⑦　疑わしい取引の届出を複数回行うなど，疑わしい取引を契機にリスクが高いと判断した顧客について，当該リスクに見合った低減措置を適切に実施すること

(vi)　ITシステムの活用

【対応が求められる事項】
①　自らの業務規模・特性等に応じたITシステムの早期導入の必要性を検討し，システム対応については，後記②から⑦の事項を実施すること

【対応が求められる事項】
②　自らのリスク評価を反映したシナリオ・敷居値等の抽出基準を設定するなど，自らのITシステムを取引モニタリング等のマネロン・テロ資金供与対策の有効な実施に積極的に活用すること

【対応が求められる事項】
③　自らが導入しているマネロン・テロ資金供与対策に係るITシステムの設計・運用等が，自らが行うリスクの評価に見合ったものとなっているか定期的に検証し，検証結果を踏まえて必要に応じITシステムやその設計・運用等について改善を図ること

【対応が求められる事項】
④　取引の特徴（業種・地域等）や抽出基準（シナリオ・敷居値等）別の検知件

資料1　マネー・ローンダリング及びテロ資金供与対策に関するガイドライン　171

数・疑わしい取引の届出件数等について分析を行い，システム検知以外の方法で得られた情報も踏まえながら，シナリオ・敷居値等の抽出基準について改善を図ること

【対応が求められる事項】
⑤　取引フィルタリングシステムについては，送金先や輸出入品目等についての制裁リストが最新のものとなっているか検証するなど，的確な運用を図ること

【対応が求められる事項】
⑥　内部・外部監査等の独立した検証プロセスを通じ，ITシステムの有効性を検証すること

【対応が求められる事項】
⑦　他の金融機関等と共通の委託先に外部委託する場合や，共同システムを利用する場合であっても，自らの取引の特徴やそれに伴うリスク等について分析を行い，当該分析結果を反映した委託業務の実施状況の検証，必要に応じた独自の追加的対応の検討等を行うこと

【先進的な取組み事例】
　以下のように，リスク評価やリスク格付の機動的修正・更新等を可能とするITシステムの長所を有効に活用し，低減措置の機動性・実効性を高めている事例。
　具体的には，リスク評価やリスク格付を担当する部門内に，データ分析の専門的知見を有する者を配置し，個々の顧客情報や取引情報をリアルタイムに反映するなど，リスク評価やリスク格付の結果を機動的に修正・更新できる態勢を構築している。
　これらの修正・更新を通じて，検知する異常取引の範囲や数量等を調整する，振込禁止設定等により一定の取引を制限するなど，マネロン・テロ資金供与リスクの程度に応じて，低減措置を機動的に変更している。

(vii)　データの管理（データ・ガバナンス）

【対応が求められる事項】
①　確認記録・取引記録等について正確に記録するほか，ITシステムを有効に活用する前提として，データを正確に把握・蓄積し，分析可能な形で整理するなど，データの適切な管理を行うこと

【対応が求められる事項】
②　確認記録・取引記録のほか，リスクの評価や低減措置の実効性の検証等に用いることが可能な，以下を含む情報を把握・蓄積し，これらを分析可能な形で整理するなど適切な管理を行い，必要に応じて当局等に提出できる態勢としておくこと
イ．疑わしい取引の届出件数（国・地域別，顧客属性別等の内訳）

ロ．内部監査や研修等（関係する資格の取得状況を含む。）の実施状況

ハ．マネロン・テロ資金供与リスク管理についての経営陣への報告や，必要に応じた経営陣の議論の状況

(4) 海外送金等を行う場合の留意点

【対応が求められる事項】

① 海外送金等をマネロン・テロ資金供与対策におけるリスクベース・アプローチの枠組みの下で位置付け，リスクベース・アプローチに基づく必要な措置を講ずること

【対応が求められる事項】

② 海外送金等のリスクを送金先等の金融機関等が認識できるよう，仕向・中継金融機関等が，送金人及び受取人の情報を国際的な標準も踏まえて中継・被仕向金融機関等に伝達し，当該金融機関等は，こうした情報が欠落している場合等にリスクに応じた措置を講ずることを検討すること

【対応が求められる事項】

③ 自ら海外送金等を行うためにコルレス契約を締結する場合には，犯収法第9条，第11条及び同法施行規則第28条，第32条に掲げる措置を実施するほか，コルレス先におけるマネロン・テロ資金供与リスク管理態勢を確認するための態勢を整備し，定期的に監視すること

【対応が求められる事項】

④ コルレス先が架空銀行であった場合又はコルレス先がその保有する口座を架空銀行に利用されることを許容していた場合，当該コルレス先との契約の締結・維持をしないこと

【対応が求められる事項】

⑤ 他の金融機関等による海外送金等を受託等している金融機関等においては，当該他の金融機関等による海外送金等に係る取引時確認等をはじめとするマネロン・テロ資金供与リスク管理態勢等を監視すること

【対応が求められる事項】

⑥ 他の金融機関等に海外送金等を委託等する場合においても，当該海外送金等を自らのマネロン・テロ資金供与対策におけるリスクベース・アプローチの枠組みの下で位置付け，リスクの特定・評価・低減の措置を着実に実行すること

【対応が期待される事項】

a．様々なコルレス先について，所在する国・地域，顧客属性，業務内容，マネロン・テロ資金供与リスク管理態勢，現地当局の監督等を踏まえた上でリスク格付を行い，リスクの高低に応じて定期的な監視の頻度等に差異を設けること

資料1　マネー・ローンダリング及びテロ資金供与対策に関するガイドライン　**173**

【先進的な取組み事例】

　コルレス先管理について，コルレス先へ訪問してマネロン・テロ資金供与リスク管理態勢をヒアリングするほか，場合によっては現地当局を往訪するなどの方法も含め，書面による調査に加えて，実地調査等を通じたより詳細な実態把握を行い，この結果を踏まえ，精緻なコルレス先のリスク格付を実施し，コルレス先管理の実効性の向上を図っている事例。

---

(5)　FinTech等の活用

【対応が期待される事項】

ａ．新技術の有効性を積極的に検討し，他の金融機関等の動向や，新技術導入に係る課題の有無等も踏まえながら，マネロン・テロ資金供与対策の高度化や効率化の観点から，こうした新技術を活用する余地がないか，前向きに検討を行うこと

Ⅲ　管理態勢とその有効性の検証・見直し

Ⅲ−1　マネロン・テロ資金供与対策に係る方針・手続・計画等の策定・実施・検証・見直し（PDCA）

【対応が求められる事項】

①　自らの業務分野・営業地域やマネロン・テロ資金供与に関する動向等を踏まえたリスクを勘案し，マネロン・テロ資金供与対策に係る方針・手続・計画等を策定し，顧客の受入れに関する方針，顧客管理，記録保存等の具体的な手法等について，全社的に整合的な形で，これを適用すること

【対応が求められる事項】

②　リスクの特定・評価・低減のための方針・手続・計画等が実効的なものとなっているか，各部門・営業店等への監視等も踏まえつつ，不断に検証を行うこと

【対応が求められる事項】

③　リスク低減措置を講じてもなお残存するリスクを評価し，リスク低減措置の改善や管理部門による更なる措置の実施の必要性につき，検討すること

【対応が求められる事項】

④　管理部門及び内部監査部門において，例えば，内部情報，内部通報，職員からの質疑等の情報も踏まえて，リスク管理態勢の実効性の検証を行うこと

【対応が求められる事項】

⑤　前記実効性の検証の結果，更なる改善の余地が認められる場合には，リスクの特定・評価・低減のための手法自体も含めた方針・手続・計画等や管理態勢等についても必要に応じ見直しを行うこと

【対応が期待される事項】
a．マネロン・テロ資金供与対策を実施するために，自らの規模・特性・業容等を踏まえ，必要に応じ，所管する専担部室を設置すること

【対応が期待される事項】
b．同様に，必要に応じ，外部専門家等によるレビューを受けること

Ⅲ－2　経営陣の関与・理解

【対応が求められる事項】
①　マネロン・テロ資金供与対策を経営戦略等における重要な課題の一つとして位置付けること

【対応が求められる事項】
②　役員の中から，マネロン・テロ資金供与対策に係る責任を担う者を任命し，職務を全うするに足る必要な権限等を付与すること

【対応が求められる事項】
③　当該役員に対し，必要な情報が適時・適切に提供され，当該役員が金融機関等におけるマネロン・テロ資金供与対策について内外に説明できる態勢を構築すること

【対応が求められる事項】
④　マネロン・テロ資金供与対策の重要性を踏まえた上で，所管部門への専門性を有する人材の配置及び必要な予算の配分等，適切な資源配分を行うこと

【対応が求められる事項】
⑤　マネロン・テロ資金供与対策に関わる役員・部門間での連携の枠組みを構築すること

【対応が求められる事項】
⑥　経営陣が，職員へのマネロン・テロ資金供与対策に関する研修等につき，自ら参加するなど，積極的に関与すること

【対応が期待される事項】
a．役職員の人事・報酬制度等において，マネロン・テロ資金供与対策の遵守・取組み状況等を適切に勘案すること

Ⅲ－3　経営管理（三つの防衛線等）

(1)　第1の防衛線

【対応が求められる事項】
①　第1線に属する全ての職員が，自らの部門・職務において必要なマネロン・テロ資金供与対策に係る方針・手続・計画等を十分理解し，リスクに見合った

資料1　マネー・ローンダリング及びテロ資金供与対策に関するガイドライン　175

低減措置を的確に実施すること

【対応が求められる事項】
②　マネロン・テロ資金供与対策に係る方針・手続・計画等における各職員の責務等を分かりやすく明確に説明し，第1線に属する全ての職員に対し共有すること

(2)　第2の防衛線

【対応が求められる事項】
①　第1線におけるマネロン・テロ資金供与対策に係る方針・手続・計画等の遵守状況の確認や，低減措置の有効性の検証等により，マネロン・テロ資金供与リスク管理態勢が有効に機能しているか，独立した立場から監視を行うこと

【対応が求められる事項】
②　第1線に対し，マネロン・テロ資金供与に係る情報の提供や質疑への応答を行うほか，具体的な対応方針等について協議をするなど，十分な支援を行うこと

【対応が求められる事項】
③　マネロン・テロ資金供与対策の主管部門にとどまらず，マネロン・テロ資金供与対策に関係する全ての管理部門とその責務を明らかにし，それぞれの部門の責務について認識を共有するとともに，主管部門と他の関係部門が協働する態勢を整備し，密接な情報共有・連携を図ること

【対応が求められる事項】
④　管理部門にマネロン・テロ資金供与対策に係る適切な知識及び専門性等を有する職員を配置すること

(3)　第3の防衛線

【対応が求められる事項】
①　以下の事項を含む監査計画を策定し，適切に実施すること
　　イ．マネロン・テロ資金供与対策に係る方針・手続・計画等の適切性
　　ロ．当該方針・手続・計画等を遂行する職員の専門性・適合性等
　　ハ．職員に対する研修等の実効性
　　ニ．営業部門における異常取引の検知状況
　　ホ．検知基準の有効性等を含むITシステムの運用状況
　　ヘ．検知した取引についてのリスク低減措置の実施，疑わしい取引の届出状況

【対応が求められる事項】
②　自らの直面するマネロン・テロ資金供与リスクに照らして，監査の対象・頻度・手法等を適切なものとすること

【対応が求められる事項】

③ リスクが高いと判断した業務等以外についても，一律に監査対象から除外せず，頻度や深度を適切に調整して監査を行うなどの必要な対応を行うこと

【対応が求められる事項】

④ 内部監査部門が実施した内部監査の結果を監査役及び経営陣に報告するとともに，監査結果のフォローアップや改善に向けた助言を行うこと

【対応が求められる事項】

⑤ 内部監査部門にマネロン・テロ資金供与対策に係る適切な知識及び専門性等を有する職員を配置すること

Ⅲ－4　グループベースの管理態勢

【対応が求められる事項】

① グループとして一貫したマネロン・テロ資金供与対策に係る方針・手続・計画等を策定し，業務分野や営業地域等を踏まえながら，顧客の受入れに関する方針，顧客管理，記録保存等の具体的な手法等について，グループ全体で整合的な形で，これを実施すること

【対応が求められる事項】

② グループ全体としてのリスク評価や，マネロン・テロ資金供与対策の実効性確保等のために必要なグループ内での情報共有態勢を整備すること

【対応が求められる事項】

③ 海外拠点等を有する金融機関等グループにおいては，各海外拠点等に適用されるマネロン・テロ資金供与対策に係る法規制等を遵守するほか，各海外拠点等に内在するリスクの特定・評価を行い，可視化した上で，リスクに見合う人員配置を行うなどの方法により適切なグループ全体での低減措置を講ずること

【対応が求められる事項】

④ 海外拠点等を有する金融機関等グループにおいては，各海外拠点等に適用される情報保護法制や外国当局のスタンス等を理解した上で，グループ全体として整合的な形でマネロン・テロ資金供与対策を適時・適切に実施するため，異常取引に係る顧客情報・取引情報及びその分析結果や疑わしい取引の届出状況等を含む，必要な情報の共有や統合的な管理等を円滑に行うことができる態勢（必要なITシステムの構築・更新を含む。）を構築すること（海外業務展開の戦略策定に際しては，こうした態勢整備の必要性を踏まえたものとすること。）

【対応が求められる事項】

⑤ 海外拠点等を有する金融機関等グループにおいて，各海外拠点等の属する国・地域の法規制等が，我が国よりも厳格でない場合には，当該海外拠点等も

含め，我が国金融機関等グループ全体の方針・手続・計画等を整合的な形で適用・実施し，これが当該国・地域の法令等により許容されない場合には，我が国の当局に情報提供を行うこと（注）

（注）当該国・地域の法規制等が我が国よりも厳格である場合に，当該海外拠点等が当該国・地域の法規制等を遵守することは，もとより当然である。

【対応が求められる事項】

⑥　外国金融グループの在日拠点においては，グループ全体としてのマネロン・テロ資金供与リスク管理態勢及びコルレス先を含む我が国金融機関等との取引状況について，当局等を含むステークホルダーに説明責任を果たすこと

【先進的な取組み事例】

　以下のように，本部がグループ共通の視点で海外拠点等も含む全社的なリスクの特定・評価を行いつつ，実地調査等を踏まえて各拠点に残存するリスクを実質的に判断し，グループベースの管理態勢の実効性強化に役立てている事例。

　具体的には，海外拠点等を含む全社的なマネロン・テロ資金供与対策プログラムを策定し，これに基づき，本部のマネロン・テロ資金供与対策主管部門において，拠点別の口座数，高リスク顧客数等の情報を一括管理し，海外拠点等も含む各部門・拠点のリスクを共通の目線で特定・評価している。

　その上で，部門・拠点ごとの低減措置につき，職員の人数，研修等の実施状況，IT等のインフラの特異性等も踏まえながら，各拠点と議論した上で低減措置の有効性を評価している。

　さらに，低減措置を踏まえてもなお残存するリスクについては，必要に応じて本部のマネロン・テロ資金供与対策主管部門が実地調査等を行い，残存するリスクが高い拠点については監視・監査の頻度を上げるなど，追加の対策を講じ，全社的な対策の実効性を高めている。

【先進的な取組み事例】

　グループベースの情報共有について，グループ全体で一元化したシステムを採用し，海外拠点等が日々の業務で知り得た顧客情報や取引情報を日次で更新するほか，当該更新情報を本部と各拠点で同時に共有・利用することにより，本部による海外拠点等への監視の適時性を高めている事例。

Ⅲ－5　職員の確保，育成等

【対応が求められる事項】

①　マネロン・テロ資金供与対策に関わる職員について，その役割に応じて，必要とされる知識，専門性のほか，研修等を経た上で取引時確認等の措置を的確に行うことができる適合性等について，継続的に確認すること

【対応が求められる事項】

② 取引時確認等を含む顧客管理の具体的方法について，職員が，その役割に応じて的確に理解することができるよう，分かりやすい資料等を用いて周知徹底を図るほか，適切かつ継続的な研修等を行うこと

【対応が求められる事項】

③ 当該研修等の内容が，自らの直面するリスクに適合し，必要に応じ最新の法規制，内外の当局等の情報を踏まえたものであり，また，職員等への徹底の観点から改善の余地がないか分析・検討すること

【対応が求められる事項】

④ 研修等の効果について，研修等内容の遵守状況の検証や職員等に対するフォローアップ等の方法により，確認すること

【対応が求められる事項】

⑤ 全社的な疑わしい取引の届出状況や，管理部門に寄せられる質問内容・気づき等を営業部門に還元するほか，営業部門内においてもこうした情報を各職員に的確に周知するなど，営業部門におけるリスク認識を深めること

【対応が期待される事項】

a．海外拠点等を有する金融機関等グループにおいて，各海外拠点等のリスク評価の担当者に対して，単にリスク評価の手法についての資料等を作成・配布するのみならず，リスク評価の重要性や正確な実施方法に係る研修等を当該拠点等の特殊性等を踏まえて実施し，その研修等の内容についても定期的に見直すこと

【対応が期待される事項】

b．海外拠点等を有し，海外業務が重要な地位を占める金融機関等グループにおいて，マネロン・テロ資金供与対策に関わる職員が，マネロン・テロ資金供与に係る国際的な動向について，有効な研修等や関係する資格取得に努めるよう態勢整備を行うこと

| 資料2 | **FATF勧告（2018年10月現在）** |

参照：

http://www.fatf-gafi.org/media/fatf/documents/recommendations/pdfs/FATF%20Recommendations%202012.pdf

https://www.mof.go.jp/international_policy/convention/fatf/fatf-40_240216_1.pdf

※　基本的には上記ウェブサイトによっているが，FATF勧告が改訂された部分（改訂履歴については，

http://www.fatf-gafi.org/publications/fatfrecommendations/documents/fatf-recommendations.html参照）等については，必要に応じ和訳の加筆・修正等を行った上，可能な範囲で加筆・修正等を行った和訳部分及び対応する原文につき下線を施している。和訳部分はあくまで仮訳にすぎない点に留意されたい。

A. AML/CFT POLICIES AND COORDINATION

A. 資金洗浄及びテロ資金供与対策及び協力

1. Assessing risks and applying a risk-based approach

1. リスクの評価及びリスク・ベース・アプローチの適用

Countries should identify, assess, and understand the money laundering and terrorist financing risks for the country, and should take action, including designating an authority or mechanism to coordinate actions to assess risks, and apply resources, aimed at ensuring the risks are mitigated effectively. Based on that assessment, countries should apply a risk-based approach (RBA) to ensure that measures to prevent or mitigate money laundering and terrorist financing are commensurate with the risks identified. This approach should be an essential foundation to efficient allocation of resources across the anti-money laundering and countering the financing of terrorism (AML/CFT) regime and the implementation of risk-based measures throughout the FATF Recommendations. Where countries identify higher risks, they should ensure that their AML/CFT regime adequately addresses such risks. Where countries identify lower risks, they may decide to allow simplified measures for some of the FATF Recommendations under certain conditions.

Countries should require financial institutions and designated non-financial businesses and professions (DNFBPs) to identify, assess and take effective action to mitigate their money laundering and terrorist financing risks.

各国は，自国における資金洗浄及びテロ資金供与のリスクを特定，評価及び把握

すべきであり，当該リスクを評価するための取組を調整する関係当局又はメカニズムを指定することを含み，当該リスクの効果的な軽減を確保するために行動し，資源を割り当てるべきである。各国は，当該評価に基づき，資金洗浄及びテロ資金供与を防止し又は低減するための措置が，特定されたリスクに整合的なものとなることを確保するため，リスク・ベース・アプローチ（RBA）を導入すべきである。この方法は，資金洗浄及びテロ資金供与対策の体制やFATF勧告全体にわたるリスクに応じた措置の実施における資源の効率的な配分にあたっての本質的基礎とならなければならない。

各国は，リスクが高いと判断する場合，自国の資金洗浄・テロ資金供与対策の体制が当該リスクに十分に対処することを確保しなければならない。各国は，リスクが低いと判断する場合，一定の条件の下で，いくつかのFATF勧告の適用に当たって，簡素化された措置を認めることを決定してもよい。

各国は，金融機関及び特定非金融業者及び職業専門家（DNFBPs）に対し，資金洗浄及びテロ資金供与のリスクを特定，評価及び低減するための効果的な行動をとることを求めるべきである。

２．National cooperation and coordination

２．国内の協力及び協調

Countries should have national AML/CFT policies, informed by the risks identified, which should be regularly reviewed, and should designate an authority or have a coordination or other mechanisms that is responsible for such policies.

Countries should ensure that policy-makers, the financial intelligence unit (FIU), law enforcement authorities, supervisors and other relevant competent authorities, at the policy-making and operational levels, have effective mechanisms in place which enable them to cooperate, and, where appropriate, coordinate <u>and exchange information</u> domestically with each other concerning the development and implementation of policies and activities to combat money laundering, terrorist financing and the financing of proliferation of weapons of mass destruction. <u>This should include cooperation and coordination between relevant authorities to ensure the compatibility of AML/CFT requirements with Data Protection and Privacy rules and other similar provisions (e.g. data security/localisation).</u>

各国は，特定されたリスクに基づき，定期的に見直しが行われる独自の資金洗浄・テロ資金供与対策に関する政策を有するべきであり，当該政策を担当する当局を指定するか，若しくは協力体制又はその他のメカニズムを有するべきである。

各国は，政策の企画・立案及び実施の段階において，政策立案者，FIU，法執行機関，監督者及び他の関連する権限ある当局が，資金洗浄対策，テロ資金供与対策及び大量破壊兵器の拡散に対する資金供与対策の方策及び活動の発展や実施に関して協力し，適切な場合には国内的に調整や情報交換ができるよう効果的な制度を有することを確保すべきである。これには，AML/CFTの要請と，データ保護・プライバシーに関する規制その他同種の条項（例：データ・セキュリティ／データ・ローカライゼーション）との両立を確保するための，関連当局間の協力及び調整が含まれるべきである。

B. MONEY LAUNDERING AND CONFISCATION

B. 資金洗浄及び没収

3. Money laundering offence

3. 資金洗浄の罪

Countries should criminalise money laundering on the basis of the Vienna Convention and the Palermo Convention. Countries should apply the crime of money laundering to all serious offences, with a view to including the widest range of predicate offences.

各国は，1988年の麻薬及び向精神薬の不正取引の防止に関する国際連合条約（ウィーン条約）及び2000年の国際的な組織犯罪の防止にする国際連合条約（パレルモ条約）に則り，資金洗浄を犯罪化すべきである。各国は，できる限り広範な前提犯罪を含む観点から，あらゆる重大犯罪について資金洗浄罪を適用すべきである。

4. Confiscation and provisional measures

4. 没収及び予防的措置

Countries should adopt measures similar to those set forth in the Vienna Convention, the Palermo Convention, and the Terrorist Financing Convention, including legislative measures, to enable their competent authorities to freeze or seize and confiscate the following, without prejudicing the rights of bona fide third parties: (a) property laundered, (b) proceeds from, or instrumentalities used in or intended for use in money laundering or predicate offences, (c) property that is the proceeds of, or used in, or intended or allocated for use in, the financing of terrorism, terrorist acts or terrorist organisations, or (d) property of corresponding value.

Such measures should include the authority to: (a) identify, trace and evaluate property that is subject to confiscation; (b) carry out provisional measures, such as freezing and seizing, to prevent any dealing, transfer or disposal of such property; (c) take steps that will prevent or void actions that prejudice the country's ability to freeze or seize or recover property that is subject to confiscation; and (d) take any appropriate investigative measures.

Countries should consider adopting measures that allow such proceeds or instrumentalities to be confiscated without requiring a criminal conviction (non-conviction based confiscation), or which require an offender to demonstrate the lawful origin of the property alleged to be liable to confiscation, to the extent that such a requirement is consistent with the principles of their domestic law.

各国は，権限ある当局が，善意の第三者の権利を侵害することなく，次に掲げるものを凍結又は差押え，及び没収することを可能とするため，法的措置を含め，ウィーン条約，パレルモ条約及びテロ資金供与防止条約に規定されているのと同様の措置をとるべきである：(a)洗浄された財産，(b)資金洗浄若しくは前提犯罪から得た収益，又はこれらの犯罪に使用された若しくは使用を企図された犯罪供用物，(c)テロリズム，テロ行為若しくはテロ組織に対する資金供与から得た収益，又はこれらの犯罪に使用され，使用を企図され，若しくは使用のために配分された財産，又は(d)これらの価値に相当する財産。

当該措置には，(a)没収の対象となる財産を特定し，追跡し，評価する権限，(b)当該財産の取引，移転又は処分を防止するため，凍結，差押などの暫定的な措置をとる権限，(c)没収の対象となる財産を回復する国家の権能を侵害する行為を防止又は無効化する措置をとる権限，及び(d) 捜査のためにあらゆる適切な措置をとる権限が含まれるべきである。

各国は，国内法の原則に一致する限りにおいて，刑事上の有罪判決がなくても当該収益又は犯罪供用物を没収することを認める措置（有罪判決に基づかない没収）や，被告人に，没収の対象として申し立てられた財産の合法的な起源を示すよう要求する措置を採用することについて検討すべきである。

C．TERRORIST FINANCING AND FINANCING OF PROLIFERATION

C．テロ資金供与及び大量破壊兵器の拡散に対する資金供与

5．Terrorist financing offence

5．テロ資金供与の罪

Countries should criminalise terrorist financing on the basis of the Terrorist Financing Convention, and should criminalise not only the financing of terrorist acts but also the financing of terrorist organisations and individual terrorists even in the absence of a link to a specific terrorist act or acts. Countries should ensure that such offences are designated as money laundering predicate offences.

各国は，テロ資金供与防止条約に基づき，テロ資金供与を犯罪化するとともに，テロ行為に対する資金供与のみならず，特定のテロ行為との結びつきなく行われるテロ組織及び個々のテロリストに対する資金供与についても，これを犯罪化すべきである。各国は，これらの犯罪が資金洗浄の前提犯罪として指定されることを確保すべきである。

6．Targeted financial sanctions related to terrorism and terrorist financing

6．テロリズム及びテロ資金供与に関する対象を特定した金融制裁

Countries should implement targeted financial sanctions regimes to comply with United Nations Security Council resolutions relating to the prevention and suppression of terrorism and terrorist financing. The resolutions require countries to freeze without delay the funds or other assets of, and to ensure that no funds or other assets are made available, directly or indirectly, to or for the benefit of, any person or entity either (i) designated by, or under the authority of, the United Nations Security Council under Chapter VII of the Charter of the United Nations, including in accordance with resolution 1267 (1999) and its successor resolutions; or (ii) designated by that country pursuant to resolution 1373 (2001).

各国は，テロ行為に対する資金供与の防止・抑止に関する国際連合安全保障理事会の決議に従い，対象を特定した金融制裁を実施すべきである。当該決議は各国に対し，(i)安保理決議第1267号（1999年）及びその後継の決議による場合を含み，国連憲章第7章に基づく国連安保理により指定されたあらゆる個人又は団体，又は（ii）安保理決議第1373号（2001年）に基づき，各国により指定されたあらゆる個人又は団体が保有する資金その他資産を遅滞なく凍結するとともに，いかなる資金その他資産も，直接又は間接に，これらの指定された個人又は団体によって，若しくはこれらの個人又は団体の利益のために利用されることのないよう求めている。

7．Targeted financial sanctions related to proliferation

7．大量破壊兵器の拡散に関する対象を特定した金融制裁

Countries should implement targeted financial sanctions to comply with United Nations Security Council resolutions relating to the prevention, suppression and disruption of proliferation of weapons of mass destruction and its financing. These resolutions require countries to freeze without delay the funds or other assets of, and to ensure that no funds and other assets are made available, directly or indirectly, to or for the benefit of, any person or entity designated by, or under the authority of, the United Nations Security Council under Chapter VII of the Charter of the United Nations.

各国は，大量破壊兵器の拡散及びこれに対する資金供与の防止・抑止・撲滅に関する国連安保理決議を遵守するため，対象を特定した金融制裁措置を実施しなければならない。当該決議は各国に対し，国連憲章第7章に基づく安保理により指定されたあらゆる個人又は団体が保有する資金その他資産を遅滞なく凍結するとともに，いかなる資金その他資産も，直接又は間接に，これらの指定された個人又は団体によって，若しくはこれらの個人又は団体の利益のために利用されることのないよう求めている。

8．Non-profit organisations

8．非営利団体

Countries should review the adequacy of laws and regulations that relate to <u>non-profit organisations which the country has identified as being vulnerable to terrorist financing abuse. Countries should apply focused and proportionate measures, in line with the risk-based approach,</u> to such non-profit organisations to protect them from terrorist financing abuse, including:
(a) by terrorist organisations posing as legitimate entities;
(b) by exploiting legitimate entities as conduits for terrorist financing, including for the purpose of escaping asset-freezing measures; and
(c) by concealing or obscuring the clandestine diversion of funds intended for legitimate purposes to terrorist organisations.

各国は，<u>テロリズムに対する資金供与のために悪用され得る団体とされる非営利団体</u>に関する法律・規則が十分か否かを見直すべきである。各国は，これらが以下の形で悪用されないことを確保すべく，<u>リスク・ベース・アプローチに則り，重点的かつ均衡のとれた手段を講ずべきである。</u>
(a) 合法的な団体を装うテロリスト団体による悪用
(b) 合法的な団体を，資産凍結措置の回避目的を含め，テロ資金供与のためのパ

イプとして用いること，及び

(c) 合法目的の資金のテロリスト団体に対する秘かな横流しを，秘匿・隠蔽するために用いること。

D. PREVENTIVE MEASURES

D. 予防的措置

9. Financial institution secrecy laws

9. 金融機関の守秘義務との関係

Countries should ensure that financial institution secrecy laws do not inhibit implementation of the FATF Recommendations.

各国は，金融機関の守秘義務に関する法規が FATF 勧告の実施を妨げないことを確保すべきである。

CUSTOMER DUE DILIGENCE AND RECORD-KEEPING

顧客管理及び記録の保存

10. Customer due diligence

10. 顧客管理

Financial institutions should be prohibited from keeping anonymous accounts or accounts in obviously fictitious names.

Financial institutions should be required to undertake customer due diligence (CDD) measures when:

(i) establishing business relations;

(ii) carrying out occasional transactions: (i) above the applicable designated threshold (USD/EUR 15,000) ; or (ii) that are wire transfers in the circumstances covered by the Interpretive Note to Recommendation 16;

(iii) there is a suspicion of money laundering or terrorist financing; or

(iv) the financial institution has doubts about the veracity or adequacy of previously obtained customer identification data.

The principle that financial institutions should conduct CDD should be set out in law. Each country may determine how it imposes specific CDD obligations, either through law or enforceable means.

The CDD measures to be taken are as follows:

(a) Identifying the customer and verifying that customer's identity using reliable, independent source documents, data or information.

(b) Identifying the beneficial owner, and taking reasonable measures to verify the identity of the beneficial owner, such that the financial institution is satisfied that it knows who the beneficial owner is. For legal persons and arrangements this should include financial institutions understanding the ownership and control structure of the customer.

(c) Understanding and, as appropriate, obtaining information on the purpose and intended nature of the business relationship.

(d) Conducting ongoing due diligence on the business relationship and scrutiny of transactions undertaken throughout the course of that relationship to ensure that the transactions being conducted are consistent with the institution's knowledge of the customer, their business and risk profile, including, where necessary, the source of funds.

Financial institutions should be required to apply each of the CDD measures under (a) to (d) above, but should determine the extent of such measures using a risk-based approach (RBA) in accordance with the Interpretive Notes to this Recommendation and to Recommendation 1.

Financial institutions should be required to verify the identity of the customer and beneficial owner before or during the course of establishing a business relationship or conducting transactions for occasional customers. Countries may permit financial institutions to complete the verification as soon as reasonably practicable following the establishment of the relationship, where the money laundering and terrorist financing risks are effectively managed and where this is essential not to interrupt the normal conduct of business.

Where the financial institution is unable to comply with the applicable requirements under paragraphs (a) to (d) above (subject to appropriate modification of the extent of the measures on a risk-based approach), it should be required not to open the account, commence business relations or perform the transaction; or should be required to terminate the business relationship; and should consider making a suspicious transactions report in relation to the customer.

These requirements should apply to all new customers, although financial institutions should also apply this Recommendation to existing customers on the basis of materiality and risk, and should conduct due diligence on such existing relationships at appropriate times.

資料2　FATF勧告　**187**

金融機関は，匿名口座及び明らかな偽名による口座を保有することを禁止されるべきである。

金融機関は，以下の場合には，顧客管理措置をとることが求められるべきである。

(i)　業務関係の確立

(ii)　一見取引であって，(i)特定の敷居値（15,000米ドル・ユーロ）を超えるもの，または(ii)勧告16の解釈ノートに規定する状況下の電信送金

(iii)　資金洗浄又はテロ資金供与の疑いがあるとき，又は

(iv)　金融機関が過去に取得した顧客の本人確認データについての信憑性又は適切性に疑いを有するとき。

金融機関が顧客管理を実施すべきという原則は，法律で規定されるべきである。各国は，法律又は他の強制力ある方法のいずれかを通じて，どのように特定の顧客管理義務を実施するか，について決めることができる。

措置すべき顧客管理は次のとおりである。

(a)　信頼できる独立した情報源に基づく文書，データ又は情報を用いて，顧客の身元を確認し，照合すること。

(b)　受益者の身元を確認し，金融機関が当該受益者が誰であるかについて確認できるように，受益者の身元を照合するための合理的な措置をとる。この中には，金融機関が，法人及び法的取極めについて当該顧客の所有権及び管理構造を把握することも含まれるべきである。

(c)　業務関係の目的及び所与の性質に関する情報を把握し，必要に応じて取得する。

(d)　顧客，業務，リスク，及び必要な場合には資金源について，金融機関の認識と整合的に取引が行われることを確保するため，業務関係に関する継続的な顧客管理及び当該業務関係を通じて行われた取引の精査を行う。

金融機関は，上記(a)から(d)のそれぞれの顧客管理措置を適用することが求められるべきであるが，この勧告及び勧告1の解釈ノートに基づくリスク・ベース・アプローチにより，当該措置の程度を決定するべきである。

金融機関は，業務関係の確立若しくは一見顧客に対する取引の実施前又はその過程において，顧客及び受益者の身元を照合することを求められるべきである。各国は，資金洗浄及びテロ資金供与のリスクを効果的に管理でき，かつ，通常の業務遂行を阻害しないために不可欠である場合には，金融機関が実務上合理的な範囲で業務関係確立後速やかに照合措置を完了することを容認できる。

金融機関は，上記(a)から(d)の適用されるべき義務（ただし，リスク・ベース・アプローチにより，措置の程度について適切な修正が加えられる）を遵守できない場合には，口座開設，業務関係の開始又は取引の実施をすべきではない。あるいは，業務関係を終了すべきことが求められるべきである。また，当該顧客に関する疑わしい取引の届出を行うことを検討すべきである。

これらの義務は全ての新規顧客に適用すべきである。なお，金融機関は重要性及びリスクに応じて既存顧客にもこの勧告を適用し，また，適切な時期に既存の業務関係についての顧客管理措置を行うべきである。

11. Record-keeping

11. 記録の保存

Financial institutions should be required to maintain, for at least five years, all necessary records on transactions, both domestic and international, to enable them to comply swiftly with information requests from the competent authorities. Such records must be sufficient to permit reconstruction of individual transactions (including the amounts and types of currency involved, if any) so as to provide, if necessary, evidence for prosecution of criminal activity.

Financial institutions should be required to keep all records obtained through CDD measures (e.g. copies or records of official identification documents like passports, identity cards, driving licences or similar documents), account files and business correspondence, including the results of any analysis undertaken (e.g. inquiries to establish the background and purpose of complex, unusual large transactions), for at least five years after the business relationship is ended, or after the date of the occasional transaction.

Financial institutions should be required by law to maintain records on transactions and information obtained through the CDD measures.

The CDD information and the transaction records should be available to domestic competent authorities upon appropriate authority.

金融機関は，権限ある当局からの情報提供の要請に対し迅速に応ずることができるよう，国内取引及び国際取引に関する全ての必要な記録を最低5年間保存することが求められるべきである。この記録は，必要であれば犯罪行為の訴追のための証拠を提供できるよう，（金額及び使われた通貨の種類を含めて）個々の取引の再現を可能とするほど十分なものでなければならない。

金融機関は，顧客管理措置を通じて取得したすべての記録（例えば，旅券，身分証明書，運転免許証又は同様の書類など公的な身元確認書類の写し又は記録），取引内容の分析結果（例えば，複雑で異常に多額な取引の背景及び目的に関する照会結果）を含む口座記録及び通信文書を，業務関係又は一見取引の終了から最低5年間保存すべきである。

金融機関は，取引記録及び顧客管理措置によって得た情報に関する記録を保存することを，法律により求められるべきである。

資料2　FATF勧告　**189**

顧客管理情報及び取引記録は，国内の権限ある当局が適切な権能に基づき利用し得るものとすべきである。

ADDITIONAL MEASURES FOR SPECIFIC CUSTOMERS AND ACTIVITIES

個別の顧客及び行為に対する追加的な措置

12. Politically exposed persons

12. 重要な公的地位を有する者

Financial institutions should be required, in relation to foreign politically exposed persons (PEPs) (whether as customer or beneficial owner), in addition to performing normal customer due diligence measures, to:

(a) have appropriate risk-management systems to determine whether the customer or the beneficial owner is a politically exposed person;

(b) obtain senior management approval for establishing (or continuing, for existing customers) such business relationships;

(c) take reasonable measures to establish the source of wealth and source of funds; and

(d) conduct enhanced ongoing monitoring of the business relationship.

Financial institutions should be required to take reasonable measures to determine whether a customer or beneficial owner is a domestic PEP or a person who is or has been entrusted with a prominent function by an international organisation. In cases of a higher risk business relationship with such persons, financial institutions should be required to apply the measures referred to in paragraphs (b), (c) and (d). The requirements for all types of PEP should also apply to family members or close associates of such PEPs.

金融機関は，外国の重要な公的地位を有する者（Politically Exposed Persons: PEPs）に関しては，（それが顧客又は受益者のいずれであっても）通常の顧客管理措置の実施に加えて，以下のことを求められるべきである。

(a) 顧客又は受益者がPEPか否かを判定するための適切なリスク管理システムを有すること。

(b) 当該顧客と業務関係を確立（又は既存顧客と既契約の業務関係を継続）する際に上級管理者の承認を得ること。

(c) 財源及び資金源を確認するための合理的な措置をとること。

(d) 業務関係についてより厳格な継続的監視を実施すること。

金融機関は，顧客又は受益者が国内PEPであるか，または現在又は過去に国際機関で主要な役割を与えられた者であるかを判定するための適切な措置をとるよう求められるべきである。これらの者との業務関係でリスクが高い場合，金融機関は上記(b)(c)及び(d)の措置を適用することを求められなければならない。

全てのタイプのPEPに求められる措置は，当該PEPsの家族又は近しい間柄にある者にも適用される。

13. Correspondent banking

13. コルレス取引

Financial institutions should be required, in relation to cross-border correspondent banking and other similar relationships, in addition to performing normal customer due diligence measures, to:

(a) gather sufficient information about a respondent institution to understand fully the nature of the respondent's business and to determine from publicly available information the reputation of the institution and the quality of supervision, including whether it has been subject to a money laundering or terrorist financing investigation or regulatory action;

(b) assess the respondent institution's AML/CFT controls;

(c) obtain approval from senior management before establishing new correspondent relationships;

(d) clearly understand the respective responsibilities of each institution; and

(e) with respect to "payable-through accounts", be satisfied that the respondent bank has conducted CDD on the customers having direct access to accounts of the correspondent bank, and that it is able to provide relevant CDD information upon request to the correspondent bank.

Financial institutions should be prohibited from entering into, or continuing, a correspondent banking relationship with shell banks. Financial institutions should be required to satisfy themselves that respondent institutions do not permit their accounts to be used by shell banks.

金融機関は，海外とのコルレス銀行業務その他同様の関係について，通常の顧客管理措置の実施に加えて，以下のことが求められるべきである。

資料 2　FATF勧告　**191**

(a) 相手方機関の業務の性質を十分に理解するため，また，公開情報から，資金洗浄及びテロ資金供与に関する捜査又は行政処分の対象となっていないかどうかを含め，当該機関の評判や監督体制の質について判定するため，相手方機関についての十分な情報を収集する。

(b) 相手方機関の資金洗浄対策及びテロ資金供与対策を評価する。

(c) 新たなコルレス契約を確立する前に上級管理者の承認を得る。

(d) 契約する両機関の責任を明確に把握する。

(e) 「payable-through-accounts」については，相手方機関がコルレス機関の口座に直接アクセスする顧客の顧客管理を実施し，また，相手方機関が要請に応じて関連する顧客管理情報をコルレス機関に提供できることを確認する。

金融機関は，シェルバンクとのコルレス契約の確立又は継続が禁止されるべきである。金融機関は，コルレス先機関が自行の口座をシェルバンクに利用されることを容認していない旨の確認も求められるべきである。

14. Money or value transfer services

14. 資金移動業

Countries should take measures to ensure that natural or legal persons that provide money or value transfer services (MVTS) are licensed or registered, and subject to effective systems for monitoring and ensuring compliance with the relevant measures called for in the FATF Recommendations. Countries should take action to identify natural or legal persons that carry out MVTS without a license or registration, and to apply appropriate sanctions.

Any natural or legal person working as an agent should also be licensed or registered by a competent authority, or the MVTS provider should maintain a current list of its agents accessible by competent authorities in the countries in which the MVTS provider and its agents operate. Countries should take measures to ensure that MVTS providers that use agents include them in their AML/CFT programmes and monitor them for compliance with these programmes.

各国は，資金移動業（Money or value transfer services : MVTS）を行う自然人又は法人に免許制又は登録制を課すとともに，FATF勧告において求められる関連措置の遵守を確保し，モニタリングするための効果的なシステムを適用するための措置を講ずるべきである。各国は，無免許又は無登録で資金移動業を営む自然人又は法人を特定し，これに対する適切な制裁措置を講ずるべきである。資金移動業者のエージェント（agent）として業務を行う自然人又は法人については，権限ある当局による免許又は登録義務が課され，又は，資金移動業者にお

いて，資金移動業者及びそのエージェントが業務を営む国の権限ある当局により
アクセス可能な最新のエージェントリストを保有していなければならない。各国
は，エージェントを使う資金移動業者が，自社の資金洗浄及びテロ資金供与対策
のプログラムをエージェントにも適用し，それらエージェントのプログラム遵守
について監視することを確保するよう措置を講じなければならない。

15. New technologies

15. 新しい技術

Countries and financial institutions should identify and assess the
money laundering or terrorist financing risks that may arise in relation
to (a) the development of new products and new business practices,
including new delivery mechanisms, and (b) the use of new or develop-
ing technologies for both new and pre-existing products. In the case
of financial institutions, such a risk assessment should take place
prior to the launch of the new products, business practices or the
use of new or developing technologies. They should take appropriate
measures to manage and mitigate those risks.
To manage and mitigate the risks emerging from virtual assets,
countries should ensure that virtual asset service providers are regu-
lated for AML/CFT purposes, and licensed or registered and subject
to effective systems for monitoring and ensuring compliance with the
relevant measures called for in the FATF Recommendations.

各国及び金融機関は，(a)新たな伝達方法を含む新たな商品や取引形態の開発，及
び(b)新規及び既存商品に関する新規の又は開発途上にある技術の利用に関連して
存在する資金洗浄及びテロ資金供与のリスクを特定し，評価しなければならない。
金融機関の場合，このようなリスクの評価は，新たな商品，取引又は技術を導入
する前に行わなければならない。金融機関は，これらのリスクを管理し低減させ
る適切な措置を講じなければならない。
各国は，仮想資産から生ずるリスクを管理・低減するために，仮想資産サービス
提供業者に対して資金洗浄対策及びテロ資金供与対策の観点から規制するととも
に，免許又は登録制度により，適用されるFATF勧告の遵守状況を監督する実効
的なシステムを設けなければならない。

16. Wire transfers

16. 電信送金

Countries should ensure that financial institutions include required
and accurate originator information, and required beneficiary informa-
tion, on wire transfers and related messages, and that the informa-

tion remains with the wire transfer or related message throughout the payment chain.

Countries should ensure that financial institutions monitor wire transfers for the purpose of detecting those which lack required originator and/or beneficiary information, and take appropriate measures.

Countries should ensure that, in the context of processing wire transfers, financial institutions take freezing action and should prohibit conducting transactions with designated persons and entities, as per the obligations set out in the relevant United Nations Security Council resolutions, such as resolution 1267 (1999) and its successor resolutions, and resolution 1373 (2001), relating to the prevention and suppression of terrorism and terrorist financing.

各国は，金融機関が，正確な必須送金人情報，及び必須受取人情報を電信送金及び関連する通知文（related message）に含めること，また，当該情報が一連の送金プロセスを通じて電信送金，又は関連電文メッセージに付記されることを確保しなければならない。

各国は，金融機関が所要の送金人及び／又は受取人情報の欠如を見つけるため，電信送金を監視することを確保し，適切な措置を講じなければならない。

各国は，電信送金を処理するに当たり，テロリズム及びテロ資金供与の防止・抑止に関連する国連安保理決議1267並びにその後継決議及び決議1373など，国連安保理決議で規定される義務に基づき，金融機関が凍結措置を講じることを確保するとともに，指定された個人及び団体との取引を禁止しなければならない。

RELIANCE, CONTROLS AND FINANCIAL GROUPS

委託，管理及び金融グループ

17. Reliance on third parties

17. 第三者への依存

Countries may permit financial institutions to rely on third parties to perform elements (a)-(c) of the CDD measures set out in Recommendation 10 or to introduce business, provided that the criteria set out below are met. Where such reliance is permitted, the ultimate responsibility for CDD measures remains with the financial institution relying on the third party.

The criteria that should be met are as follows:

(a) A financial institution relying upon a third party should immediately obtain the necessary information concerning elements (a)-(c) of the CDD measures set out in Recommendation 10.

(b) Financial institutions should take adequate steps to satisfy themselves that copies of identification data and other relevant documentation relating to the CDD requirements will be made available from the third party upon request without delay.

(c) The financial institution should satisfy itself that the third party is regulated, supervised or monitored for, and has measures in place for compliance with, CDD and record-keeping requirements in line with Recommendations 10 and 11.

(d) When determining in which countries the third party that meets the conditions can be based, countries should have regard to information available on the level of country risk.

When a financial institution relies on a third party that is part of the same financial group, and (i) that group applies CDD and record-keeping requirements, in line with Recommendations 10, 11 and 12, and programmes against money laundering and terrorist financing, in accordance with Recommendation 18; and (ii) where the effective implementation of those CDD and record-keeping requirements and AML/CFT programmes is supervised at a group level by a competent authority, then relevant competent authorities may consider that the financial institution applies measures under (b) and (c) above through its group programme, and may decide that (d) is not a necessary precondition to reliance when higher country risk is adequately mitigated by the group AML/CFT policies.

各国は，以下の基準が満たされる場合には，勧告10に定める(a)から(c)の顧客管理措置の実施又は業務紹介について第三者機関に依存することを金融機関に容認することができる。第三者機関への依存が容認される場合，顧客管理措置に関する最終的な責任は第三者機関に依存する金融機関にある。
満たされるべき基準は以下のとおりである。

(a) 第三者機関に依存する金融機関は，勧告10に定める顧客管理措置の(a)から(c)に関する必要な情報を速やかに取得すべきである。

(b) 金融機関は，本人確認データの写し，その他顧客管理義務に関する書類を要請に応じて遅滞なく第三者機関から入手し得ること。

(c) 金融機関は，勧告10及び11に沿った顧客管理及び記録保存義務のために第三者機関が規制され，監督又は監視され，当該義務を遵守するための適切な措置を有していることを確保すべきである。

(d) 条件を満たす第三者機関をどの国に設置することができるかを決定する際には，国のリスクレベルに関する入手可能な情報を参照すべきである。

金融機関が同じ金融グループの一部である第三者機関に顧客管理を依存する場合であって，(i)当該金融グループが勧告10，11，12に即した顧客管理及び記録保存を行い，かつ，勧告18に即した資金洗浄・テロ資金供与対策のプログラムを行っている場合，(ii)顧客管理義務及び取引記録の保存義務が効果的に実施され，資金洗浄・テロ資金供与対策のプログラムが権限ある当局によってグループレベルで監督されている場合には，関係する権限ある当局は，金融機関が上記(b)及び(c)の措置をグループのプログラムにより適用することを検討することができ，かつ，グループの資金洗浄・テロ資金供与対策によって，高いカントリーリスクが適切に低減されている場合には，上記(d)は，依存する際の必要前提条件ではないことを決定することができる。

18. Internal controls and foreign branches and subsidiaries

18. 内部管理，外国の支店及び子会社

Financial institutions should be required to implement programmes against money laundering and terrorist financing. Financial groups should be required to implement group-wide programmes against money laundering and terrorist financing, including policies and procedures for sharing information within the group for AML/CFT purposes. Financial institutions should be required to ensure that their foreign branches and majority-owned subsidiaries apply AML/CFT measures consistent with the home country requirements implementing the FATF Recommendations through the financial groups' programmes against money laundering and terrorist financing.

金融機関は，資金洗浄及びテロ資金供与対策プログラムの実施が求められなければならない。金融グループは，資金洗浄及びテロ資金供与対策目的のため，グループ全体として，情報共有に関する政策及び手続きを含む資金洗浄及びテロ資金供与対策に関するプログラムの実行が求められるべきである。
金融機関は，金融グループの資金洗浄及びテロ資金供与に対するプログラムを通じて，海外支店及び過半数の資本を所有している子会社に対し，本国のFATF勧告の実施義務と整合的な資金洗浄及びテロ資金供与対策の措置が適用されることを確保することが求められるべきである。

19. Higher-risk countries

19. リスクの高い国

Financial institutions should be required to apply enhanced due diligence measures to business relationships and transactions with natural and legal persons, and financial institutions, from countries for which this is called for by the FATF. The type of enhanced due diligence measures applied should be effective and proportionate to the risks.

Countries should be able to apply appropriate countermeasures when called upon to do so by the FATF. Countries should also be able to apply countermeasures independently of any call by the FATF to do so. Such countermeasures should be effective and proportionate to the risks.

金融機関は，FATF が求めるところにしたがって，特定の国の自然人，法人及び金融機関との取引において厳格な顧客管理を行うことを求められなければならない。適用される厳格な顧客管理の種類は，当該リスクに対して効果的かつ整合的なものでなければならない。

各国は，FATF によって求められた場合には，適切な対抗措置を講じることが可能であるべきである。また各国は，FATF からの要請とは別に，独自の対抗措置を講ずることができなければならない。対抗措置は，リスクに対して効果的かつ整合的でなければならない。

REPORTING OF SUSPICIOUS TRANSACTIONS

疑わしい取引の届出

20. Reporting of suspicious transactions

20. 疑わしい取引の届出

If a financial institution suspects or has reasonable grounds to suspect that funds are the proceeds of a criminal activity, or are related to terrorist financing, it should be required, by law, to report promptly its suspicions to the financial intelligence unit (FIU).

金融機関は，資金が犯罪活動の収益ではないか，又はテロ資金供与と関係しているのではないかと疑うか又は疑うに足る合理的な根拠を有する場合には，その疑いを資金情報機関（FIU）に速やかに届出るよう法律によって義務づけられなければならない。

21. Tipping-off and confidentiality

21. 内報及び秘匿性

Financial institutions, their directors, officers and employees should be:
(a) protected by law from criminal and civil liability for breach of any restriction on disclosure of information imposed by contract or by any legislative, regulatory or administrative provision, if they report their suspicions in good faith to the FIU, even if they did not

know precisely what the underlying criminal activity was, and re-
gardless of whether illegal activity actually occurred; and

(b) prohibited by law from disclosing ("tipping-off") the fact that a
suspicious transaction report (STR) or related information is be-
ing filed with the FIU. <u>These provisions are not intended to inhibit
information sharing under Recommendation 18.</u>

金融機関，その取締役，職員及び従業員は，

(a) たとえ内在する犯罪活動が何であるかを正確に認識していなくても，また不
法な活動が実際に行われたか否かにかかわらず，その疑いをFIU に善意で
報告する場合には，契約若しくは法律，規則，又は行政規定により課されて
いる情報開示に関する制限に違反したことから生じる刑事上及び民事上の責
任から，法律によって保護されるべきである。

(b) 疑わしい取引の届出又はその関連情報がFIU に提出されている事実を開示
すること（内報）は法律で禁止されるべきである。<u>内報の禁止の規定によっ
ても，勧告18に基づく情報共有は妨げられるものではない。</u>

DESIGNATED NON-FINANCIAL BUSINESSES AND PROFESSIONS

指定非金融業者及び職業専門家

22. DNFBPs: customer due diligence

22. DNFBPs：顧客管理

The customer due diligence and record-keeping requirements set out
in Recommendations 10, 11, 12, 15, and 17, apply to designated non-fi-
nancial businesses and professions (DNFBPs) in the following situa-
tions:

(a) Casinos – when customers engage in financial transactions equal
to or above the applicable designated threshold.

(b) Real estate agents – when they are involved in transactions for
their client concerning the buying and selling of real estate.

(c) Dealers in precious metals and dealers in precious stones – when
they engage in any cash transaction with a customer equal to or
above the applicable designated threshold.

(d) Lawyers, notaries, other independent legal professionals and ac-
countants – when they prepare for or carry out transactions for
their client concerning the following activities:

　∘ buying and selling of real estate;

　∘ managing of client money, securities or other assets;

- management of bank, savings or securities accounts;
- organisation of contributions for the creation, operation or management of companies;
- creation, operation or management of legal persons or arrangements, and buying and selling of business entities.

(e) Trust and company service providers – when they prepare for or carry out transactions for a client concerning the following activities:
- acting as a formation agent of legal persons;
- acting as (or arranging for another person to act as) a director or secretary of a company, a partner of a partnership, or a similar position in relation to other legal persons;
- providing a registered office, business address or accommodation, correspondence or administrative address for a company, a partnership or any other legal person or arrangement;
- acting as (or arranging for another person to act as) a trustee of an express trust or performing the equivalent function for another form of legal arrangement;
- acting as (or arranging for another person to act as) a nominee shareholder for another person.

勧告10，11，12，15及び17に定められている顧客管理義務及び記録保存義務は，以下の状況下において，指定非金融業者及び職業専門家（DNFBPs）に適用される。

(a) カジノ：顧客が一定の基準額以上の金融取引に従事する場合
(b) 不動産業者：顧客のための不動産売買の取引に関与する場合
(c) 貴金属商及び宝石商：顧客と一定の基準額以上の現金取引に従事する場合
(d) 弁護士，公証人，他の独立法律専門家及び会計士：顧客のために以下の活動に関する取引を準備又は実行する場合
- 不動産の売買
- 顧客の金銭，証券又はその他の資産の管理
- 銀行口座，貯蓄口座又は証券口座の管理
- 会社の設立，運営又は管理のための出資の取りまとめ
- 法人又は法的取極めの設立（設定），運営又は管理及び企業の買収又は売却
(e) トラスト・アンド・カンパニー・サービスプロバイダー：顧客のために以下の活動に関する取引を準備又は実行する場合
- 法人の設立代理人として行動すること
- 会社の取締役や秘書，パートナーシップのパートナー，他の法人の関係で

これらと同様の立場の者として行動すること（又は他人がそのような立場で行動することを手配すること）
　　- 会社，パートナーシップ，その他の法人又は法的取極めのために，登録された事務所，事業上の住所や施設，連絡先としての又は管理上の住所を提供すること
　　- 明示信託の受託者として行動すること（又は他人がそのような立場で行動することを手配すること）又は他の法的取極めの設定のために同等の役割を果たすこと
　　- 他人のために名目上の株主として行動すること（又は他人がそのような立場で行動することを手配すること）

23. DNFBPs: Other measures

23. DNFBPs：その他の措置

The requirements set out in Recommendations 18 to 21 apply to all designated non-financial businesses and professions, subject to the following qualifications:

(a) Lawyers, notaries, other independent legal professionals and accountants should be required to report suspicious transactions when, on behalf of or for a client, they engage in a financial transaction in relation to the activities described in paragraph (d) of Recommendation 22. Countries are strongly encouraged to extend the reporting requirement to the rest of the professional activities of accountants, including auditing.

(b) Dealers in precious metals and dealers in precious stones should be required to report suspicious transactions when they engage in any cash transaction with a customer equal to or above the applicable designated threshold.

(c) Trust and company service providers should be required to report suspicious transactions for a client when, on behalf of or for a client, they engage in a transaction in relation to the activities referred to in paragraph (e) of Recommendation 22.

勧告18から21に定められている義務は，全ての指定非金融業者及び職業専門家に以下の条件で適用される。

(a) 弁護士，公証人，他の独立法律専門家及び会計士は，顧客の代理として又は顧客のために，勧告22のパラグラフ(d)に示されている活動に関する金融取引に従事する場合には，疑わしい取引の届出を行うよう義務づけられるべきである。各国は，監査を含む会計士によるその他の専門的活動にも報告義務を

拡大することが強く奨励される。

(b) 貴金属商及び宝石商は，顧客と一定の基準額以上の現金取引に従事する場合には，疑わしい取引の届出を行うよう義務づけられるべきである。

(c) トラスト・アンド・カンパニー・サービスプロバイダーは，顧客の代理として又は顧客のために，勧告22のパラグラフ(e)に示されている活動に関する取引に従事する場合には，顧客のために疑わしい取引の届出を行うよう義務づけられるべきである。

E. TRANSPARENCY AND BENEFICIAL OWNERSHIP OF LEGAL PERSONS AND ARRANGEMENTS

E. 法人及び法的取極めの透明性及び真の受益者

24. Transparency and beneficial ownership of legal persons

24. 法人の透明性及び真の受益者

Countries should take measures to prevent the misuse of legal persons for money laundering or terrorist financing. Countries should ensure that there is adequate, accurate and timely information on the beneficial ownership and control of legal persons that can be obtained or accessed in a timely fashion by competent authorities. In particular, countries that have legal persons that are able to issue bearer shares or bearer share warrants, or which allow nominee shareholders or nominee directors, should take effective measures to ensure that they are not misused for money laundering or terrorist financing. Countries should consider measures to facilitate access to beneficial ownership and control information by financial institutions and DNFBPs undertaking the requirements set out in Recommendations 10 and 22.

各国は，資金洗浄又はテロ資金供与のための法人の悪用を防止するための措置を講じるべきである。各国は，権限ある当局が，適時に，法人の受益所有及び支配について，十分で，正確なかつ時宜を得た情報を入手することができ，又はそのような情報にアクセスできることを確保すべきである。とりわけ，無記名株券又は無記名新株予約券の発行を可能とする，或いは名目上の株主又は名目上の取締役を許容する法人制度を有する国は，これらが資金洗浄又はテロ資金供与のために悪用されないことを確保するための効果的な措置を講じるべきである。各国は，勧告10及び22に定められている義務を実施する金融機関及び指定非金融業者及び職業専門家による受益所有及び支配に関する情報へのアクセスを促進するための措置を検討すべきである。

25. Transparency and beneficial ownership of legal arrangements

25. 法的取極めの透明性及び真の受益者

Countries should take measures to prevent the misuse of legal arrangements for money laundering or terrorist financing. In particular, countries should ensure that there is adequate, accurate and timely information on express trusts, including information on the settlor, trustee and beneficiaries, that can be obtained or accessed in a timely fashion by competent authorities. Countries should consider measures to facilitate access to beneficial ownership and control information by financial institutions and DNFBPs undertaking the requirements set out in Recommendations 10 and 22.

各国は，資金洗浄又はテロ資金供与のための法的取極めの悪用を防止するための措置を講じるべきである。とりわけ，各国は，権限ある当局が，適時に，信託設定者，受託者及び受益者に関する情報を含む明示信託に関する十分で，正確なかつ時宜を得た情報を得ることができ，又はそのような情報にアクセスできるよう確保すべきである。各国は，勧告10及び22に定められている義務を実施する金融機関及び指定非金融業者及び職業専門家による受益所有及び支配に関する情報へのアクセスを促進するための措置を検討すべきである。

F. POWERS AND RESPONSIBILITIES OF COMPETENT AUTHORITIES, AND OTHER INSTITUTIONAL MEASURES

F. 当局の権限及び責任，及びその他の制度的な措置

REGULATION AND SUPERVISION

規制と監督

26. Regulation and supervision of financial institutions

26. 金融機関の規制及び監督

Countries should ensure that financial institutions are subject to adequate regulation and supervision and are effectively implementing the FATF Recommendations. Competent authorities or financial supervisors should take the necessary legal or regulatory measures to prevent criminals or their associates from holding, or being the beneficial owner of, a significant or controlling interest, or holding a management function in, a financial institution. Countries should not approve the establishment, or continued operation, of shell banks.

For financial institutions subject to the Core Principles, the regulatory and supervisory measures that apply for prudential purposes, and which are also relevant to money laundering and terrorist financing, should apply in a similar manner for AML/CFT purposes. This should include applying consolidated group supervision for AML/CFT purposes.

Other financial institutions should be licensed or registered and adequately regulated, and subject to supervision or monitoring for AML/CFT purposes, having regard to the risk of money laundering or terrorist financing in that sector. At a minimum, where financial institutions provide a service of money or value transfer, or of money or currency changing, they should be licensed or registered, and subject to effective systems for monitoring and ensuring compliance with national AML/CFT requirements.

各国は，金融機関が適切な規制及び監督に服し，FATF 勧告を効果的に実施していることを確保すべきである。権限ある当局又は金融監督当局は，犯罪者又はその関係者が金融機関の重要な又は支配的な資本持分を所有し，又は受益者とならないよう，若しくは金融機関の経営機能を所有することのないように，必要な法律上又は規制上の措置を講ずるべきである。各国は，実態のない銀行（シェルバンク）の設立又はその業務の継続を容認すべきでない。

コア・プリンシプルの対象となる金融機関に関しては，健全性確保を目的とした規制上及び監督上の措置のうち，資金洗浄及びテロ資金供与にも関連する措置は，資金洗浄・テロ資金供与対策のためにも，同様に適用すべきである。これには，資金洗浄・テロ資金供与対策目的のための連結ベースのグループ監督の適用も含むべきである。

その他の金融機関は，当該セクターにおける資金洗浄又はテロ資金供与のリスクを考慮して，免許制又は登録制とされ，かつ適切に規制され，資金洗浄・テロ資金供与対策目的のための監督又は監視の対象となるべきである。少なくとも，資金移動又は両替を業とする金融機関は，免許制又は登録制とされ，国内の資金洗浄・テロ資金供与対策義務の遵守を監視及び確保するための実効性のある制度の対象とすべきである。

27. Powers of supervisors

27. 監督機関の権限

Supervisors should have adequate powers to supervise or monitor, and ensure compliance by, financial institutions with requirements to combat money laundering and terrorist financing, including the authority to conduct inspections. They should be authorised to compel production of any information from financial institutions that is relevant to monitoring such compliance, and to impose sanctions, in line with Recommendation 35, for failure to comply with such requirements. Supervisors should have powers to impose a range of disciplinary and financial sanctions, including the power to withdraw, restrict or suspend the financial institution's license, where applicable.

監督機関は，検査権限を含め，金融機関の資金洗浄・テロ資金供与対策のための義務の遵守を監督又は監視し，確保するための適切な権限を有すべきである。監督機関は，遵守状況の監視に関する全ての情報を金融機関から提出させる権限，及びそれらの義務を遵守しない場合には，勧告35に沿った処分を課す権限を与えられるべきである。監督当局は，該当する場合には，金融機関の免許の取消し，制限又は停止を含む幅広い懲戒処分及び金融制裁を課す権限を持つべきである。

28. Regulation and supervision of DNFBPs

28. 指定非金融業者及び職業専門家の規制及び監督

Designated non-financial businesses and professions should be subject to regulatory and supervisory measures as set out below.

(a) Casinos should be subject to a comprehensive regulatory and supervisory regime that ensures that they have effectively implemented the necessary AML/CFT measures. At a minimum:
- casinos should be licensed;
- competent authorities should take the necessary legal or regulatory measures to prevent criminals or their associates from holding, or being the beneficial owner of, a significant or controlling interest, holding a management function in, or being an operator of, a casino; and
- competent authorities should ensure that casinos are effectively supervised for compliance with AML/CFT requirements.

(b) Countries should ensure that the other categories of DNFBPs are subject to effective systems for monitoring and ensuring compliance with AML/CFT requirements. This should be performed on a risk-sensitive basis. This may be performed by (a) a supervisor or (b) by an appropriate self-regulatory body (SRB), provided that such a body can ensure that its members comply with their obligations to combat money laundering and terrorist financing.

The supervisor or SRB should also　(a) take the necessary measures to prevent criminals or their associates from being professionally accredited, or holding or being the beneficial owner of a

significant or controlling interest or holding a management func-
tion, e.g. through evaluating persons on the basis of a "fit and
proper" test; and (b) have effective, proportionate, and dissuasive
sanctions in line with Recommendation 35 available to deal with
failure to comply with AML/CFT requirements.

指定非金融業者及び職業専門家は，以下に定める規制措置及び監督措置の対象と
なるべきである。

(a) カジノは，必要な資金洗浄・テロ資金供与対策を効果的に実施していること
を確保するための包括的な規制制度及び監督体制の対象となるべきである。
少なくとも，
　○カジノは免許制とすべきである
　○権限ある当局は，犯罪者又はその関係者が，カジノの所有者又は受益所有
　　者にならないよう，カジノの重要な又は支配的な資本持分を所有し，カジ
　　ノの経営機能を所有することのないように，またカジノの運営者とならな
　　いように，必要な法律上又は規制上の措置を講ずるべきである。
　○権限ある当局は，カジノが資金洗浄・テロ資金供与対策の義務を遵守する
　　ために効果的に監督されることを確保すべきである。

(b) 各国は，その他の指定非金融業者及び職業専門家が，資金洗浄・テロ資金供
与対策の義務の遵守を監視し，確保するための効果的な制度の対象となって
いることを確保すべきである。これは，リスクに応じて行われるべきである。
これは，(a)監督当局，又は(b)適切な自主規制機関（当該自主規制機関がその
所属会員の資金洗浄対策・テロ資金供与対策の義務の遵守を確保できる場
合）によって行うことができる。

監督当局又は自主規制機関は，(a)犯罪者又はその関連者が専門家として認定
されないよう，重要な又は支配的な資本持分の所有者又は受益所有者になら
ないよう，又は経営機能を所有しないよう，例えば適格性の審査（フィッ
ト・アンド・プロパー・テスト）に基づいた人物評価を通じて，必要な措置
を講じるとともに，(b)資金洗浄・テロ資金供与対策の不遵守に対処するため
に利用可能な勧告35に沿った効果的で，整合的かつ抑止力のある制裁を有し
なければならない。

OPERATIONAL AND LAW ENFORCEMENT

実務及び法執行

29. Financial intelligence units

29. Financial Intelligence Unit

Countries should establish a financial intelligence unit (FIU) that serves as a national centre for the receipt and analysis of: (a) suspicious transaction reports; and (b) other information relevant to money laundering, associated predicate offences and terrorist financing, and for the dissemination of the results of that analysis. The FIU should be able to obtain additional information from reporting entities, and should have access on a timely basis to the financial, administrative and law enforcement information that it requires to undertake its functions properly.

各国は，(a)疑わしい取引の届出，及び(b)資金洗浄，関連する前提犯罪及びテロ資金供与に関する他の情報を受理し分析すること，及びその分析結果を提供するための国の中央機関として，Financial Intelligence Unit（FIU）を設立すべきである。FIU は，届出機関から追加的な情報の入手が可能であるとともに，その機能を適切に遂行する上で必要となる金融情報，行政情報及び法執行に関する情報に，時機を失することなく，アクセスできるべきである。

30. Responsibilities of law enforcement and investigative authorities

30. 法執行及び捜査当局の権限

Countries should ensure that designated law enforcement authorities have responsibility for money laundering and terrorist financing investigations within the framework of national AML/CFT policies. At least in all cases related to major proceeds-generating offences, these designated law enforcement authorities should develop a pro-active parallel financial investigation when pursuing money laundering, associated predicate offences and terrorist financing. This should include cases where the associated predicate offence occurs outside their jurisdictions. Countries should ensure that competent authorities have responsibility for expeditiously identifying, tracing and initiating actions to freeze and seize property that is, or may become, subject to confiscation, or is suspected of being proceeds of crime. Countries should also make use, when necessary, of permanent or temporary multi-disciplinary groups specialised in financial or asset investigations. Countries should ensure that, when necessary, cooperative investigations with appropriate competent authorities in other countries take place.

各国は，自国の資金洗浄・テロ資金供与対策の政策の枠組みの範囲内で，指定された法執行機関が資金洗浄及びテロ資金供与の捜査に権限を有することを確保すべきである。少なくとも収益性のある主要な犯罪に関連する全ての事件について，

これらの指定された法執行当局は，資金洗浄，関連する前提犯罪及びテロ資金供与を追跡する場合，能動的かつ並行的な財務捜査を展開すべきである。これには関連する前提犯罪が，司法管轄権外で発生した場合を含むべきである。各国は，権限ある当局が，没収の対象又は対象となり得る財産，又は犯罪収益と疑われる財産を，迅速に特定，追跡，並びに凍結及び差押えするための行動を開始する権限を有することを確保すべきである。各国は，必要であれば，財務又は財産捜査を専門に扱う恒常的又は一時的なマルチ・ディシプリナリー・グループ（様々な分野の専門家で構成されるグループ）を利用すべきである。各国は，必要であれば，他国の適当な権限ある当局との共同捜査の実施を確保すべきである。

31. Powers of law enforcement and investigative authorities

31. 法執行及び捜査当局の能力

When conducting investigations of money laundering, associated predicate offences and terrorist financing, competent authorities should be able to obtain access to all necessary documents and information for use in those investigations, and in prosecutions and related actions. This should include powers to use compulsory measures for the production of records held by financial institutions, DNFBPs and other natural or legal persons, for the search of persons and premises, for taking witness statements, and for the seizure and obtaining of evidence.

Countries should ensure that competent authorities conducting investigations are able to use a wide range of investigative techniques suitable for the investigation of money laundering, associated predicate offences and terrorist financing. These investigative techniques include: undercover operations, intercepting communications, accessing computer systems and controlled delivery. In addition, countries should have effective mechanisms in place to identify, in a timely manner, whether natural or legal persons hold or control accounts. They should also have mechanisms to ensure that competent authorities have a process to identify assets without prior notification to the owner. When conducting investigations of money laundering, associated predicate offences and terrorist financing, competent authorities should be able to ask for all relevant information held by the FIU.

資金洗浄，関連する前提犯罪及びテロ資金供与の捜査を行う際に，権限ある当局は，捜査並びに訴追及びその関連行為で使用するために必要なあらゆる書類及び情報にアクセスできるようにすべきである。これには，金融機関，指定非金融業

者及び職業専門家及びその他の自然人又は法人により所有されている記録の提示，人物及び建物の捜索，証人証言の取得，差押及び証拠入手のための強制的な措置を使用するための権限が含まれるべきである。

各国は，捜査を行う権限ある当局が，資金洗浄，関連する前提犯罪及びテロ資金供与の捜査に適した広範な捜査手法を利用することができるよう確保すべきである。これらの捜査手法には，潜入して行う捜査，通信傍受，コンピューターシステムへのアクセス及び監視付移転などがある。加えて，各国は，自然人又は法人が銀行口座を保有又は管理しているか否かを，タイムリーに特定するための有効なメカニズムを設けるべきである。各国はまた，財産の所有者への事前の通知なしに，権限ある当局が当該財産を特定する手続きを有することを確保するためのメカニズムを有するべきである。資金洗浄，関連する前提犯罪及びテロ資金供与に関する捜査を行う際に，権限ある当局が，FIU に対して，FIU が保有するあらゆる関連情報を求めることができるようにすべきである。

32. Cash couriers

32. キャッシュ・クーリエ

Countries should have measures in place to detect the physical cross-border transportation of currency and bearer negotiable instruments, including through a declaration system and/or disclosure system.

Countries should ensure that their competent authorities have the legal authority to stop or restrain currency or bearer negotiable instruments that are suspected to be related to terrorist financing, money laundering or predicate offences, or that are falsely declared or disclosed.

Countries should ensure that effective, proportionate and dissuasive sanctions are available to deal with persons who make false declaration(s) or disclosure(s). In cases where the currency or bearer negotiable instruments are related to terrorist financing, money laundering or predicate offences, countries should also adopt measures, including legislative ones consistent with Recommendation 4, which would enable the confiscation of such currency or instruments.

各国は，申告制度及び/又は開示制度によるものを含む，通貨及び持参人払い式の譲渡可能支払手段の物理的な越境運搬を探知するための措置を有するべきである。

各国は，権限ある当局が，テロ資金供与，資金洗浄又は前提犯罪に関係する疑いのある又は虚偽の申告若しくは開示がなされた通貨及び持参人払い式の譲渡可能支払手段を阻止し又は制止する法的権限を有することを確保すべきである。

各国は，虚偽の申告又は開示を行った者に対処するために，効果的で，整合的かつ抑止力のある制裁措置が利用可能であることを確保すべきである。通貨又は持参人払い式の譲渡可能支払手段がテロ資金供与，資金洗浄又は前提犯罪に関係する場合には，各国はまた，勧告4と整合的な法的措置を含む，それらの通貨又は支払手段の没収を可能とする措置をとるべきである。

GENERAL REQUIREMENTS

一般的な義務

33. Statistics

33. 統計

Countries should maintain comprehensive statistics on matters relevant to the effectiveness and efficiency of their AML/CFT systems. This should include statistics on the STRs received and disseminated; on money laundering and terrorist financing investigations, prosecutions and convictions; on property frozen, seized and confiscated; and on mutual legal assistance or other international requests for cooperation.

各国は，資金洗浄・テロ資金供与対策制度の有効性及び効率性に関する包括的な統計を整備すべきである。これには，受理及び提供された疑わしい取引の届出に関する統計，並びに資金洗浄及びテロ資金供与の捜査，起訴及び有罪に関する統計，凍結，差押及び没収された財産に関する統計，法律上の相互援助又その他の国際的な協力要請に関する統計が含まれるべきである。

34. Guidance and feedback

34. ガイダンス及びフィードバック

The competent authorities, supervisors and SRBs should establish guidelines, and provide feedback, which will assist financial institutions and designated non-financial businesses and professions in applying national measures to combat money laundering and terrorist financing, and, in particular, in detecting and reporting suspicious transactions.

権限ある当局，監督当局及び自主規制機関（SRBs）は，資金洗浄対策及びテロ資金供与対策についての国内的措置を適用するに際し，とりわけ疑わしい取引の発見及び届出を実施するに当たり，金融機関，指定非金融業者及び職業専門家を支援するために，ガイドラインの策定及びフィードバックを実施すべきである。

資料2 FATF勧告 **209**

SANCTIONS
制裁
35. Sanctions
35. 制裁
Countries should ensure that there is a range of effective, proportionate and dissuasive sanctions, whether criminal, civil or administrative, available to deal with natural or legal persons covered by Recommendations 6, and 8 to 23, that fail to comply with AML/CFT requirements. Sanctions should be applicable not only to financial institutions and DNFBPs, but also to their directors and senior management.
各国は，資金洗浄・テロ資金供与対策の義務を遵守しない，勧告6，及び8から23までの対象となる自然人又は法人に対処するために，効果的で，整合的かつ抑止力のある刑事上，民事上又は行政上の幅広い制裁措置が利用可能であることを確保すべきである。制裁措置は，金融機関及び指定非金融業者及び職業専門家だけでなく，これらの取締役及び幹部に対しても適用されるべきである。
G. INTERNATIONAL COOPERATION
G. 国際協力
36. International instruments
36. 国際的な文書
Countries should take immediate steps to become party to and implement fully the Vienna Convention, 1988; the Palermo Convention, 2000; the United Nations Convention against Corruption, 2003; and the Terrorist Financing Convention, 1999. Where applicable, countries are also encouraged to ratify and implement other relevant international conventions, such as the Council of Europe Convention on Cybercrime, 2001; the Inter-American Convention against Terrorism, 2002; and the Council of Europe Convention on Laundering, Search, Seizure and Confiscation of the Proceeds from Crime and on the Financing of Terrorism, 2005.
各国は，ウィーン条約（1988年），パレルモ条約（2000年），国連腐敗防止条約（2003年），及びテロ資金供与防止条約（1999年）の締約国となり及び完全に実施するための措置を速やかにとるべきである。各国は，該当する場合には，その他の関連国際条約，例えば，欧州評議会サイバー犯罪に関する条約（2001年），米

州テロ対策条約（2002年），犯罪収益の洗浄，捜索，差押え及び没収に関する欧州評議会条約（2005年）を批准し実施することも奨励される。

37. Mutual legal assistance

37. 法律上の相互援助

Countries should rapidly, constructively and effectively provide the widest possible range of mutual legal assistance in relation to money laundering, associated predicate offences and terrorist financing investigations, prosecutions, and related proceedings. Countries should have an adequate legal basis for providing assistance and, where appropriate, should have in place treaties, arrangements or other mechanisms to enhance cooperation. In particular, countries should:

(a) Not prohibit, or place unreasonable or unduly restrictive conditions on, the provision of mutual legal assistance.

(b) Ensure that they have clear and efficient processes for the timely prioritisation and execution of mutual legal assistance requests. Countries should use a central authority, or another established official mechanism, for effective transmission and execution of requests. To monitor progress on requests, a case management system should be maintained.

(c) Not refuse to execute a request for mutual legal assistance on the sole ground that the offence is also considered to involve fiscal matters.

(d) Not refuse to execute a request for mutual legal assistance on the grounds that laws require financial institutions or DNFBPs to maintain secrecy or confidentiality (except where the relevant information that is sought is held in circumstances where legal professional privilege or legal professional secrecy applies).

(e) Maintain the confidentiality of mutual legal assistance requests they receive and the information contained in them, subject to fundamental principles of domestic law, in order to protect the integrity of the investigation or inquiry. If the requested country cannot comply with the requirement of confidentiality, it should promptly inform the requesting country.

Countries should render mutual legal assistance, notwithstanding the absence of dual criminality, if the assistance does not involve co ercive actions. Countries should consider adopting such measures as may be necessary to enable them to provide a wide scope of assistance in the absence of dual criminality.

Where dual criminality is required for mutual legal assistance, that requirement should be deemed to be satisfied regardless of whether both countries place the offence within the same category of offence, or denominate the offence by the same terminology, provided that both countries criminalise the conduct underlying the offence

Countries should ensure that, of the powers and investigative techniques required under Recommendation 31, and any other powers and. investigative techniques available to their competent authorities:

(a) all those relating to the production, search and seizure of information, documents or evidence (including financial records) from financial institutions or other persons, and the taking of witness statements; and

(b) a broad range of other powers and investigative techniques;

are also available for use in response to requests for mutual legal assistance, and, if consistent with their domestic framework, in response to direct requests from foreign judicial or law enforcement authorities to domestic counterparts.

To avoid conflicts of jurisdiction, consideration should be given to devising and applying mechanisms for determining the best venue for prosecution of defendants in the interests of justice in cases that are subject to prosecution in more than one country.

Countries should, when making mutual legal assistance requests, make best efforts to provide complete factual and legal information that will allow for timely and efficient execution of requests, including any need for urgency, and should send requests using expeditious means. Countries should, before sending requests, make best efforts to ascertain the legal requirements and formalities to obtain assistance.

The authorities responsible for mutual legal assistance (e.g. a Central Authority) should be provided with adequate financial, human and technical resources. Countries should have in place processes to ensure that the staff of such authorities maintain high professional standards, including standards concerning confidentiality, and should be of high integrity and be appropriately skilled.

各国は，資金洗浄，関連する前提犯罪及びテロ資金供与の捜査，訴追及び関連手続について，できる限り広範な法律上の相互援助を迅速，建設的かつ効果的に提供すべきである。各国は，援助を提供するための十分な法的根拠を有するべきであるとともに，適当な場合には，協力強化のために条約，取極め又はその他のメカニズムを有するべきである。とりわけ各国は，

(a) 法律上の相互援助を妨げ，あるいはこれに不合理又は不当に制限的な条件を課すべきではない。

(b) 法律上の相互援助の要請のタイムリーな優先順位付け及び実施のための明確かつ効率的な手続を確保すべきである。各国は，要請の効果的な伝達及び実施のために，中央当局又はその他の確立した公式なメカニズムを利用すべきである。要請の進捗を監視するため，案件管理システムを維持すべきである。

(c) 犯罪が租税上の問題に関連することが考えられることのみを理由として，法律上の相互援助の要請の実施を拒否すべきではない。

(d) 法律が金融機関又は特定非金融業者及び職業専門家（DNFBPs）に守秘を要求していることのみを理由として，法律上の相互援助の要請の実施を拒否すべきではない（ただし，関連する情報が法律専門家の秘匿特権が適用される状況で保有されている場合を除く）。

(e) 捜査又は調査の健全性を保護するために，国内法の原則に従い，要請を受けた法律上の相互援助及び当該要請に含まれる情報の秘匿性を保持すべきである。要請を受けた国が守秘義務を遵守できない場合，当該被要請国はその旨を要請国に速やかに通知しなければならない。

各国は，双罰性がない場合であっても，援助が強制的な措置を伴わない場合には，法律上の相互援助を行うべきである。各国は，双罰性がない場合において，広範な援助の提供を可能にするために必要な措置の採用を検討すべきである。

法律上の相互援助のために双罰性が要求される場合には，両国が前提となる行為を犯罪化していれば，両国が当該犯罪を同一類型の犯罪としているか否か，又は同一の用語で定義しているか否かにかかわらず，当該要件は満たされているものとみなされるべきである。

各国は，勧告31で求められる能力及び捜査手法，並びに権限ある当局が利用できるその他のあらゆる能力及び捜査手法のうち，

(a) 金融機関又はその他の者からの情報，書類又は証拠（取引記録を含む）の提示，捜索及び差押え，並びに証言の入手に関するあらゆる能力及び捜査手法，及び

(b) その他の広範な能力及び捜査手法

が，法律上の相互援助の要請に応じる際や，国内の枠組みと整合的な場合における，他国の司法又は法執行当局から国内のカウンターパートへの法律上の相互援助の直接の要請に応じる際にも，権限ある当局によって利用可能であることを確保すべきである。

管轄権上の争いを避けるため，2つ以上の国で訴追の対象となる事件の場合には，司法の利益のために容疑者を訴追する最善の場所を決定する制度を考案し活用することに対して考慮が払われるべきである。

各国は，法律上の相互援助を要請する際，タイムリーで効果的な要請の実行を可能とするため，緊急性の有無を含む完全な事実上及び法律上の情報を提供する努力を最大限に行うとともに，迅速な方法により要請を送付すべきである。各国は，要請を送付する前に，援助を得るために必要な法的要件や形式を確認する努力を最大限に行うべきである。

法律上の相互援助を担当する当局（例えば，中央当局）は，十分な財政的，人的及び技術的資源を与えられるべきである。各国は，これらの当局の職員が，守秘義務に関する規範を含む高い職業規範を維持するとともに，高い廉潔性と十分な能力を備えていることを確保するための制度を有するべきである。

38. Mutual legal assistance: freezing and confiscation

38. 法律上の相互援助：凍結及び没収

Countries should ensure that they have the authority to take expeditious action in response to requests by foreign countries to identify, freeze, seize and confiscate property laundered; proceeds from money laundering, predicate offences and terrorist financing; instrumentalities used in, or intended for use in, the commission of these offences; or property of corresponding value. This authority should include being able to respond to requests made on the basis of non-conviction-based confiscation proceedings and related provisional measures, unless this is inconsistent with fundamental principles of their domestic law. Countries should also have effective mechanisms for managing such property, instrumentalities or property of corresponding value, and arrangements for coordinating seizure and confiscation proceedings, which should include the sharing of confiscated assets.

各国は，外国の要請に応じて，洗浄された財産，資金洗浄，前提犯罪及びテロ資金供与から得た収益，これらの犯罪の実行において使用された若しくは使用を企図された犯罪供用物，又はこれらの価値に相当する財産を特定し，凍結し，差押え，没収するための迅速な行動をとる権限を有することを確保すべきである。この権限には，国内法の原則に反しない限り，有罪判決に基づかない没収手続及び関連する保全措置に基づく要請に応じることができる権限が含まれるべきである。各国は，これらの財産，犯罪共用物又は相当する価値の財産を管理するための有効なメカニズムを有するとともに，没収財産の分配を含む差押え及び没収手続の調整のための取極めを有するべきである。

39. Extradition
39. 犯罪人引渡し

Countries should constructively and effectively execute extradition requests in relation to money laundering and terrorist financing, without undue delay. Countries should also take all possible measures to ensure that they do not provide safe havens for individuals charged with the financing of terrorism, terrorist acts or terrorist organisations. In particular, countries should:

(a) ensure money laundering and terrorist financing are extraditable offences;

(b) ensure that they have clear and efficient processes for the timely execution of extradition requests including prioritisation where appropriate. To monitor progress of requests a case management system should be maintained;

(c) not place unreasonable or unduly restrictive conditions on the execution of requests; and

(d) ensure they have an adequate legal framework for extradition.

Each country should either extradite its own nationals, or, where a country does not do so solely on the grounds of nationality, that country should, at the request of the country seeking extradition, submit the case, without undue delay, to its competent authorities for the purpose of prosecution of the offences set forth in the request. Those authorities should take their decision and conduct their proceedings in the same manner as in the case of any other offence of a serious nature under the domestic law of that country. The countries concerned should cooperate with each other, in particular on procedural and evidentiary aspects, to ensure the efficiency of such prosecutions.

Where dual criminality is required for extradition, that requirement should be deemed to be satisfied regardless of whether both countries place the offence within the same category of offence, or denominate the offence by the same terminology, provided that both countries criminalise the conduct underlying the offence.

Consistent with fundamental principles of domestic law, countries should have simplified extradition mechanisms, such as allowing direct transmission of requests for provisional arrests between appropriate authorities, extraditing persons based only on warrants of arrests or judgments, or introducing a simplified extradition of consenting persons who waive formal extradition proceedings. The authorities responsible for extradition should be provided with adequate financial, human and technical resources. Countries should have in place processes to ensure that the staff of such authorities maintain high professional standards, including standards concerning confidentiality, and should be of high integrity and be appropriately skilled.

各国は，不当に遅滞することなく，建設的かつ効果的に，資金洗浄及びテロ資金供与に関する犯罪人引渡し請求を実施すべきである。各国はまた，テロリズム，テロ行為，テロ組織に対する資金供与罪で起訴された者にセーフ・ヘイブン（逃避地）を提供しないことを確保するため，あらゆる可能な措置を講ずべきである。とりわけ各国は，

(a) 資金洗浄及びテロ資金供与が引渡し可能な犯罪であることを確保すべきである。

(b) 適当な場合における優先順位付けを含む，引渡し請求のタイムリーな実施のための明確かつ効果的なプロセスを確保すべきである。請求の進捗を監視するため，案件管理システムを維持すべきである。

(c) 請求の実施にあたり，不合理又は不当に制限的な条件を付すべきでない。及び

(d) 引渡しのための十分な法的枠組を有することを確保すべきである。

各国は，自国民を引き渡すか，或いは，自国民であることのみを理由として引渡しを行わない場合には，引渡しを求める国からの要請により，不当に遅滞することなく，請求された犯罪の訴追のため自国の権限ある当局に付託しなければならない。これらの当局は，自国の国内法に規定する重大性を有する他の犯罪と同様に，決定を行い，手続を実施しなければならない。各国は，訴追の効率性を確保するために，特に手続及び証拠に係る側面において，相互に協力すべきである。犯罪人引渡しのために双罰性が要求される場合には，両国が前提となる行為を犯罪化していれば，両国が当該犯罪を同一類型の犯罪としているか否か，又は同一の用語で定義しているか否かにかかわらず，当該要件は満たされているものとみなされるべきである。

国内法の基本原則と整合的に，各国は，適当な当局間における直接的な仮拘禁請求の伝達，逮捕令状又は判決文書のみに基づく犯罪人引渡し，又は正式な引渡し手続の放棄に同意する者に対する簡素化された引渡手続の導入等，簡素化された引渡しのメカニズムを有すべきである。引渡しを担当する当局は，十分な財政的，人的及び技術的資源を与えられるべきである。各国は，これらの当局の職員が，守秘義務に関する規範を含む高い職業規範を維持するとともに，高い廉潔性と十分な能力を備えていることを確保するための制度を有するべきである。

40. Other forms of international cooperation
40. その他の形態の国際協力

Countries should ensure that their competent authorities can rapidly, constructively and effectively provide the widest range of international cooperation in relation to money laundering, associated predicate offences and terrorist financing. Countries should do so both spontaneously and upon request, and there should be a lawful basis for providing cooperation. Countries should authorise their competent authorities to use the most efficient means to cooperate. Should a competent authority need bilateral or multilateral agreements or arrangements, such as a Memorandum of Understanding (MOU), these should be negotiated and signed in a timely way with the widest range of foreign counterparts.

Competent authorities should use clear channels or mechanisms for the effective transmission and execution of requests for information or other types of assistance. Competent authorities should have clear and efficient processes for the prioritisation and timely execution of requests, and for safeguarding the information received.

各国は，権限ある当局が，資金洗浄，関連する前提犯罪及びテロ資金供与に関し，迅速，建設的かつ効果的に最も広範な国際協力を提供することができるよう確保すべきである。各国は，自発的及び要請に基づくもののいずれであっても国際協力を提供すべきであり，協力の提供にあたっては法的根拠を有するべきである。各国は，権限ある当局に協力のための最も効果的な手段を利用する権限を与えるべきである。権限ある当局が，例えば覚書（MOU）のような二国間又は多国間の合意又は取極めを必要とする場合，これらの合意又は取極めは最も広範な外国のカウンターパートとの間で，時宜を得た方法によって交渉及び調印されるべきである。

権限ある当局は，情報提供要請又はその他の形態の援助要請の効果的な伝達及び実行のために明確な経路及びメカニズムを利用すべきである。権限ある当局は，要請の優先順位付け及びタイムリーな実行，及び受領した情報を保護するための明確かつ効果的なプロセスを有すべきである。

索　引

■英　数

AI ·· 90
BCBSガイドライン ········· 8, 61, 110, 114
enforceable means ························· 4
false positive ······························· 84
FATF（Financial Action Task Force）
·· 8, 9, 147
FATF勧告 ······························· 2, 7, 9,
10, 21, 24, 25, 33, 54, 65, 147
FATF勧告 1 ········· 2, 24～27, 33, 47, 123
FATF勧告 6 ························· 65, 156
FATF勧告 7 ························· 65, 156
FATF勧告10 ····················· 60, 66～75
FATF勧告11 ····························· 82
FATF勧告12 ····························· 60
FATF勧告13 ······················· 22, 98
FATF勧告15 ······················· 45, 147
FATF勧告16 ····························· 97
FATF勧告18 ····· 108, 113, 115～118, 120
FATF勧告19 ····························· 65
FATF勧告20 ····························· 84
FATF勧告24 ····························· 156
FATF声明 ································· 36
ITシステム ············· 82, 84, 89, 111, 128
KRI（Key Risk Indicator）············· 54
KYCデータベース ······················ 81
OFAC ···································· 64
OFAC規制 ································· 93
PDCA ·························· 3, 71, 75,
76, 86, 101, 102～106, 126, 133
RPA ······································· 90

■あ　行

アウトリーチ ······················· 130, 139

域外適用 ························· 8, 21, 93
一見取引 ································· 85
入口管理 ································· 74
疑わしい取引の参考事例 ········ 6, 40, 54,
55, 70, 84, 85, 105, 127
疑わしい取引の届出 ··········· 28, 31, 39,
54, 83～87, 90, 91, 98,
105, 111, 121, 123, 127, 158
疑わしい取引の届出における入力要領
··························· 40, 55, 94, 158

■か　行

外国PEPs ················· 60, 65, 66, 85
外国為替検査ガイドライン ······ 6, 23, 37,
107, 156, 157
簡素な顧客管理（SDD：
Simplified Due Diligence）··· 60, 71, 79
官民連携 ························· 3, 124, 130
技術的遵守状況
（TC：Technical Compliance）······· 11
気づき ··············· 84, 85, 96, 111, 121
ギャップ分析 ······ 125, 133, 139, 140, 142
緊急チェックシート ··········· 94, 96, 135,
139, 140
金融包摂（financial inclusion）········· 78
経営陣の関与・理解 ··········· 38, 45, 52,
53, 106～110
継続的顧客管理 ··············· 70, 74, 75, 76
厳格な顧客管理（EDD）········ 60, 66, 70,
71, 79, 87
顧客受入方針 ····· 61, 62, 74, 102, 103, 114
顧客管理（カスタマー・デュー・ディ
リジェンス：CDD）········· 58, 59, 102,
103, 114
顧客リスク格付 ··············· 66, 79, 80, 87

国内PEPs······································60
コルレス契約········22, 93, 94, 97, 98, 99
「コンプライアンス・リスク管理に関
　する検査・監督の考え方と進め方」
　（「コンプライアンス・リスク管理基
　本方針」）······················24, 110, 128

■さ　行

残存リスク·····················49, 103, 104
シェルバンク·································97
敷居値·······70, 80, 81, 84, 87, 88, 89, 127
上級管理職···························21, 69, 70
人事ローテーション·····················113
信頼に足る証跡·············62, 63, 64, 76
垂直比較·············28, 40, 54, 55, 85, 105
水平比較·············28, 40, 54, 55, 85, 105
制裁金······························8, 21, 22,
　　　　　　38, 93, 98, 106, 108, 135
先進的な取組み事例·····················3, 5
専担部室·························105, 106, 112

■た　行

第1の防衛線（第1線）········84, 96, 99,
　　　　　　　　　　　　111, 112
第2の防衛線（第2線）······88, 105, 111
第3の防衛線（第3線）··········105, 112
第4次相互審査·····················7, 11, 18,
　　　　　　20, 21, 50, 150, 158
対応が期待される事項·············3, 4, 5, 7
対応が求められる事項·············3, 4, 5, 7
中間管理····································74
直接的効果
　（IO：Immediate Outcome）·········11
定性情報·····························39, 46, 53,
　　　　　　83, 105, 123, 137, 139
定量情報·····························39, 46, 53,
　　　　　　83, 105, 123, 137, 139
データ・ガバナンス·················82, 91

出口管理····································77
統括管理者························28, 29, 70
特定事業者作成書面等·····29, 46, 48, 123
取引の謝絶··························77, 78, 79
取引フィルタリング········58, 81, 82, 88
取引モニタリング·············58, 70, 71,
　　　　　　75, 80, 81, 82, 84, 85, 87, 89, 99, 112

■な　行

内報の禁止··································98

■は　行

バーゼル銀行監督委員会
　（Basel Committee on Banking
　Supervision, BCBS）·····················8
犯罪収益移転危険度調査書····28, 29, 30,
　　　　　　34, 35, 36, 39, 40, 44,
　　　　　　48, 51, 77, 78, 85, 93, 123
犯罪収益移転対策防止室（JAFIC）
　······································94, 158
犯罪収益移転防止法に関する留意事項
　について································5, 6
ヒートマップ································56
フィンテック（FinTech）·············90
フォワード・ルッキング·················5
ブロックチェーン··························90
ベスト・プラクティス·····················5
ベンチマーク·························134, 142

■ま　行

「マネー・ローンダリング及びテロ資
　金供与対策の現状と課題」（「現状と
　課題」）································2, 7, 49,
　　　　　　50, 78, 79, 81, 90, 94, 95, 96, 97, 99,
　　　　　　123, 124, 125, 126, 129, 130, 133〜150
マネロン・テロ資金供与対策担当役員
　····························53, 107, 108, 109
「見える化」················49, 55, 56, 119

「三つの防衛線」（三線管理）‥‥3, 89, 96, 110, 111, 112, 128

ミニマム・スタンダード‥‥‥‥‥2, 25

ムービング・ターゲット‥‥‥1, 51, 129

メソドロジー（Methodology）‥‥‥4, 11

■ら　行

有効性（Effectiveness）‥‥‥‥‥‥11

リスク格付‥‥‥‥‥‥‥‥‥‥‥‥87

リスク遮断‥‥‥‥‥‥‥‥‥‥77, 78

リスク低減措置‥‥‥‥‥33, 57, 80, 86

リスクの特定‥‥‥‥‥‥‥33, 34, 43

リスクの評価‥‥‥‥‥‥‥‥33, 34, 43

リスク評価書‥‥‥‥‥‥46～53, 126, 139

リスクベース‥‥‥‥‥59, 63, 88, 127, 128

リスクベース・アプローチ‥‥‥‥1, 2, 7, 23～31, 28, 33, 34, 43, 47, 49, 52, 56, 57, 71, 76, 80, 83, 88, 94, 100, 101, 123, 124, 126, 127, 128, 137, 139, 151, 156, 157

リスク・マップ‥‥‥‥‥‥‥‥55, 56

リスク要因‥‥‥‥‥‥‥‥‥39, 44, 51, 54, 57, 60, 70, 77, 80, 83, 87, 88, 93, 94, 104, 119

ルールベース‥‥‥‥‥59, 87, 88, 127, 128

【著者紹介】

今野　雅司（こんの　まさし）

弁護士・ニューヨーク州弁護士・公認会計士・公認不正検査士
東京大学法学部卒業
2006年　隼あすか法律事務所
2011年　ペンシルバニア大学ロースクール卒業（LL.M. with distinction）
　　　　預金保険機構　法務統括室
2016年　金融庁検査局　総務課
　　　　地域金融機関等モニタリングチーム，経営管理等モニタリングチーム，法令遵守
　　　　等モニタリングチーム，マネーロンダリングモニタリングチーム等に所属
2018年　有限責任監査法人トーマツ

（著書・論文等）

「マネー・ローンダリング及びテロ資金供与対策に関するガイドライン」の概要と送金取
引に係る留意点（銀行法務21No.828（2018年 5 月号），共著）
「マネー・ローンダリング及びテロ資金供与対策等に関するガイドライン」の概要（金融
法務事情2084号（2018年 2 月25日号），共著）
「マネロン・テロ資金供与対応におけるリスクベース・アプローチの重要性」（金融財政事
情（2017年11月 6 日号），共著）
「米国大規模金融機関に対する責任追及事案の概要　〜バンク・オブ・アメリカと司法省，
FDIC その他の関係政府機関との和解〜」（預金保険研究第19号（2016年 5 月））
「日本振興銀行の破綻処理─預金者保護を中心として─(1)〜(4)」（金融法務事情1957号
（2012年11月10日号）〜1960号（2012年12月25日号），共著）

マネロン・テロ資金供与リスクと金融機関の実務対応

2018年12月10日　第1版第1刷発行

著　者　今　野　雅　司
発行者　山　本　　　継
発行所　㈱中央経済社
発売元　㈱中央経済グループ
　　　　パブリッシング

〒101-0051　東京都千代田区神田神保町1-31-2
電　話　03 (3293) 3371 (編集代表)
　　　　03 (3293) 3381 (営業代表)
http://www.chuokeizai.co.jp/
製版／三英グラフィック・アーツ㈱
印刷／三　英　印　刷　㈱
製本／㈲井　上　製　本　所

Ⓒ 2018 Masashi Konno
Printed in Japan

＊頁の「欠落」や「順序違い」などがありましたらお取り替えいた
　しますので発売元までご送付ください。(送料小社負担)
ISBN978-4-502-28921-7　C3032

JCOPY〈出版者著作権管理機構委託出版物〉本書を無断で複写複製 (コピー) することは,
著作権法上の例外を除き，禁じられています。本書をコピーされる場合は事前に出版者
著作権管理機構 (JCOPY) の許諾を受けてください。
JCOPY〈http://www.jcopy.or.jp　e メール：info@jcopy.or.jp　電話：03-3513-6969〉

会計全書 平成30年度 [6月1日現在]

《3分冊》会計法規編■会社税務法規編■個人税務法規編

金子　宏 [監修]
斎藤静樹

定価17,280円（税込）

- 法令・通達を体系的に整理編集、6月1日現在の最新内容
- 見やすい使いやすい頭柱形式、未施行条文も該当箇所に掲記
- 各種会計基準、財表規則、会社法令など実用的に編集
- 収益認識や税効果会計の基準、事業承継税制の拡充をフォロー

【会計法規編】

■第1部　会計諸則
会計原則
企業会計諸則
会計基準及び適用指針

■第2部　金商法規
金融商品取引法（抄）
金融商品取引法施行令（抄）
企業内容等の開示に関する内閣府令
企業内容等開示ガイドライン
財務諸表等規則
財務諸表等規則ガイドライン
連結財務諸表規則
連結財務諸表規則ガイドライン
四半期財務諸表等規則
四半期財務諸表等規則ガイドライン
四半期連結財務諸表規則
四半期連結財務諸表規則
ガイドライン
内部統制府令
内部統制府令ガイドライン
監査証明府令
監査証明府令ガイドライン

■第3部　会社法規
会社法
会社法施行令
会社法施行規則
会社計算規則
電子公告規則
商法（抄）
商法施行規則（抄）
中小企業の会計に関する基本要項
中小企業の会計に関する指針
公益法人会計基準
公益法人会計基準の運用指針

■第4部　監査諸基準
監査基準
監査における不正リスク対応基準
四半期レビュー基準
監査役監査基準
監査報告のひな型について
財務報告に係る内部統制基準・
実施基準

【会社税務法規編】

国税通則法
国税通則法施行令
国税通則法施行規則
法人税法
法人税法施行令
法人税法施行規則
法人税基本通達
連結納税基本通達
法人税個別通達
租税特別措置法・同施行令・同施行規則（法人税法の特例）
租税特別措置法関係通達（法人税法編）
租税特別措置法関係通達（連結納税編）
租税特別措置法関係通達（法人税法編）―その2
減価償却資産の耐用年数等に関する省令
耐用年数の適用等に関する取扱通達
耐用年数の適用等に関する取扱通達―その2
震災特例法・同施行令・同施行規則（法人税法の特例）
震災特例関係通達（法人税編）
震災特例法に係る法人課税関係の申請、届出等の様式の制定について
東日本大震災に関する諸費用の法人税の取扱いについて
復興特別措置法（復興特別法人税）
復興特別法人税に関する政令・省令
復興特別法人税関係通達
消費税法
消費税法施行令
消費税法施行規則
消費税法基本通達
消費税法関係個別通達
租税特別措置法・同施行令・同施行規則（消費税法の特例）
震災特例法・同施行令・同施行規則（消費税法の特例）
震災特例法律の施行に伴う消費税の取扱いについて
印紙税法
印紙税法施行令

印紙税法施行規則
租税特別措置法・同施行令・同施行規則（印紙税法の特例）
印紙税額一覧表
登録免許税法
登録免許税法施行令
登録免許税法施行規則
租税特別措置法・同施行令・同施行規則（登録免許税法の特例）
震災特例法・同施行令・同施行規則（登録免許税法の特例）
租税特別措置の適用状況の透明化等に関する法律・同施行令・同施行規則

【個人税務法規編】

所得税法
所得税法施行令
所得税法施行規則
所得税基本通達
所得税個別通達
租税特別措置法・同施行令・同施行規則（所得税法の特例）
租税特別措置法関係通達（所得税法の特例）
震災特例法・同施行令・同施行規則（所得税法の特例）
震災特例法関係通達（所得税編）
震災特例法・同施行令等の施行に伴う所得税（譲渡所得関係）の取扱いについて
東日本大震災に関する諸費用の所得税の取扱いについて
復興特別措置法（復興特別所得税）
復興特別所得税に関する政令・省令
相続税法
相続税法施行令
相続税法施行規則
相続税法基本通達
財産評価基本通達
相続税関係個別通達
租税特別措置法・同施行令・同施行規則（相続税法の特例）
租税特別措置法関係通達（相続税法の特例）
中小企業における経営の承継の円滑化に関する法律
震災特例法・同施行令・同施行規則（相続税法の特例）

中央経済社